Trabalhe 4 Horas por Semana

3ª edição
23ª reimpressão

AMPLIADO E ATUALIZADO

Trabalhe 4 Horas por Semana

FUJA DA ROTINA, VIVA ONDE QUISER
E FIQUE RICO

TIMOTHY FERRISS

Tradução
Rafael Leal e Elvira Serapicos

Planeta ESTRATÉGIA

Título original: *The 4-hour workweek: escape 9-5, live anywhere, and join the New Rich (expanded and updated)*

Publicado de acordo com Harmony Books, um selo de Crown Publishers, uma divisão da Random House, LLC.

Capa: Rhyder Cookman
Preparação de texto: Tulio Kawata
Revisão: Margô Negro, Maria Luiza Almeida e Paula Queiroz
Diagramação: Nobuca Rachi e Vivian Oliveira

DADOS INTERNACIONAIS DE CATALOGAÇÃO NA PUBLICAÇÃO (CIP)
ANGÉLICA ILACQUA CRB-8/7057

Ferriss, Timothy
Trabalhe 4 horas por semana: fuja da rotina, viva onde quiser e fique rico / Timothy Ferriss; tradução de Rafael Leal e Elvira Serapicos. – 3. ed. – São Paulo: Planeta do Brasil, 2017.
416 p.

Bibliografia
ISBN: 978-85-422-1156-6
Título original: The 4-hour workweek: Escape 9-5, live anywhere, and join the New Rich (Expanded and Updated)

1. Auto-ajuda 2. Auto-emprego de meio período 3. Auto-realização (Psicologia)4. Negócios 5. Qualidade de vida 6. Qualidade de vida no trabalho 7. Realização pessoal I. Título II. Leal, Rafael
17-1177 CDD-650.1

Índice para catálogo sistemático:
1. Administração do tempo e do emprego:
Sucesso pessoal nos negócios

MISTO
Papel | Apoiando o manejo florestal responsável
FSC® C005648
FSC
www.fsc.org

Ao escolher este livro, você está apoiando o manejo responsável das florestas do mundo e outras fontes controladas

2024

EDITORA PLANETA DO BRASIL LTDA.
Rua Bela Cintra, 986 – 4º andar
01415-002 – Consolação – São Paulo-SP
www.planetadelivros.com.br
faleconosco@editoraplaneta.com.br

Para meus pais,
Donald e Frances Ferriss,
que ensinaram a um pequeno bagunceiro que dançar
num outro ritmo era uma coisa boa.
Amo vocês dois e lhes devo tudo.

Apoie as escolas da sua região:
10% dos direitos autorais são doados
para entidades educacionais sem fins lucrativos, incluindo
Donorchoose.org

Sumário

PREFÁCIO À EDIÇÃO AMPLIADA E ATUALIZADA

Trabalhe 4 horas por semana foi recusado por 26 de 27 editores.

Depois que foi vendido, o presidente de uma potencial parceira de marketing, uma grande livraria, me enviou um e-mail com estatísticas de best-sellers para deixar bem claro: esse não seria um grande sucesso.

Então fiz tudo o que eu sabia fazer. Escrevi tendo em mente dois dos meus melhores amigos, falando diretamente com eles e seus problemas – problemas que eu tinha fazia muito tempo – e focando nas opções incomuns que haviam funcionado comigo em todo o mundo.

É claro que tentei definir condições que possibilitassem um sucesso inesperado, mas sabia que não era provável. Torci pelo melhor e me preparei para o pior.

No dia 2 de maio de 2007 recebi um telefonema da minha editora:

"Tim, você entrou na lista."

Passava das cinco horas da tarde em Nova York e eu estava exausto. O livro havia sido lançado cinco dias antes, e eu tinha acabado de fazer uma série de vinte entrevistas de rádio, que haviam começado às seis horas da manhã. Nunca pensei em viajar para divulgar o livro, preferindo fazer "passeios" via satélite.

"Heather, eu te amo, mas por favor, não fod* comigo!"

"É verdade, você entrou na lista. Parabéns, senhor autor da lista de best-sellers do *The New York Times*!"

Eu me encostei na parede e fui escorregando até chegar no chão. Fechei os olhos, sorri e respirei profundamente. As coisas iriam mudar. Tudo seria diferente.

Projeto de vida de Dubai a Berlim

Trabalhe 4 horas por semana foi publicado em 35 idiomas. Está há mais de dois anos nas listas dos livros mais vendidos e todos os meses surgem novas histórias, novas descobertas.

Da *Economist* à capa da *New York Times Style*, das ruas de Dubai aos cafés de Berlim, o tema do projeto de vida penetrou diversas culturas e se tornou um movimento mundial. As ideias do livro se multiplicaram, melhoraram, e foram testadas em ambientes e de formas que eu jamais havia imaginado.

Então, por que uma nova edição se as coisas estão indo tão bem? Porque eu sabia que poderia ficar melhor e que havia um ingrediente faltando: você.

Esta edição ampliada e atualizada tem mais de cem páginas de conteúdo novo, incluindo tecnologias de ponta, recursos testados e – o mais importante – histórias de sucesso do mundo real, escolhidas em mais de quatrocentas páginas de estudos de casos apresentados por leitores.

Famílias e estudantes? CEOs e vagabundos profissionais? Faça sua escolha. Deve haver alguém cujos resultados você poderá emular. Você precisa de um modelo para negociar um trabalho remoto, um ano pago na Argentina, quem sabe? Desta vez, você encontrará aqui.

O blog *The Tim Ferri's Show* (https://tim.blog/) foi lançado junto ao livro e em seis meses ficou entre os mil blogs mais importantes do mundo, num universo de 120 milhões de blogs. Milhares de leitores compartilharam ferramentas e truques incríveis, produzindo resultados fenomenais e inesperados. O blog se transformou no laboratório que sempre desejei e acho que você deveria se juntar a nós nesse espaço.

O novo capítulo "O melhor do blog" inclui vários dos posts mais populares. No blog você poderá encontrar recomendações de todos os tipos de pessoas, de Warren Buffett (sério, eu fui atrás e conto tudo) a Josh Waitzkin, prodígio do xadrez. É um playground experimental para aqueles que desejam obter os melhores resultados em menos tempo.

Não "revista"

Esta não é uma edição "revista" no sentido de que a original já não funciona. Erros pequenos e de digitação foram corrigidos em mais de quarenta impressões nos Estados Unidos. Esta é a primeira grande revisão, mas não pela razões que você pode estar imaginando.

As coisas mudaram muito desde abril de 2007. Os bancos estão com problemas, os fundos de pensões e aposentadorias estão evaporando e o nível de desemprego atinge recordes. Leitores e céticos de todos os tipos têm perguntado: os princípios e técnicas deste livro ainda funcionam em um momento de recessão ou retração econômica?

Sim e sim.

Na verdade, questões que levantei em palestras no período que precedeu o lançamento do livro, como "De que forma suas decisões e prioridades mudariam se você nunca conseguisse se aposentar?" já não são mais hipotéticas. Milhões de pessoas tiveram perdas de 40% ou mais no valor de suas economias e agora estão em busca de outras opções. Seria possível redistribuir a aposentadoria ao longo da vida para torná-la mais acessível? Mudar para lugares como Costa Rica ou Tailândia durante alguns meses do ano para aproveitar ao máximo seu estilo de vida apesar das perdas em suas economias? Vender seus serviços para empresas do Reino Unido para receber em moeda mais forte? A resposta para todos eles, mais do que nunca, é: sim.

O conceito de projeto de vida como um substituto para um planejamento de carreira em várias etapas é válido. É mais flexível e permite que você teste diferentes estilos de vida sem se comprometer com um plano de aposentadoria de dez ou vinte anos que pode não dar certo devido a flutuações do mercado que escapam ao seu controle. As pessoas estão abertas a alternativas (e mais dispostas a aceitar que os outros façam o mesmo) já que muitas das outras opções – que antes eram as opções "seguras" – não deram certo.

Quando tudo começa a dar errado para todo mundo, que custa experimentar algo fora das normas? Frequentemente, nada. Avancemos até 2011: na entrevista de emprego o recrutador quer saber o que foi aquele ano sabático.

"Todo mundo estava sendo demitido e essa era minha chance de viajar pelo mundo. Foi incrível."

O máximo que pode acontecer é perguntarem como fazer isso. Os roteiros deste livro ainda funcionam.

O Facebook e o LinkedIn foram lançados depois da "crise ponto.com" pós-2000. Entre os bebês pós-recessão estão Apple, Clif Bar, KFC, Domino's Pizza, FedEx e Microsoft. Não se trata de simples coincidência, pois as crises econômicas produzem um barateamento da infraestrutura, *freelancers* excelentes cobrando muito pouco e contratos de publicidade a preço de banana – coisas impensáveis quando reina o otimismo.

Seja um ano sabático, uma nova ideia para um negócio, a reengenharia da sua vida ou sonhos que você vem adiando para "um dia", nunca houve melhor época para testar o incomum.

O que é que pode acontecer de tão ruim?

Insisto para que você lembre sempre de fazer esta pergunta quando começar a ver as infinitas possibilidades que estão fora da sua zona de conforto. Este período de pânico coletivo é sua grande chance de experimentar.

Foi uma honra compartilhar os últimos dois anos com leitores incríveis de todo o mundo e espero que gostem desta nova edição tanto quanto eu gostei de prepará-la.

Sou, e continuarei a ser, um humilde estudante como todos vocês.

Un abrazo fuerte,
Tim Ferriss
São Francisco, Califórnia
21 de abril de 2009

Antes de mais nada

FAQ[1] – LEIAM ISTO, CÉTICOS

Um Novo Projeto de Vida é para você? Há grandes chances de que seja. Aqui estão algumas das dúvidas e dos temores mais comuns que as pessoas têm antes de se lançar e se juntar aos Novos Ricos:

Tenho que sair do meu emprego? Preciso correr riscos?

A resposta é não, para ambas as perguntas. Desde usar truques mentais Jedi para desaparecer do escritório até planejar negócios que financiem seu estilo de vida, há caminhos em todos os níveis de segurança. Como um funcionário de uma das quinhentas maiores empresas do país sai para explorar os tesouros ocultos da China por um mês e usa a tecnologia para não ser descoberto? Como você pode criar um negócio que gere 80 mil dólares mensais sem precisar de gerenciamento? Está tudo aqui.

Tenho que ser um solteiro de vinte e poucos anos?

De jeito nenhum. Este livro é para qualquer um que se incomode com o plano de adiar a vida para a aposentadoria e que queira vivê-la intensamente em vez de postergá-la. Há estudos de casos desde o de um garoto de 21 anos com sua própria Lamborghini até o de uma mãe solteira que viajou o mundo com seus dois filhos. Se você

1. FAQ é o acrônimo de "Frequent Asked Questions" (Perguntas mais frequentes). (N. T.)

está cansado do cardápio padrão de opções e está preparado para adentrar um mundo com infinitas opções, este livro é para você.

Tenho que viajar? Só quero ter mais tempo.

Não. É só uma das opções. O objetivo é criar liberdade de tempo e de mobilidade e usá-las como você quiser.

Tenho que ter nascido rico?

Não. Meus pais nunca ganharam mais de 50 mil dólares por ano, juntos, e eu trabalho desde os 14 anos. Não sou um Rockefeller e você também não precisa ser.

Tenho que ser formado por uma faculdade de ponta?

Não. A maior parte das pessoas cujos casos são apresentados neste livro não se formou nas Harvards da vida, e algumas delas nem se formaram. Instituições de excelência são maravilhosas, mas há vantagens pouco reconhecidas em não ter frequentado uma delas. Formandos das escolas de ponta são empurrados para os empregos de oitenta horas por semana, com altos salários, e acreditam que o caminho natural é passar de quinze a trinta anos em um trabalho torturante. Como eu sei? Eu estive lá e vi a destruição. Este livro a reverte.

MINHA HISTÓRIA E POR QUE VOCÊ PRECISA DESTE LIVRO

"Toda vez que você se encontrar do lado da maioria,
é hora de parar e refletir."
MARK TWAIN, escritor norte-americano

"Alguém que vive dentro de suas possibilidades
sofre de falta de imaginação."
OSCAR WILDE, dramaturgo e escritor irlandês

Minhas mãos suavam novamente.

Olhando para o chão para evitar ser ofuscado pelas fortes luzes no teto, eu supostamente era um dos melhores do mundo, mas a ficha simplesmente não tinha caído. Minha parceira Alicia mexia os pés inquieta, enquanto ficávamos em fila com os outros nove casais, todos escolhidos dentre mais de mil competidores de 29 países e quatro continentes. Era o último dia das semifinais do Campeonato Mundial de Tango, e essa era nossa última apresentação diante dos juízes, das câmeras de televisão e da plateia barulhenta. Os outros casais estavam, em média, há quinze anos juntos. Para nós, era o ápice de cinco meses de treinos diários de seis horas seguidas, e finalmente era a hora do *show*.

"Como você está se sentindo?", perguntou-me Alicia, uma experiente dançarina profissional, em seu distinto castelhano com sotaque argentino.

"Fantástico. Maravilhoso. Vamos apenas curtir a música. Esqueça a plateia – eles nem mesmo estão aqui."

Isso não era totalmente verdade. Era difícil acomodar as cinquenta mil pessoas, entre espectadores e coordenadores, mesmo no El Rural, o maior centro de convenções em Buenos Aires. Através da grossa cortina de fumaça de cigarros, era praticamente impossível distinguir a enorme multidão nas arquibancadas; por todos os lados, o chão estava sem cobertura, exceto no espaço sagrado de 30 x 40m no meio de tudo. Ajeitei meu casaco risca de giz e fiquei mexendo no meu lenço azul de seda até que ficou óbvio que eu estava apenas inquieto.

"Você está nervoso?"

"Não estou nervoso, estou empolgado. Vou apenas me divertir e deixar as coisas acontecerem."

"Número 152, é sua vez." Nosso supervisor tinha feito seu trabalho e agora era a nossa vez. Sussurrei uma piada interna para Alicia enquanto entrávamos no tablado de madeira: "*Tranquilo*" – relaxe. Ela sorriu e, bem nesse momento, pensei comigo mesmo: *O que será que eu estaria fazendo agora se não tivesse largado meu emprego e saído dos Estados Unidos há mais de um ano?*.

Esse pensamento desapareceu tão rápido quanto surgiu, quando o locutor falou ao microfone e a plateia incendiou-se: "*Pareja número 152, Timothy Ferris y Alicia Monti, Ciudad de Buenos Aires!!!*".

Era a nossa vez, e eu estava radiante.

Afortunadamente, hoje em dia, a mais fundamental das questões americanas me é muito difícil de responder. Se não fosse, você não teria este livro nas mãos.

"Então, o que você faz?"

Presumindo que você consiga me encontrar (o que é bem difícil), e dependendo de quando você me pergunte (eu preferiria que não perguntasse), eu poderia estar andando de moto na Europa, mergulhando em uma ilha particular no Panamá, descansando sob uma palmeira depois de uma sessão de *kickboxing* na Tailândia ou dançando tango em Buenos Aires. A graça é que não sou um multimilionário, e tampouco quero ser.

Nunca gostei de responder a essa pergunta de coquetel porque ela reflete uma epidemia da qual eu fiz parte por muito tempo: a descrição do seu emprego ser a descrição de você mesmo. Se alguém me perguntar isso agora e não for absolutamente sincero, eu explico meu estilo de vida misterioso de forma muito simples.

"Sou distribuidor de drogas."

Quase sempre, a conversa acaba aí. É apenas meia verdade, apesar disso. A verdade completa levaria tempo demais. Como eu poderia explicar que o que faço com o meu tempo e o que faço para ganhar dinheiro são coisas completamente diferentes? Que trabalho menos de quatro horas por semana e ganho mais dinheiro por mês do que costumava ganhar em um ano?

Pela primeira vez, vou contar a história real. Ela envolve uma discreta subcultura, a das pessoas chamadas de "Novos Ricos".

O que faz um milionário que mora em um iglu que um morador de uma quitinete não faz? Segue uma série incomum de regras.

Como faz um funcionário de carreira de uma grande empresa de ponta para fugir e viajar o mundo por um mês sem que seu chefe sequer perceba? Ele usa a tecnologia para ocultar o fato.

O ouro está ficando velho. Os Novos Ricos (NR) são aqueles que abandonam os planos de uma vida adiada e criam estilos de vida luxuosos no presente, usando a moeda dos Novos Ricos: tempo e mobilidade. Isso é uma arte e uma ciência a que nos referiremos daqui em diante como Projeto de Vida (PV).

Passei os últimos três anos viajando com pessoas que vivem em mundos normalmente além da sua imaginação. Em vez de odiar a realidade, vou lhe mostrar como moldá-la à sua vontade. É mais fácil do que parece. A minha jornada de funcionário de escritório, mal pago e atolado de trabalho, a membro dos NR é, a princípio, mais estranha do que a ficção e – agora que já decifrei o código – fácil de reproduzir. Há uma receita.

A vida não tem que ser tão difícil. Não tem mesmo. A maior parte das pessoas, inclusive eu mesmo no passado, passa muito tempo convencendo a si mesmas de que a vida tem que ser difícil, resignando-se ao trabalho diário das 9h às 17h, em troca de (algumas vezes) passar um fim de semana relaxante e férias ocasionais, "poucos dias ou será demitido".

A verdade, pelo menos a verdade segundo a qual eu vivo e que compartilharei neste livro, é bem diferente. Da alavancagem de diferenças cambiais à terceirização da sua vida e a desaparecer, vou mostrar-lhe como um pequeno grupo de pessoas usa alguns truques econômicos para fazer o que a maior parte das pessoas considera impossível.

Se você pegou este livro, o mais provável é que não queira ficar sentado atrás de uma mesa até os 62 anos de idade. Mesmo que seu sonho seja sair do círculo vicioso do trabalho, fazer viagens incríveis pelo mundo, vaguear por longos períodos, bater recordes mundiais ou simplesmente mudar drasticamente sua carreira, este livro vai lhe dar todas as ferramentas de que você precisa para conseguir aqui e agora, em vez de fazê-lo na frequentemente ilusória "aposentadoria". Há uma maneira de se conseguir as recompensas de uma vida de trabalho duro sem ter que esperar até o final dela.

Como? Começa com um simples detalhe de que a maior parte das pessoas se esquece – um de que eu me esqueci por 25 anos.

As pessoas não querem *ser* milionárias – querem usufruir do que acreditam que apenas milionários podem comprar. Chalés nas montanhas, mordomos e viagens exóticas frequentemente estão em questão. Que tal passar óleo de coco em sua barriga, deitado em uma rede, enquanto ouve as ondas bater ritmadamente contra o deque do seu bangalô com teto de sapê? Parece bom.

Um milhão de dólares no banco não é a fantasia. A fantasia é a vida de liberdade total que ele supostamente garante. A questão, então, é *como alguém pode viver como um milionário, com liberdade total, sem ter 1 milhão de dólares?*

Nos últimos cinco anos, respondi a essa pergunta para mim e este livro vai respondê-la para você. Mostrarei exatamente como separei renda de tempo e criei meu estilo ideal de vida nesse processo, viajando pelo mundo e aproveitando o melhor que este planeta tem a oferecer. De que forma passei de jornadas diárias de catorze horas e salário de 40 mil dólares por ano para jornadas semanais de quatro horas e 40 mil dólares por mês?

Ajuda saber onde isso tudo começou. Muito estranhamente, foi numa turma de estudantes que muito em breve seriam analistas de investimentos.

Em 2002, fui convidado por Ed Zschau, um grande orientador e meu antigo professor de empreendedorismo em alta tecnologia na Universidade Princeton, para voltar e falar para seus alunos sobre minhas aventuras empresariais no mundo real. Fiquei chocado. Multimilionários já haviam falado para os mesmos alunos, e mesmo que eu tivesse criado uma empresa altamente lucrativa de suplementos alimentares esportivos, eu tinha dançado em outro ritmo.

Nos dias seguintes, no entanto, percebi que todo mundo parecia estar discutindo sobre como criar empresas grandes e bem-sucedidas, vendê-las e curtir a vida boa. Uma bela ideia. A pergunta que ninguém parecia preocupado em responder era: por que fazer isso tudo em primeiro lugar? Qual é a grande vantagem que justifica passar os melhores anos de sua vida esperando ser feliz ao final dela?

As palestras que eu desenvolvi ultimamente, chamadas "Distribuição de drogas por prazer e lucro", começavam com uma premissa simples: testar os dogmas mais básicos da equação vida-trabalho.

- Suas decisões se alterariam se a aposentadoria não fosse uma opção?
- Que tal se você pudesse ter uma miniaposentadoria para experimentar o seu plano de vida adiada antes de trabalhar quarenta anos em favor dele?
- É realmente necessário trabalhar como um escravo para viver como um milionário?

Eu mal sabia onde essas questões me levariam.

A conclusão inusitada? As regras do senso comum do "mundo real" são uma coleção frágil de ilusões reiteradas. Este livro vai ensiná-lo a enxergar e fazer escolhas que outras pessoas não conseguem. O que torna este livro diferente?

Em primeiro lugar, não vou gastar muito tempo no problema. Vou assumir que você sofre de falta de tempo, de terror apavorante, ou – o pior de tudo – uma confortável e tolerável existência fazendo algo que não o satisfaz. Este último caso é o mais comum e o mais insidioso.

Em segundo lugar, este livro não é sobre como economizar e também não irá recomendar que você abandone seu cálice diário de vinho tinto para ter 1 milhão de dólares daqui a cinquenta anos. Eu ficaria com o vinho. Não sugerirei que você escolha entre o prazer hoje e dinheiro no futuro – acredito que você possa ter ambos agora. O objetivo é diversão *e* lucro.

Em terceiro lugar, este livro não é sobre encontrar o seu "emprego dos sonhos". Assumirei como certo que, para a maioria das pessoas, algo entre 6 e 7 bilhões delas, o emprego perfeito é aquele que toma menos tempo. A ampla maioria das pessoas nunca vai encontrar um emprego que possa ser uma inesgotável fonte de satisfação, de modo que esse não é o objetivo aqui; arrumar tempo livre e automatizar a renda são.

Eu começo cada aula com uma explicação da importância única de ser um "negociador". O manifesto do negociador é simples: a realidade é negociável. Fora da ciência e do direito, todas as regras podem ser dobradas ou quebradas, e fazê-lo não exige que sejamos antiéticos.

A arte de negociar (**DEAL**, em inglês) também é um acrônimo do processo de se tornar um membro dos Novos Ricos.

Estes passos e estratégias podem ser utilizados com resultados incríveis – seja você um funcionário ou um empreendedor. Tendo um patrão, você poderá fazer tudo o que eu fiz? Não. Você poderá usar os mesmos princípios para duplicar seus rendimentos, cortar pela metade suas horas de trabalho, ou pelo menos dobrar seu tempo normal de férias? Certamente.

Aqui está, passo a passo, o processo que você usará para se reinventar:

D de *Definição* vira ao avesso o equivocado senso comum e introduz as regras e os objetivos do novo jogo. Substitui as certezas de autoderrota e explica conceitos relativos como riqueza e eustresse.[2] Quem são os NR e como eles funcionam? Essa seção explica de modo geral a receita do Projeto de Vida – os fundamentos – antes de adicionarmos os três ingredientes.

E de *Eliminação* liquida a noção obsoleta de gerenciamento do tempo de uma vez por todas. Mostra exatamente como eu usei

2. Termos incomuns são definidos ao longo deste livro à medida que os conceitos são apresentados. Se algo não ficar claro ou se você precisar de referência rápida, consulte o extenso glossário e outros recursos em www.fourhourworkweek.com (em inglês).

as palavras de um economista italiano praticamente esquecido para transformar uma jornada de doze horas em jornadas de duas horas... em 48 horas. Aumente seus resultados por hora mais de dez vezes com técnicas contra-intuitivas dos NR de cultivo de ignorância seletiva, de dieta pobre em informação e de outras formas de ignorar o que não é importante. Essa seção fornece o primeiro dos três ingredientes do Projeto de Vida: tempo.

A de *Automação* coloca o fluxo financeiro no piloto automático usando arbitragem geográfica, terceirização e regras de não decisão. Das classificações tributárias às rotinas dos NR mais bem-sucedidos, está tudo aqui. Essa seção fornece o segundo ingrediente de um Projeto de Vida luxurioso: renda.

L de *Liberação* é o manifesto de mobilidade das pessoas inclinadas à globalidade. É apresentado o conceito de miniaposentadorias, assim como os meios para o controle remoto e infalível de funções e para escapar de seu patrão. Liberação não é sobre viagens econômicas; é sobre romper para sempre os laços que o prendem a um único lugar. Essa seção traz o terceiro e último ingrediente do Projeto de Vida: mobilidade.

Devo notar que a maior parte dos patrões não ficará muito contente se você passar uma hora por dia no escritório, e que quem possui um emprego formal deve portanto ler os passos da mentalidade empreendedora na ordem **DEAL**, mas implementá-los como **DELA**. Se você decidir permanecer em seu emprego atual, será necessário criar liberdade geográfica antes de cortar em 80% sua jornada de trabalho. Mesmo se você nunca tiver considerado tornar-se um empreendedor, no sentido moderno da palavra, o processo do **DEAL** vai torná-lo um, no sentido puro da palavra, tal qual cunhado pelo economista francês J. B. Say, em 1800 – alguém que transfere recursos de uma área de rendimento menor para uma de rendimento maior.[3]

Por último, mas não menos importante, muito do que recomendo aqui parecerá impossível, e até mesmo ofensivo ao senso comum

---

3. http://www.peter-drucker.com/

básico – eu prevejo isso. Decida agora testar esses conceitos como um exercício de raciocínio lateral. Se você tentar, verá o quão mais embaixo é o buraco, e você jamais voltará.

Respire fundo e deixe-me mostrar a você o meu mundo. E lembre-se – *tranquilo*. É hora de se divertir e deixar que o resto venha.

Tim Ferriss
Tóquio, Japão
29 de setembro de 2006

CRONOLOGIA DE UMA PATOLOGIA

"Um perito é alguém que já cometeu todos os erros que se podem cometer em uma área bem restrita."
NIELS BOHR, físico dinamarquês vencedor do Prêmio Nobel

"Normalmente ele era insano, mas tinha momentos lúcidos, quando era meramente estúpido."
HEINRICH HEINE, poeta e crítico alemão

Este livro vai ensinar a você os princípios exatos que usei para me tornar o seguinte:

- Tetracampeão mundial de vale-tudo.
- Primeiro americano na história a conquistar um recorde mundial de tango no *Guinness*.
- Palestrante convidado de empreendedorismo na Universidade de Princeton.
- Linguista aplicado em japonês, chinês, alemão e espanhol.
- Pesquisador de índices de glicemia.
- Campeão nacional chinês de *kickboxing*.
- Dançarino de *break* da MTV de Taiwan.
- Conselheiro esportivo de mais de trinta atletas recordistas mundiais.
- Ator de séries televisivas de destaque na China e em Hong-Kong.
- Apresentador de TV na Tailândia e na China.
- Pesquisador de refugiados políticos e ativista.
- Mergulhador.
- Piloto de motocicletas de corrida.

Como cheguei a esse ponto é um bocado menos glamoroso:

1977 Nasci prematuro de 6 meses e com 10% de chance de sobreviver. Apesar disso, sobrevivo e fico tão gorducho que mal consigo dar uma cambalhota. Um problema muscular nos olhos me faz olhar em direções opostas, e minha mãe se refere a mim carinhosamente como "atum". Até aí, tudo bem.

1983 Quase sou reprovado no jardim de infância porque me recuso a aprender o alfabeto. Minha professora se recusa a me explicar por que eu deveria aprendê-lo, optando, em vez disso, pelo: "Porque EU sou a professora aqui". Digo a ela que isso é uma estupidez e peço para que ela me deixe em paz, para que eu possa ficar desenhando tubarões. No entanto, ela me manda para o "cantinho do castigo" e esfrega minha boca com sabão. Começa meu desprezo por autoridades.

1989 Meu primeiro emprego. Ah, as lembranças! Sou contratado por um salário mínimo como faxineiro de uma sorveteria e rapidamente concluo que o método do patrão duplica o esforço necessário. Faço as coisas do meu jeito, termino em uma hora em vez de oito, e passo o resto do dia lendo revistas de *kung fu* e praticando golpes de caratê. Sou demitido em um recorde de três dias, ouvindo a seguinte frase na hora da despedida: "Talvez algum dia você entenda o valor do trabalho árduo". Parece que eu ainda não entendi.

1993 Parto para um ano de intercâmbio no Japão, onde as pessoas trabalham exaustivamente, até a morte – um fenômeno chamado *karooshi* – e diz-se dos japoneses que gostariam de ser xintoístas quando nascem, cristãos quando se casam e budistas na hora da morte. Entendo então que a maior parte das pessoas é muito confusa sobre a vida. Uma noite, querendo pedir à minha "mãe" no intercâmbio que me acordasse na manhã seguinte *(okosu)*, pedi a ela que me estuprasse violentamente *(okasu)*. Ela ficou bem confusa.

1996 Consigo entrar despercebido em Princeton, a despeito das minhas notas no vestibular serem 40% inferiores à média e do meu conselheiro de ingresso à universidade que, durante o ensino médio, me dizia para ser "realista". Concluo que na verdade eu simplesmente não sou bom. Faço especialização em neurociência e então mudo para estudos do Leste Asiático, para evitar ficar instalando tomadas em cabeças de gatos.

1997 Hora de ficar milionário! Crio um *audiobook* chamado *Como eu venci a Ivy League*, uso todas as minhas economias de três verões trabalhando como temporário para confeccionar quinhentas fitas, e consigo vender exatamente nenhuma. Só deixo minha mãe jogá-las fora em 2006, depois de nove anos de recusa. Assim é a alegria da autoconfiança exagerada e injustificada.

1998 Depois de quatro grandalhões espancarem um amigo meu, peço demissão sumariamente do emprego mais bem remunerado no *campus* e desenvolvo um seminário de leitura dinâmica. Cubro o *campus* com centenas de medonhos cartazes verde-néon que diziam "triplique sua velocidade de leitura em três horas!" e estudantes típicos de Princeton escrevem "baboseira" em cada um deles. Vendo 32 lugares a 50 dólares cada um para o evento de três horas, e 533 dólares por hora me convencem de que pesquisar o mercado antes de desenvolver um produto é mais esperto do que o contrário. Dois meses depois, estou de saco cheio de leitura dinâmica e encerro o negócio. Detesto serviços, preciso de um produto para vender.

Outono de 1998 Uma grande disputa acadêmica e o medo agudo de me tornar um operador de banco de investimentos me levam a cometer suicídio universitário e informar a secretaria de que eu estava, até segunda ordem, abandonando a faculdade. Meu pai está convencido de que nunca voltarei, e eu estou convencido de que minha vida acabou. Minha mãe acha que não há nada de mais nisso e que não há motivos para dramalhão.

Primavera de 1999 Em três meses, eu aceito empregos (e saio deles) de designer de conteúdos na Berlitz, a maior editora de materiais em línguas não inglesas do mundo, e de analista em uma microempresa de pesquisas sobre asilo político. Naturalmente, depois disso eu vou para Taiwan e crio do nada uma rede de academias de ginástica, logo fechada pelas Tríades, a máfia chinesa. Volto para os Estados Unidos derrotado, decido aprender *kickboxing* e venço o campeonato nacional quatro semanas depois, com o mais feio e menos ortodoxo estilo jamais visto.

Outono de 2000 Com minha autoconfiança recuperada e minha tese mal começada, volto para Princeton. Minha vida não acaba e tudo indica que esse atraso de um ano só me ajudou. Meus colegas de vinte e poucos anos têm habilidades tais quais as de David Koresh. Um amigo meu vende sua empresa por 450 milhões de dólares, e eu decido partir para a ensolarada Califórnia para ganhar os meus bilhões. A despeito do mercado de trabalho mais aquecido da história da humanidade, consigo ficar três meses desempregado, depois de formado, quando tiro um coringa da manga e começo a mandar para um CEO 32 e-mails consecutivos. Ele finalmente cede e me contrata no departamento de vendas.

Primavera de 2001 A TrueSAN Networks sai de uma empresa qualquer de quinze funcionários para a "empresa privada de armazenamento de dados número um" (como será que isso é medido?), com mais de 150 empregados (o que tanto eles fazem?). Sou admitido por um diretor de vendas recém-contratado para "começar pelo A" no catálogo telefônico e ligar em busca de dólares. Pergunto-lhe, cheio de tato, por que faríamos isso como retardados. Ele responde: "Porque eu quero que seja assim". Não é um bom começo.

Outono de 2001 Depois de um ano de jornadas diárias de doze horas de trabalho, descubro que sou a segunda pessoa que ganha menos na empresa, depois apenas da recepcionista. Recorro à tática de surfar agressivamente na internet o dia inteiro. Uma dessas tardes, já sem nenhum vídeo obsceno para mandar para as pessoas, resolvo investigar o quão difícil seria começar uma empresa de suplementos alimentares. Descubro que posso terceirizar tudo, da manufatura das vitaminas à publicidade. Duas semanas e 5 mil dólares (no cartão de crédito) depois, meu primeiro lote está em produção e ponho no ar um website. Uma coisa boa, considerando-se que sou demitido exatamente uma semana depois.

2002-2003 A BrainQUICKEN LLC decola, e eu estou ganhando mais de 40 mil dólares por mês em vez de 40 mil por ano. O único problema é que agora eu odeio a vida e trabalho mais de doze horas por dia, sete dias por semana. Quase uma situação da qual eu não consigo sair. Tiro uma semana de "férias" e vou com minha família para Florença, na Itália, e fico dez horas por dia pirando num cibercafé. Merda. Começo a ensinar estudantes de Princeton como criar empresas "de sucesso" (quer dizer, lucrativas).

Inverno de 2004 O impossível acontece e sou abordado por uma empresa de infomerciais e por um conglomerado israelense (hã?) interessados em comprar minha jovem BrainQUICKEN. Eu simplifico as coisas, elimino várias delas, ainda por cima coloco tudo em ordem para me tornar mais valioso. Milagrosamente, a BQ não desmorona, mas as duas propostas são canceladas. Estou de volta ao ponto zero. Pouco tempo depois, as duas empresas tentam copiar meu produto e perdem milhões de dólares.

Junho de 2004 Decido que, mesmo que minha empresa imploda, preciso sair dessa vida antes que eu vire o Howard Hughes. Viro tudo de cabeça para baixo e, de malas na mão, vou para o aeroporto JFK, em Nova York, para comprar a primeira passagem só de ida para a Europa que consigo encontrar. Aterriso em Londres e pretendo ficar na Espanha por quatro semanas, para recarregar minhas baterias antes de retornar às "minas de sal". Começo meu relaxamento tendo uma síncope nervosa logo na primeira manhã.

Julho de 2004-2005 As quatro semanas viram oito, e eu decido ficar na Europa indefinidamente, como uma prova final de automação e experimentação do meu modo de vida, limitando minhas consultas ao e-mail a apenas uma hora, às segundas-feiras pela manhã. Tão logo elimino o gargalo que sou eu, os lucros aumentam 40%. O que mais nesta vida você faz quando não tem mais que trabalhar como desculpa por ser hiperativo e para evitar as grandes questões? Você fica apavorado e se segura no assento com todas as forças, aparentemente.

Setembro de 2006 Volto aos Estados Unidos, estou me sentindo estranhamente zen depois de destruir metodicamente todas as minhas certezas sobre o que pode e o que não pode ser feito. "Distribuição de drogas por prazer e lucro" evolui para uma palestra sobre o projeto ideal de vida. A nova mensagem é simples: eu já vi a terra prometida, e aqui vai a boa notícia. Vocês podem conquistá-la.

PASSO 1

D de Definição

"A realidade é apenas uma ilusão, apesar de ser uma ilusão bastante persistente."

ALBERT EINSTEIN, físico alemão responsável pelo desenvolvimento da Teoria da Relatividade

1

Advertências e comparações

Como torrar 1 milhão de dólares em uma noite

"Esses indivíduos possuem riquezas com a mesma facilidade com que dizemos que 'temos uma febre', quando na verdade a febre nos tem."
SÊNECA (4 a.C.-65 d.C.), filósofo do Império Romano

"Tenho a noção de que aparentemente ricos, mas terrivelmente empobrecidos – mais do que qualquer outra classe –, que acumularam entulho, mas não sabem como usá-lo ou como se livrar dele, e que ainda por cima forjaram seus próprios grilhões dourados ou prateados."
HENRY DAVID THOREAU (1817-1862), naturalista

Uma hora da manhã, 9000 m acima de Las Vegas

Seus amigos, bêbados a ponto de falar enrolando a língua, já estavam dormindo. Éramos apenas nós dois, então, na primeira classe. Ele estendeu-me a mão para se apresentar e um enorme – como se fosse um desenho animado – anel de diamantes se materializou do nada na minha frente, quando seus dedos passaram pela minha luz de leitura.

Mark era um legítimo magnata. Ele tinha sido dono, em diferentes épocas, de praticamente todos os postos de gasolina, lojas de conveniência e cassinos na Carolina do Sul. Confessava com um semi-sorriso que, em uma viagem normal para Las Vegas, ele e seus amigos guerreiros chegavam a perder, em média, de 500 mil a 1 milhão de dólares – cada um. Legal.

Endireitou-se na poltrona e a conversa migrou para minhas viagens, mas eu estava mais interessado na incrível capacidade dele de ganhar dinheiro. "Então, entre todos os seus negócios, de qual deles você mais gosta?"

A resposta levou menos de um segundo.

"De nenhum deles."

Ele explicou que tinha passado mais de trinta anos com pessoas de quem não gostava para comprar coisas de que não precisava. A vida tinha se tornado uma sucessão de esposas-troféus – ele já estava na número três, carros caríssimos e outras diversões vazias. Mark era um daqueles mortos-vivos.

Isso é exatamente onde não queremos terminar.

Maçãs e laranjas: uma comparação

Então, o que faz a diferença? O que separa os Novos Ricos, caracterizados pelas opções que fazem, dos Adiadores (**A**), aqueles que economizam tudo para o final apenas para descobrir que, no final, a vida já passou?

Tudo começa do começo. Os Novos Ricos podem ser separados da multidão com base em seus objetivos, que refletem prioridades e filosofias de vida bem distintas.

Note como diferenças sutis nos enunciados mudam completamente as ações necessárias para se atingir o que, num primeiro olhar, parecem ser objetivos similares. Isso não é limitado a donos de seus próprios negócios. Até mesmo o primeiro enunciado, como demonstrarei adiante, pode ser aplicado a funcionários.

A: Trabalhar para si mesmo.
NR: Fazer outras pessoas trabalharem para você.

A: Trabalhar quando você quer.
NR: Evitar trabalhar somente pelo trabalho, e fazer o menor esforço necessário para o maior efeito ("menor carga eficiente").

A: Aposentar-se precocemente, ainda jovem.
NR: Distribuir períodos de descanso e aventuras (miniaposentadorias) ao longo da vida, em bases regulares, e reconhecer que a

inatividade não é o objetivo. Fazer aquilo que o estimula e dá prazer é o verdadeiro objetivo.

A: Comprar todas as coisas que você quer ter.
NR: Fazer todas as coisas que você quer fazer, e ser tudo aquilo que você quer ser. Se isso incluir algumas ferramentas, que sejam conquistadas, mas que se saiba que são apenas meios para conseguir um objetivo, ou um bônus, nunca o foco.

A: Ser o patrão em vez do empregado; estar no comando.
NR: Não ser nem o patrão nem o empregado, mas o proprietário. Ser o dono da ferrovia e ter alguém para operar os trens com pontualidade.

A: Ganhar uma tonelada de dinheiro.
NR: Ganhar uma tonelada de dinheiro com uma razão específica e sonhos definidos a serem perseguidos, incluindo cronogramas e métodos de ação. Para qual finalidade você está trabalhando?

A: Ter mais.
NR: Ter mais qualidade e menos bagunça. Ter grandes reservas financeiras, mas reconhecer que a maior parte dos desejos materiais é apenas justificativa para gastar tempo com coisas que, na verdade, não importam, inclusive comprar coisas e se preparar para comprar coisas. Você passou duas semanas negociando seu novo carro importado com a concessionária e conseguiu 10 mil dólares de desconto? Que ótimo! Sua vida tem algum sentido? Você contribui com algo útil para o mundo ou está apenas embaralhando papéis, batucando num teclado e voltando para casa para passar os fins de semana bêbado em frente à televisão?

A: Alcançar a estabilidade final, seja abrindo o capital da própria empresa, vendendo-a, aposentando-se, ou conseguindo alguma outra galinha de ovos de ouro.
NR: Pensar grande, mas garantir uma renda constante: primeiro o fluxo financeiro, depois grandes fortunas.

A: Ter liberdade para não fazer aquilo de que você não gosta.

NR: Ter liberdade para não fazer aquilo de que você não gosta, mas também a liberdade e a determinação de perseguir os seus sonhos sem voltar ao "trabalho pelo trabalho". Depois de anos de trabalho repetitivo, você provavelmente sentirá a necessidade de cavar fundo para encontrar suas verdadeiras paixões, para redefinir seus sonhos e para reviver *hobbies* que você deixou atrofiar até a beira da extinção. O objetivo não é apenas eliminar o que é ruim, porque isso não provoca nada além de um vácuo, mas perseguir e experimentar o que há de melhor no mundo.

Pulando fora do trem errado

"O primeiro princípio é que você não deve enganar a si mesmo, mas você é a pessoa mais fácil de se enganar."
RICHARD P. FEYNMAN, físico ganhador do Prêmio Nobel

Já foi o bastante. Nada mais de ser uma maria-vai-com-as-outras. A busca cega por dinheiro é a jornada dos tolos.

Já fretei aviões para voar sobre os Andes, experimentei alguns dos melhores vinhos do mundo em estações de esqui de cinco estrelas, vivi como um rei, descansando na enorme piscina de uma *villa* particular. Aqui está o pequeno segredo que eu raramente conto: tudo isso custou menos do que um aluguel nos Estados Unidos. Se você libertar-se das amarras de tempo e de geografia, seu dinheiro automaticamente passa a valer de três a dez vezes mais.

Isso não tem nada a ver com taxas de câmbio. Ser financeiramente rico e ter a habilidade de viver como um milionário são duas coisas fundamentalmente diferentes.

O dinheiro se multiplica em valores práticos dependendo do número de Q's que você controla na sua vida: o **que** você faz, **quando** você faz, em **que** lugar você faz e com **quem** você faz. Chamo isto de "multiplicador de liberdades".

Utilizando isto como nossos critérios, o investidor que trabalha oitenta horas por semana e ganha meio milhão de dólares por ano é "menos poderoso" do que o **NR** que trabalha um quarto desse tempo e ganha 40 mil dólares por ano, mas possui uma liberdade completa de escolher quando, onde e como viver. O meio milhão pode valer menos do que os 40 mil, e vice-versa, quando descartamos os números e passamos a enxergar o padrão de vida derivado do dinheiro.

Opções – a habilidade de escolher – é o verdadeiro poder. Este livro é todo sobre como enxergar e criar as opções com o menor esforço e o menor custo possível. E, paradoxalmente, acontece de você ganhar ainda mais dinheiro – muito mais dinheiro – fazendo metade do que faz hoje.

Então, quem são os NR?

► O funcionário que reorganiza sua agenda e negocia um acordo de trabalho a distância para conseguir 90% do resultado esperado em um décimo do tempo, o que lhe libera tempo bastante para atravessar o país esquiando ou para fazer trilhas com sua família, duas semanas por mês.

► O proprietário de um negócio que elimina os clientes e os projetos menos lucrativos, terceiriza inteiramente todas as operações e viaja o mundo colecionando documentos raros, montando via internet um website do portfólio do seu trabalho como ilustrador.

► O estudante que decide arriscar tudo – que é nada – para montar um serviço de aluguel de vídeos on-line que produz uma renda de 5 mil dólares mensais, por causa de um pequeno nicho de aficionados por HDTV e de um projeto que consome duas horas semanais de trabalho e permite que ele dedique o resto do tempo para ser ativista dos direitos dos animais.

As opções são infinitas, mas todos os diferentes caminhos começam com o mesmo passo: substituir dogmas. Para juntar-se ao movimento, você precisará aprender um novo léxico e redefinir sua direção utilizando a bússola de um mundo incomum. Da inversão de responsabilidades ao descarte total do conceito de "sucesso", precisamos mudar as regras.

Novos jogadores para um novo jogo: global e irrestrito

TURIM, ITÁLIA

"A civilização tem regras demais pro meu gosto, então eu fiz o possível para reescrevê-las."
BILL COSBY, comediante, músico e ativista

Logo que ele girou 360 graus no ar, o barulho ensurdecedor transformou-se em silêncio. Dale Begg-Smith executou o *backflip* com perfeição – os esquis cruzados sobre sua cabeça – e aterrissou no *Livro dos recordes* quando deslizou até a linha de chegada.

Era 16 de fevereiro de 2006 e ele era agora um medalhista de ouro de esqui nos Jogos Olímpicos de Inverno de Turim. Ao contrário de outros atletas em tempo integral, ele não terá que voltar para um trabalho sem fim depois do seu momento de glória, tampouco terá que se lembrar desse dia como o clímax de sua única paixão. Além do que, ele tinha apenas 21 anos e dirigia uma Lamborghini preta.

Nascido no Canadá, de pais relativamente velhos, Dale encontrou sua vocação, uma empresa de TI baseada na internet, aos 13 anos. Por sorte, teve um parceiro e mentor com mais experiência, para ajudá-lo e guiá-lo: seu irmão de 15 anos, Jason. Criada para financiar seu sonho de figurar no topo do pódio olímpico, a companhia se tornaria, apenas dois anos depois, a terceira maior do mundo em sua área de atuação.

Enquanto os companheiros de time de Dale ralavam fazendo treinamentos extra, ele estava frequentemente comprando saquê em Tóquio para seus clientes. Em um mundo de "trabalhe duro, não melhor", seus treinadores começaram a achar que ele passava muito tempo em sua empresa e tempo insuficiente no treinamento, a despeito dos resultados.

Em vez de escolher entre sua empresa ou seu sonho, Dale decidiu caminhar com ambos lado a lado, passou do "um ou outro" para "um e outro". Ele não gastava muito tempo com a empresa; seu irmão e ele gastavam muito tempo acompanhando seu time favorito de hóquei no gelo.

Em 2002, eles mudaram-se para a capital mundial do esqui, na Austrália, onde o time era menor, mais flexível e treinado por uma lenda viva. Três breves anos depois, ele recebeu a cidadania australiana, emparelhou-se com seus antigos companheiros de time e tornou-se o terceiro "Aussie" na história a ganhar o ouro olímpico de inverno.

Na terra dos cangurus e das grandes ondas para o surfe, Dale tornou-se postal. Literalmente. Logo depois da edição comemorativa de Elvis Presley, você poderá comprar selos com o rosto de Dale impresso neles.

A fama tem seus bônus, assim como observar de fora as chances que são oferecidas a você também tem. Sempre há opções laterais.

NOVA CALEDÔNIA, PACÍFICO SUL

"Uma vez que você diga que vai parar por um segundo,
isso é o que acontece na sua vida."
JOHN F. KENNEDY, 35º presidente dos Estados Unidos

Algumas pessoas parecem estar convencidas de que um pouco mais de dinheiro acertaria todas as coisas. Seus objetivos são alvos arbitrários e móveis: 300 mil no banco, 1 milhão na carteira de investimentos, 100 mil por ano em vez de 50 mil etc. O objetivo de Julie tinha um sentido intrínseco: regressar com o mesmo número de crianças com que ela havia partido.

Ela reclinou-se em seu assento e observou os outros bancos por sobre seu marido adormecido, Marc, contando, como ela já havia feito milhares de vezes antes – um, dois, três. Até aí tudo bem. Em doze horas, estariam todos de volta a Paris, sãos e salvos. Isto é, assumindo que o avião vindo da Nova Caledônia conseguisse chegar.

Nova Caledônia?

Aninhada nos trópicos do Mar de Corais, a Nova Caledônia era um território francês, onde Julie e Marc tinham acabado de vender o veleiro que os havia levado por 15 mil milhas ao redor do mundo. É claro que recuperar o investimento inicial era parte do plano. Tudo dito e feito, os quinze meses de exploração do planeta, das águas cheias de gôndolas em Veneza aos portos tribais da Polinésia, tudo custou entre 18 e 19 mil dólares. Menos do que gastariam com aluguel e com baguetes em Paris.

A maior parte das pessoas consideraria isso impossível. E, novamente, a maior parte das pessoas não sabe que mais de 300 famílias embarcam na França a cada ano para viagens assim.

A viagem fora um sonho por quase duas décadas, relegada ao fim de uma lista, abaixo de um sem-fim crescente de responsabilidades. Cada momento novo de suas vidas trazia uma nova lista de razões para adiá-la. Um belo dia, Julie percebeu que, se não viajassem agora, nunca mais o fariam. As racionalizações, legítimas ou não, apenas continuariam a aumentar e a tornar mais difícil que ela se convencesse de que era possível escapar.

Depois de um ano de preparação e uma viagem de testes de trinta dias com seu marido, eles saíram para velejar a viagem das suas vidas. Julie percebeu, tão logo levantou a âncora, que, antes de serem uma razão para não viajar e não buscar novas aventuras, as crianças eram talvez a principal razão para fazer ambas as coisas.

Logo antes da viagem, seus três filhos brigavam por qualquer coisinha. No processo de aprendizado para conviver no quarto do veleiro, os meninos aprenderam a ter paciência, tanto para si mesmos quanto para a sanidade de seus pais. Antes da viagem, ler um livro era tão atrativo para eles quanto comer um punhado de areia. Dada a alternativa de ficar encarando uma parede em alto-mar, todos os três passaram a adorar livros. Tirá-los da escola por um ano escolar inteiro e expô-los a novas situações e novas culturas provou-se ser o melhor investimento na educação deles até então.

Agora, sentada no avião, Julie olhou para as asas que cortavam as nuvens por que passavam, já matutando seus próximos planos: encontrar um lugar nas montanhas e esquiar o ano inteiro, usando a renda proveniente de uma oficina de aparelhamento de barcos para financiar mais viagens.

Agora que fizera uma vez, ela tinha o comichão de fazer mais.

► PROJETO DE VIDA NA PRÁTICA

Eu não aguentava mais dirigir até o outro lado da cidade para pegar meu filho na creche e depois enfrentar estradas escorregadias por causa do gelo para voltar ao trabalho com ele a tiracolo e tentar terminar o que estava fazendo. Minha miniaposentadoria nos levou a viver em um colégio interno alternativo cheio de crianças e funcionários criativos, dedicados a um projeto de vida, em uma floresta maravilhosa na Flórida, com um lago de águas cristalinas e muito sol. Você pode encontrar escolas alternativas ou tradicionais que aceitem seus filhos enquanto você estiver lá. As escolas alternativas normalmente se veem como comunidades de apoio e são excepcionalmente acolhedoras. Você até pode encontrar uma oportunidade para trabalhar na escola e vivenciar um novo ambiente com seu filho.

– Deb

...

Tim,

Seu livro e seu blog me inspiraram e eu larguei meu emprego, escrevi dois e-books, saltei de paraquedas, fiz um mochilão pela América do Sul, vendi todo o entulho acumulado na minha vida, organizei uma convenção anual dos melhores instrutores de namoro do mundo (meu principal empreendimento, pelo terceiro ano consecutivo). A melhor parte? Não consigo sequer pagar uma bebida.

Muito obrigado, cara!

– Anthony

2

Regras que mudam as regras

Tudo o que é popular é errado

"Não posso oferecer a você uma fórmula infalível para o sucesso,
mas posso oferecer uma fórmula para o fracasso:
tentar agradar a todos o tempo todo."
HERBERT BAYARD SWOPE, editor e jornalista americano;
primeiro vencedor do Prêmio Pulitzer

"Tudo o que é popular é errado."
OSCAR WILDE, *A importância de ser prudente*

Ganhar o jogo, em vez de jogar o jogo

Em 1999, algum tempo depois de ter saído de meu segundo emprego medíocre e de ficar comendo sanduíches de manteiga de amendoim para me consolar, eu ganhei a medalha de ouro no Campeonato Nacional Chinês de Kickboxing.

Não foi porque eu era bom em socar e chutar. Deus proíbe. Parecia um pouco perigoso, considerando-se que eu fiz isso por pura ousadia e que tive apenas quatro semanas de preparação. Além disso, eu tenho uma cabeça de melancia – que é um grande alvo.

Ganhei lendo as regras e procurando brechas, duas das quais são:

1. A pesagem é no dia anterior à competição: usando técnicas de desidratação, agora ensino para levantadores de peso de elite, perdi doze quilos em dezoito horas, pesei 74 quilos e então me hiper-hidratei de volta aos meus 87 quilos.[1] É muito difícil lutar contra alguém três categorias acima de você. Pobres pequeninos.

1. Muitas pessoas dirão que isso é impossível, então disponibilizei fotografias em www.fourhourworkweek.com. NÃO tente isso em casa. Só sob supervisão médica.

2. Havia uma tecnicidade no regulamento: Se um combatente cair da plataforma elevada três vezes em um único *round*, seu oponente vence. Eu decidi usar essa tecnicidade como minha única técnica e apenas derrubar meus oponentes do ringue. Como você pode imaginar, isso não deixou os juízes chineses muito felizes.

O resultado? Venci todas as minhas lutas por nocaute técnico e me sagrei campeão nacional, algo que 99% das pessoas com algo entre cinco e dez anos de treinamento são incapazes de conseguir.

Mas empurrar pessoas para fora do ringue não significa ultrapassar os limites da ética? De maneira nenhuma – isso nada mais é do que fazer o incomum dentro das regras. A diferença importante é aquela entre as regras oficiais e as regras autoimpostas. Considere este exemplo do site oficial do Comitê Olímpico Internacional (www.olympic.org).

> A Olimpíada de 1968 na Cidade do México marcou a estreia internacional de Dick Fosbury e seu celebrado salto de costas, conhecido como Salto Fosbury, que revolucionaria o salto em altura. Na época, os atletas jogavam o pé para cima e depois por cima da barra (fazendo um movimento conhecido como *straddle* – perna aberta, em inglês), caindo de pé. A técnica de Fosbury empregava uma corrida em alta velocidade até a barra, com uma aproximação em diagonal antes de girar o corpo e passar por cima da barra de costas, jogando primeiro a cabeça. Enquanto treinadores de todo o mundo balançavam a cabeça incrédulos, o público da Cidade do México, absolutamente fascinado, gritava "Olé!". Fosbury saltou 2,22 metros sem derrubar a barra até atingir o recorde de 2,24 metros e conquistar a medalha de ouro.
>
> Em 1980, 13 dos 18 finalistas olímpicos usavam a técnica Fosbury.

As técnicas de perda de peso e empurrão do ringue que eu usei agora são padrão na competição Sanshou. Eu não inventei nada, só previ o que seria inevitável, assim como outros que testaram essa abordagem. Agora faz parte da luta.

Os esportes evoluem quando se matam as vacas sagradas, quando pressupostos básicos são testados.

O mesmo vale para a vida e o estilo de vida.

Desafiar o *status quo vs.* ser estúpido

A maior parte das pessoas anda pela rua com as pernas. E se eu andasse pela rua apoiado em minhas mãos? E se eu vestisse a cueca por cima das calças para ser diferente? Não, não faço essas coisas. Andar com as pernas e manter a cueca por dentro têm funcionado muito bem até agora. Não preciso consertar isso se está funcionando bem.

O diferente é melhor quando é mais eficiente ou mais divertido.

Se todo mundo define um problema ou o soluciona de determinada forma e os resultados são insatisfatórios, é hora de perguntar "e se eu fizesse o contrário?". Não siga um modelo que não funciona. Se a receita não funciona, não importa o quão bom cozinheiro você é.

Quando trabalhava com vendas de armazenamento de dados, meu primeiro trabalho depois da faculdade, percebi que a maior parte das ligações não chegava às pessoas desejadas por uma razão: pessoas que impediam os contatos. Se eu simplesmente fizesse todas as minhas ligações entre 8h e 8h30 e depois entre 18h e 18h30, conseguia evitar as secretárias e agendar mais do dobro das reuniões do que conseguiam os executivos seniores de vendas que ligavam entre 9h e 17h. Em outras palavras, eu conseguia o dobro dos resultados em 1/8 do tempo.

Do Japão a Mônaco, de mães solteiras que percorrem o mundo com seus filhos a pilotos multimilionários de automobilismo, as regras básicas dos **NR** bem-sucedidos são surpreendentemente uniformes e previsivelmente divergentes do que o resto do mundo pratica.

As regras a seguir são as diferenças fundamentais que devemos ter em mente ao longo deste livro.

1. Aposentadoria é o seguro para o caso de acontecer a pior das hipóteses.

Planejar a aposentadoria é como um seguro de vida. Deve ser encarado como nada mais do que uma previdência contra o caso de acontecer a pior hipótese: nesse caso, tornar-se fisicamente incapaz de trabalhar e precisar de uma reserva financeira para sobreviver.

A aposentadoria como objetivo ou como redenção final é um equívoco por pelo menos três razões sólidas:

a. Está subentendido na aposentadoria que você não gosta do que está fazendo durante os anos de maior vigor físico em sua vida. Isso é um erro fundamental: nada pode justificar esse sacrifício.

b. A maior parte das pessoas nunca será capaz de se aposentar e manter um padrão razoável de vida. Mesmo um milhão é apenas um trocado num mundo em que a aposentadoria tradicional leva trinta anos e a inflação reduz seu poder de compra de 2% a 4% por ano. A conta não fecha.[2] Os anos dourados da aposentadoria tornam-se uma vida de classe média-baixa revisitada. Isso é um final amargo.

c. Se tiver juntado dinheiro suficiente para a conta fechar, isso significa que você é uma ambiciosa máquina de trabalhar. Se esse for o caso, quer saber? Basta uma semana de aposentadoria e você estará tão entediado que vai querer furar seus olhos. Provavelmente optará por procurar um novo emprego ou fundar uma nova empresa. E não é que isso derrota a ideia de esperar?

Não estou dizendo para você não planejar para caso o pior aconteça – eu reservei alguma quantia em um fundo de pensão, que uso principalmente para abater impostos –, mas não confunda isso com a aposentadoria como objetivo.

2. Interesse e energia são cíclicos.

Se eu lhe oferecesse 10 milhões de dólares para trabalhar 24 horas por dia durante quinze anos e então se aposentar, você aceitaria? É claro que não – você não aguentaria. Não é uma situação susten-

2. "Living Well" (*Barron's*, 20 de março de 2006, Suzanne McGee).

tável, exatamente como aquilo que mais define uma carreira: fazer a mesma coisa por oito ou mais horas por dia até você ter um colapso ou ter dinheiro bastante para parar de trabalhar definitivamente.

De que outra forma meus amigos de 30 anos de idade estariam todos parecendo uma mistura de Donald Trump com Joan Rivers? É um horrível envelhecimento precoce acelerado por *frappuccinos* triplos e cargas de trabalho inexequíveis.

Alternar períodos de descanso e de atividade é fundamental para sobreviver, para não falar em prosperar. Capacidade, interesse e resistência mental, tudo isso vai e vem. Planeje de acordo.

Os **NR** objetivam distribuir "miniaposentadorias" ao longo da vida, em vez de postergar o descanso e o prazer para o ouro dos tolos que é a aposentadoria.

Trabalhando apenas quando você está mais eficiente, a vida é mais produtiva e mais divertida. É o exemplo perfeito de ter a faca e o queijo na mão, parti-lo e comê-lo.

Pessoalmente, eu agora planejo um mês de passeio em algum lugar do mundo ou treinamento de alta intensidade (em tango, luta ou alguma outra coisa) para cada dois meses de trabalho.

3. Menos trabalho não significa preguiça.

Fazer menos trabalho inútil, de modo que possa focar em coisas de importância maior para você NÃO é preguiça. Isso é difícil para a maioria das pessoas aceitar, porque nossa cultura tende a recompensar o sacrifício pessoal em vez da produtividade pessoal.

Poucas pessoas optam (ou estão aptas a optar) por medir os resultados de suas ações e, a partir daí, medir em tempo o valor de suas contribuições. Mais tempo significa mais valor próprio e mais apoio daqueles acima e ao redor delas. Os **NR**, a despeito de menos horas no escritório, produzem resultados mais significativos do que uma dúzia de não **NR** juntos.

Definamos "preguiça" novamente – suportar uma existência não ideal para deixar as circunstâncias ou que os outros decidam sua vida por você, ou amealhar uma fortuna enquanto passa pela vida como um espectador, vendo-a da janela de um escritório. O tamanho de sua conta bancária não afeta isto, bem como o número de horas que você passa checando e-mails inúteis ou detalhes desimportantes.

Foque-se em ser produtivo em vez de focar-se em estar ocupado.

4. A noção que se tem do tempo nunca está correta.

Uma vez, perguntei a minha mãe como ela tinha decidido quando ter o primeiro filho, eu, no caso. A resposta foi simples: "Isso era algo que queríamos, e decidimos que não havia por que postergá-lo. Nunca se sabe a hora certa de ter um filho". E assim aconteceu.

Para as coisas mais importantes, nunca temos certeza se é a hora certa. Esperar a hora certa para sair de seu emprego? As estrelas nunca estarão suficientemente alinhadas e os semáforos da vida nunca estarão todos verdes ao mesmo tempo. O universo não conspira contra, mas também não sai de seu fluxo normal para ajeitar tudo para você. As condições nunca são perfeitas. "Algum dia" é uma doença que levará seus sonhos para o túmulo com você. Listas de prós e contras são igualmente ruins. Se é importante para você, e se você quer fazer "finalmente", vá e faça, depois corrija os rumos ao longo do caminho.

5. Peça perdão, não permissão.

Se o que você quer fazer não for devastar todos ao seu redor, tente e depois se justifique. As pessoas – sejam pais, parceiros ou patrões – proíbem que se façam determinadas coisas, com base em uma noção de que eles podem aprender a aceitar o fato depois de consumado. Se o potencial de dano é moderado ou de alguma forma irreversível, não dê às pessoas a chance de dizer não. A maior parte das pessoas é rápida o bastante para interrompê-lo antes que você comece, mas é hesitante para entrar em seu caminho se você já estiver em movimento. Você faz melhor em virar um criador de problemas e pedir desculpas quando realmente errar.

6. Enfatize os pontos fortes, em vez de corrigir as fraquezas.

A maioria das pessoas é ótima em um punhado de coisas e medíocre no resto. Eu sou ótimo em criação de produtos e em marketing, mas terrível na maior parte das coisas a seguir.

Meu corpo é talhado para levantar objetos pesados e arremessá-los, simples assim. Ignorei isso por um longo tempo. Tentei praticar natação, mas parecia um macaco se afogando. Tentei jogar basquete, mas parecia um homem das cavernas. Aí resolvi começar a lutar e me encontrei.

É muito mais lucrativo e divertido alavancar seus pontos fortes em vez de tentar consertar todas as rachaduras na sua armadura. A escolha é entre *multiplicação* de resultados utilizando-se dos pontos fortes ou *desenvolvimento* de melhorias retificando as fraquezas que se tornarão, na melhor das hipóteses, medíocres.

Foque-se num uso melhor de suas melhores armas, em vez de focar-se em reparos constantes.

7. Coisas em excesso tornam-se o oposto.

É possível ter grandes quantidades de uma coisa boa. Em excesso, a maior parte dos esforços e das posses toma características de seus opostos:

> Pacifistas se tornam militantes.
> Ativistas pela liberdade se tornam tiranos.
> Bênçãos se tornam maldições.
> Ajudas se tornam estorvos.
> Mais se torna menos.[3]

Muita quantidade e muita frequência tornam aquilo de que você gosta no que você não gosta. Isso é verdade para posses e até mesmo para o tempo.

O Projeto de Vida não é, portanto, voltado para criar um excesso de tempo livre, que é venenoso, mas sim para um uso positivo do tempo livre, definido simplesmente como fazer aquilo que você quer, em oposição a fazer aquilo a que você se sente obrigado.

8. Dinheiro somente não é a solução.

Há muito a ser dito sobre o poder do dinheiro como moeda (eu, particularmente, sou fã), mas apenas ganhar mais dinheiro não é

3. VandenBroeck, G. *Less is more: an antology of ancient and modern voices raised in praise of simplicty.* Vermont: Inner Traditions, 1990.

sempre a resposta, como gostamos de acreditar. Em parte, isso é preguiça. "Ah, mas se eu tivesse mais dinheiro" é o jeito mais fácil de adiar o autoexame profundo e a tomada de decisões necessários para criar uma vida de prazer – agora, não depois. Ao utilizar o dinheiro como bode expiatório e o trabalho como uma rotina exaustiva, conseguimos evitar que usemos nosso tempo para fazer as coisas de outra maneira: "John, eu adoraria falar com você sobre o vazio que sinto em minha vida, a desesperança que se abate sobre mim como uma porrada todas as manhãs, quando ligo meu computador, mas tenho muito trabalho a fazer! Tenho pelo menos três horas de e-mails desimportantes para responder antes de ligar para todos os possíveis clientes que disseram 'não' ontem. Preciso correr!".

Ocupe-se com a rotina da roda do dinheiro, finja que é a solução de todos os problemas e você ardilosamente cria uma distração constante que evita que você enxergue o quão inútil é isso tudo. Aprofunde-se, você sabe que é tudo uma ilusão, mas, como todo mundo participa do mesmo jogo de acreditar, é fácil esquecer.

O problema é mais do que simplesmente dinheiro.

9. Renda relativa é mais importante do que renda absoluta.

Entre nutricionistas e pessoas que fazem dieta, há algum debate sobre o valor de uma caloria. Será uma caloria uma caloria tal qual uma rosa é uma rosa? A perda de gordura é simples como gastar mais calorias do que se consome ou a fonte das calorias importa? Baseado no meu trabalho com atletas de ponta, eu sei a resposta para essa última pergunta.

E sobre renda? Um dólar é somente um dólar? Os Novos Ricos não pensam assim.

Analisemos isso como se fosse um problema de matemática da quinta série. Dois amigos trabalhadores estão lado a lado numa reta. O amigo A se move a oitenta horas por semana e o amigo B se move a dez horas por semana. Ambos ganham 50 mil dólares por ano. Quem estará mais rico quando chegarem ao ponto final? Se disse B, você estará correto, e essa é a diferença entre renda **absoluta** e **relativa.**

A renda absoluta é medida usando uma variável universal e inalterável: o todo-poderoso dólar. Fulana ganha 100 mil dólares por ano e é duas vezes mais rica do que Beltrano, que ganha 50 mil por ano.

A renda relativa usa duas variáveis: o dólar e o tempo, normalmente horas. O conceito de "por ano" é arbitrário e engana facilmente. Observemos a realidade das coisas. Fulana ganha 100 mil dólares por ano, 2 mil por cada uma das cinquenta semanas por ano, e trabalha oitenta horas por semana. Fulana ganha, portanto, 25 dólares por hora. Beltrano ganha 50 mil dólares por ano, mil por cada uma das cinquenta semanas, mas trabalha somente dez horas por semana e ganha portanto 100 dólares por hora. Em termos de renda relativa, John é quatro vezes mais rico.

É claro que a renda relativa precisa gerar a quantia mínima necessária para atingir seus objetivos. Se ganho 100 dólares por hora mas só trabalho uma hora por semana, vai ser difícil viver como um *superstar*. Assumindo-se que a renda absoluta total é onde preciso chegar para realizar meus sonhos, a renda relativa é a medida real da riqueza para os Novos Ricos.

Os melhores Novos Ricos ganham pelo menos 5 mil dólares por hora. Quando saí da faculdade, eu comecei ganhando em torno de 5 por hora. Vou levá-lo mais perto dos primeiros.

10. Estresse é ruim, eustresse é bom.

Apesar de a maioria dos bípedes hedonistas não saberem, nem todo estresse é ruim. Na verdade, os Novos Ricos não procuram eliminar todo o estresse. Não totalmente. Há dois tipos distintos de estresse, ambos tão diferentes quanto a euforia e seu oposto auto-explicativo, disforia.

Estresse (*distress*, em inglês) refere-se a estímulos prejudiciais que deixam você mais enfraquecido, menos confiante e menos capaz. Críticas destrutivas, chefes abusivos e enfiar a sua cara no meio-fio são exemplos disso. São essas coisas que devemos evitar.

Eustresse (*eustress*, em inglês), por outro lado, é uma palavra que você provavelmente nunca ouviu. *Eu*, um prefixo grego para "saudável", é usado no mesmo sentido na palavra "euforia". Modelos de comportamento que nos levam a exceder nossos limites, treinamento físico que tira nossa barriga gorda e riscos que aumentam nossa esfera de ação confortável são exemplos de eustresses – estresses que são saudáveis e também são estímulos para nosso crescimento.

Pessoas que evitam críticas falham. São as críticas destrutivas que precisamos evitar, não todas as formas de críticas. Da mesma forma, não há progresso sem o eustresse, e quanto mais eustresse pudermos criar ou aplicar em nossas vidas, mais cedo conseguiremos realizar nossos sonhos. O segredo é jogar nos dois times.

Os Novos Ricos são igualmente agressivos ao remover o estresse e buscar o eustresse.

• Perguntas e ações •

1. O quanto estar sendo "realista" ou "responsável" o tem afastado da vida que você deseja?
2. O quanto ter feito o que você "deveria" resultou em experiências inferiores ou arrependimento de não ter feito algo mais?
3. Olhe para o que vem fazendo atualmente e se pergunte: "E se eu fizesse o oposto das pessoas ao meu redor? O que sacrificarei se continuar nesse caminho por cinco, dez ou vinte anos?".

3

Desviando dos tiros

Como controlar o medo e escapar da paralisia

"Muitos passos em falso foram dados ficando parado."
BISCOITO DA SORTE

"Que o seu medo tenha nome antes que você possa bani-lo."
YODA, de *Guerra nas estrelas: o império contra-ataca*

Rio de Janeiro, Brasil

Faltavam apenas seis metros.

"Vai! Vaaaaaaaaaaaaaai!" Hans não falava português, mas o significado era bastante claro – voa! Seus tênis firmaram-se na pedra cheia de pontas e ele empurrou seu corpo em direção a 900 metros de absolutamente nada.

Prendeu a respiração antes de dar o último passo, levado pelo pânico à beira da inconsciência. Sua visão periférica turvou-se, limitando-se a um único ponto de luz, e então... ele flutuava. O inescapável azul-celestial do horizonte atingiu em cheio seu campo visual um instante depois que ele percebeu que uma corrente térmica havia apanhado ele e as asas do paraglider. O medo tinha ficado para trás, no alto da montanha, e milhares de pés acima da resplandecente floresta tropical e das plácidas praias de areia branca de Copacabana, Hans Keeling vira a luz.

Isso foi num domingo.

Na segunda, Hans regressou a seu escritório de advocacia em Century City, elegante reduto corporativo de Los Angeles, e prontamente recebeu seus recados de três semanas. Por quase cinco anos, ele havia encarado seu despertador com o mesmo pavor: terei que fazer *isto* por mais 40 ou 45 anos? Ele chegara a dormir uma vez embaixo de sua mesa no escritório, depois de um projeto inacabado, que mais parecia um castigo, apenas para poder acordar e continuar a trabalhar imediatamente na manhã seguinte. Naquela mesma manhã, prometera a si mesmo: mais duas vezes e eu pulo fora disso aqui. A terceira vez acontecera um dia antes de ele sair para suas férias no Brasil.

Todos fazemos promessas a nós mesmos, e Hans já tinha feito outras antes, mas agora as coisas eram de alguma forma diferentes. Ele estava diferente. Tinha entendido alguma coisa diferente enquanto flanava em círculos lentos sobre a terra – os riscos não são tão assustadores depois que os assume. Seus colegas de trabalho lhe disseram exatamente o que ele esperava ouvir: que ele estava jogando tudo fora. Era um advogado a caminho do topo – que mais ele poderia querer?

Hans não sabia exatamente o que ele queria, mas havia experimentado o que era. Por outro lado, sabia o que o aborrecia profundamente, e já estava cheio disso. Não passaria mais dias como um morto-vivo, nada mais de jantares em que seus colegas comparavam seus carros, deliciando-se com a compra de um BMW novo até que alguém comprasse um Mercedes ainda mais caro. Chega.

Imediatamente, uma estranha mudança começou – Hans sentiu-se, pela primeira vez em muito tempo, em paz consigo mesmo e com o que estava fazendo. Sempre tivera pavor de turbulências em avião, como se fosse morrer com o que havia de melhor em si, mas agora poderia atravessar dormindo como um bebê uma tempestade violenta. Definitivamente estranho.

Mais de um ano depois, ainda recebia propostas não solicitadas de emprego vindas de escritórios de advocacia, mas nessa época ele criou a Nexus Surf, uma empresa pioneira de excursões de surfe, baseada no paraíso tropical de Florianópolis, no Brasil. Ele encontrara a garota de seus sonhos, uma carioca bronzeada chamada Tatiana, e passava a maior parte de seu tempo descansando sob palmeiras ou providenciando para seus clientes os melhores dias de suas vidas.

Era disso que tivera tanto medo?

Atualmente, vê com frequência o homem que ele foi nos profissionais estressados e deprimidos que leva para surfar. Esperando pelas ondas, as emoções verdadeiras afloram: "Deus, eu queria poder fazer o que você faz". Sua resposta é sempre a mesma: "Você pode".

O sol poente reflete na superfície da água, produzindo um cenário zen para uma mensagem que ele sabe ser verdade: não se trata de desistir quando se põe seu caminho atual em uma pausa indefinida. Ele poderia retomar sua carreira jurídica exatamente no ponto em que havia parado, se quisesse, mas essa era a ideia mais improvável em sua cabeça.

Quando voltavam para terra firme depois de uma incrível sessão de surfe, seus clientes se refazem e retomam sua compostura. Mal colocam os pés na terra e a realidade crava suas garras: "Eu gostaria, mas realmente não posso largar tudo".

Ele não pode fazer nada senão rir.

O poder do pessimismo: definindo o pesadelo

"Ação nem sempre traz felicidade, mas não há felicidade sem ação."
BENJAMIN DISRAELI, ex-primeiro-ministro britânico

Fazer ou não fazer? Tentar ou não tentar? A maior parte das pessoas escolherá não, independente de se considerar corajosa ou não. Incertezas e a possibilidade de falhar podem ser bastante assustadoras. A maioria das pessoas escolherá infelicidade à incerteza. Por muitos anos, estabeleci objetivos, tomei resoluções e nada aconteceu, nem de um lado nem de outro. Eu estava tão inseguro e assustado quanto o resto do mundo.

A solução simples me ocorreu acidentalmente quatro anos atrás. Naquela época, eu tinha mais dinheiro do que saberia fazer com ele – estava ganhando 70 mil dólares por mês – e estava profundamente infeliz, mais do que nunca. Não tinha tempo para nada e estava trabalhando à exaustão. Tinha fundado minha própria empresa, apenas para perceber que seria praticamente impossível vendê-la. Oops. Senti-me aprisionado e estúpido ao mesmo tempo. Deveria ter previsto isso, pensei. Por que sou tão imbecil? Por que não consigo fazer as coisas funcionarem? Pense com afinco e pare de ser um (imaginem)! O que há de errado comigo? A verdade era que não havia nada de errado comigo. Eu não tinha chegado ao meu limite; eu tinha chegado ao limite do meu modelo de negócios naquela época. Não era o motorista, era o carro.

Erros críticos no nascimento da empresa nunca me permitiriam vendê-la. Eu poderia contratar elfos mágicos e conectar meu cérebro a um supercomputador que nem assim adiantaria. Meu pequeno bebê tinha alguns defeitos congênitos graves. A questão então passou a ser: “Como me liberto desse Frankenstein e ao mesmo tempo faço com que seja autossustentável? Como me livro dos tentáculos da obsessão por trabalho e do medo de que a empresa se desfaça sem as minhas quinze horas diárias de dedicação? Como escapar dessa prisão que eu mesmo construí?”. Uma viagem, decidi. Um ano sabático ao redor do mundo.

Então eu viajei, certo? Bem, vou chegar lá. Em primeiro lugar, achei prudente enrolar minha vergonha, meu embaraço e minha raiva por seis meses, enquanto desfiava um enorme rosário de razões pelas quais minha viagem fantástica de libertação nunca daria certo. Um dos meus períodos mais produtivos, com certeza.

Eis que um dia, no meu exercício de ficar profetizando o quão terrível seria meu futuro de sofrimentos, tive uma ideia brilhante. Era certamente um aprofundamento da minha fase “não relaxe, preocupe-se”: por que não definir exatamente o que seria o meu pesadelo – a pior coisa que poderia acontecer como resultado da minha viagem?

Bem, minha empresa poderia ir à falência enquanto eu estivesse longe, com certeza. Provavelmente iria. Um aviso do governo acidentalmente não chegaria às minhas mãos e eu seria processado. Minha empresa seria fechada e o inventário iria consumir todo o estoque enquanto eu estaria solitário e triste em alguma praia gelada da Irlanda. Chorando na chuva, imagino. Minha conta bancária iria despencar pelo menos uns 80% e certamente meu carro e minha moto, na garagem, seriam roubados. Suponho que alguém cuspiria em minha cabeça de uma sacada enquanto eu estivesse alimentando cães sarnentos com restos de comida. Os cães talvez ficassem assustados e me mordessem na cara. Deus, a vida é uma vagabunda cruel e difícil.

Vencer o medo = Definir o medo

"Reserve um certo número de dias, durante os quais você deve se contentar com os suprimentos mais ínfimos e mais baratos, com a roupa mais simples e mais velha, perguntando-se a si mesmo: 'Eram essas as condições que eu temia?'"

SÊNECA , filósofo do Império Romano

Até que aconteceu uma coisa divertida. Na minha infinita jornada para me deixar triste, eu acidentalmente comecei a dar marcha à ré. Assim que comecei a vagar pela inquietude e pela ansiedade ambígua para definir meu pesadelo, o pior cenário possível, deixei de ficar preocupado com o fato de ir viajar. De repente, comecei a pensar em passos simples que eu poderia dar para salvar meus recursos restantes e começar de novo caso todo aquele inferno previsto acontecesse. Sempre teria a opção de trabalhar como garçom temporariamente para pagar meu aluguel, se precisasse. Poderia vender alguns móveis e parar de comer em restaurantes. Poderia roubar algum dinheiro para almoçar das crianças que passavam pela manhã em frente do meu apartamento. Eu tinha várias opções. Percebi que não seria tão complicado voltar para onde eu estava, nem para sobreviver. Nenhuma dessas coisas seria fatal – nem perto disto. Seriam apenas leves tropeços na jornada da vida.

Compreendi que, numa escala de um a dez, sendo um nada e dez uma mudança permanente na vida, o meu tão temido pior cenário poderia ter um impacto *temporário* de três ou quatro. Acredito que isso seja verdade para a maior parte das pessoas e para a maior parte dos desastres tipo "puta merda, minha vida acabou". Saibam que a chance de acontecer um desastre desse porte é de uma em um milhão. Por outro lado, se eu avaliasse meu melhor cenário possível, ou mesmo um cenário provável, ele teria facilmente um efeito positivo *permanente* de nove ou dez na minha vida.

Em outras palavras, eu estava arriscando um três ou quatro improvável e temporário por um nove ou dez provável e permanente, e poderia facilmente recuperar minha prisão de workaholic com um pouco mais de trabalho extra, se eu quisesse. Isso tudo equacionado apontava para uma constatação significativa: praticamente não havia riscos, apenas um potencial enorme de mudanças positivas na minha vida, e eu poderia retomar meu caminho anterior sem qualquer esforço adicional ao que já vinha praticando.

Foi aí que tomei a decisão de viajar e comprei uma passagem só de ida para a Europa. Comecei a planejar minhas aventuras e a eliminar minha bagagem física e psicológica. Nenhum dos desastres aconteceu e minha vida tem sido quase um conto de fadas desde então. Os negócios prosperaram como nunca e eu praticamente esqueci-me deles, enquanto eles financiavam minhas viagens pelo mundo durante quinze meses.

Revelando o medo disfarçado de otimismo

"Não há diferença entre um pessimista que diz:
'Ah, é impossível, então não se preocupe em fazer nada',
e um otimista que diz: 'Não se preocupe em fazer nada,
vai dar certo de qualquer jeito'. Nos dois casos, nada acontece."
YVON CHOUINARD,[1] fundador da Patagonia

O medo vem de várias formas, e normalmente não o chamamos pelo seu nome de quatro letras. O medo, por si só, já é algo amedrontador. Muitas pessoas inteligentes no mundo o disfarçam de outra coisa: recusa otimista.

Muitos dos que evitam sair de seus empregos alimentam a crença de que terão mais tempo ou ganharão mais no futuro. Isso parece

1. "A Conversation with Yvon Chouinard", *Land&People*. Disponível em: <https://www.tpl.org/magazine/conversation-yvon-chouinard-landpeople#sm.0001jm5qa7acxex4x7d1wvbi872yf>.

válido e é uma alucinação tentadora quando um trabalho é chato ou desestimulante, em vez de ser um inferno total. O inferno total força a ação, mas qualquer coisa menos do que ele pode ser suportado com um pouco de racionalização esperta.

Você realmente pensa que seu tempo e sua renda vão melhorar ou isso é um desejo enrustido ou uma desculpa para não agir? Se acreditasse mesmo que tudo vai melhorar, você estaria perguntando coisas assim? Normalmente não. Isso é o medo disfarçado de otimismo.

Você está em situação melhor do que estava há um ano, há um mês ou há uma semana?

Se não está, as coisas não vão melhorar sozinhas. Se você está tentando se enganar, esta é a hora de parar e se preparar para um salto. A não ser que tenha um fim como o que teve James Dean, sua vida vai ser LONGA. Trabalhar das 9h às 17h durante todos os 40-50 anos de sua vida produtiva é muito tempo se o socorro não chegar. Aproximadamente quinhentos meses de trabalho denso.

Quantos ainda faltam para você? Provavelmente é hora de minimizar as perdas.

Alguém chame o Maître D'

"Você tem conforto. Você não tem luxo.
E não me diga que é por causa do dinheiro.
O luxo que defendo não tem nada a ver com dinheiro.
Não pode ser comprado. É a recompensa
para aqueles que não têm medo ou desconforto."
JEAN COCTEAU, poeta, escritor, empresário de boxe
e cineasta francês

Algumas vezes, a sincronização é perfeita. Há centenas de carros rodando pelo estacionamento e alguém sai de uma vaga a três metros da porta assim que você se aproxima. Mais um milagre de Natal!

Outras vezes, a sincronização poderia ser melhor. O telefone toca quando você está transando e parece ficar tocando por meia hora. O carteiro toca a campainha dez minutos depois. *Timing* ruim pode acabar com a festa.

Jean-Marc Hachey chegou à África Ocidental como voluntário, com uma enorme vontade de ajudar. Nesse sentido, seu *timing* foi excelente. Chegou em Gana no começo dos anos 1980, no meio de um golpe de estado, no auge da hiperinflação e bem na época da pior seca da década. Pelas mesmas razões, algumas pessoas considerariam seu *timing* péssimo de um ponto de vista egoísta de sobrevivência.

Ele também esquecera as recomendações. O cardápio nacional tinha mudado, estavam em falta luxos como pão e água limpa. Ele sobreviveria por quatro meses com um angu à base de milho e espinafre. Não é algo que muitos de nós pediriam na lanchonete do cinema.

EU POSSO SOBREVIVER

Jean-Marc tinha passado do ponto a partir do qual não se podia voltar, mas isso não importava. Depois de duas semanas de adaptação ao café da manhã, almoço e jantar (angu à moda de Gana), ele não tinha nenhuma vontade de ir embora. As comidas mais básicas e os melhores amigos provaram ser as únicas necessidades reais, e o que pareceria um desastre, visto de fora, foi a mais importante epifania de afirmação da vida que ele jamais experimentara: o pior não era tão ruim. Para curtir a vida, você não precisa imaginar coisas sem sentido, mas precisa controlar o seu tempo e compreender que a maior parte das coisas não é tão séria quanto você as faz parecer.

Agora, aos 48 anos, Jean-Marc mora em uma bela casa em Ontário, mas poderia viver sem ela. Ele tem dinheiro, mas poderia se tornar pobre amanhã e isso não importaria. Algumas de suas memórias mais ternas ainda incluem nada além de amigos e angu. Ele se dedica a criar momentos especiais para si mesmo e para sua família, e está profundamente despreocupado com sua aposentadoria. Ele já viveu vinte anos de aposentadoria parcial, em perfeita saúde.

Não economize tudo para o final. Há todas as razões para você não fazê-lo.

• Perguntas e ações •

"Eu sou um homem velho e conheci vários problemas enormes, mas muitos deles nunca aconteceram."
MARK TWAIN , escritor norte-americano

Se você está inseguro em relação a tomar uma atitude ou a simplesmente livrar-se do medo do desconhecido, aqui está o antídoto. Escreva suas respostas e tenha em mente que pensar muito vai se provar tão prolífico quanto simplesmente vomitar seus pensamentos direto numa folha de papel. Escreva e não corrija suas respostas. Gaste alguns minutos com cada resposta.

1. **Defina seu pesadelo, o que de pior poderia acontecer se você fizesse o que está cogitando fazer.** Que dúvidas, medos e condições pipocam em sua mente quando você pensa nas grandes mudanças que pode – ou precisa – fazer? Imagine-os com riqueza de detalhes. Seria o fim da sua vida? Quanto valeriam os impactos permanentes, se houver, em uma escala de um a dez? Essas coisas são realmente permanentes? O quão provável você realmente acha que essas coisas aconteçam?
2. **Que medidas você poderia tomar para consertar os estragos ou deixar as coisas melhores do que eram antes, mesmo temporariamente?** Há possibilidades, é mais fácil do que você imagina. Como você pode manter as coisas novamente sob controle?
3. **Quais são os resultados ou benefícios, temporários e permanentes, dos cenários mais prováveis?** Agora que você já definiu os pesadelos, quais são os resultados positivos mais prováveis, sejam internos (confiança, autoestima etc.) ou externos? Quanto valeriam os impactos desses resultados mais prováveis em uma escala de um a dez? O quão provável é você conseguir extrair pelo menos um resultado moderadamente positivo? Alguma pessoa menos inteligente do que você já conseguiu fazer isso com sucesso?
4. **Se você fosse demitido de seu emprego hoje, o que faria para manter as coisas financeiramente sob controle?** Imagine esse cenário e pense novamente nas três primeiras perguntas. Se

você sair de seu emprego para testar outras opções, como poderia retomar sua carreira se tivesse obrigatoriamente que fazê-lo?

5. O que você tem feito para se livrar do medo? Normalmente, o que mais tememos fazer é o que mais precisamos fazer. Aquele telefonema, aquela conversa, o que quer que seja – é o medo de resultados desconhecidos que evita que façamos o que precisamos fazer. Defina o pior cenário possível, aceite-o e entre em ação. Vou repetir algo que você deveria pensar em tatuar em sua testa: *O que mais tememos normalmente é aquilo que mais precisamos fazer*. Como já ouvi dizer, o sucesso de uma pessoa na vida em geral pode ser medido pelo número de conversas desagradáveis que ela pretende ter. Decida fazer todos os dias algo de que você tem medo. Adquiri este hábito tentando entrar em contato para pedir conselhos a celebridades e empresários famosos.

6. O que lhe custa – financeira, emocional e fisicamente – adiar suas ações? Não avalie somente o potencial negativo das ações. É igualmente importante medir o custo atroz da inação. Se você não buscar as coisas que o estimulam, como estará daqui a um ano, cinco anos e dez anos? Como se sentirá por ter permitido que as circunstâncias se impusessem sobre você e por ter permitido que mais dez anos de sua vida finita passassem sem fazer algo que o realize? Se pudesse vislumbrar os próximos dez anos e saber com 100% de certeza de que há um caminho de desapontamento e arrependimento, e se definirmos risco como "a possibilidade de um resultado negativo irreversível", a inação é o pior de todos os riscos.

7. O que você está esperando? Se não consegue responder a esta pergunta sem evocar o conceito previamente rejeitado de *timing*, a resposta é simples: você está com medo, exatamente como o resto do mundo. Avalie o custo da inação, compreenda a improbabilidade e a possibilidade de se consertar os passos em falso e desenvolva o hábito mais importante daqueles que se destacam e gostam de extrair o melhor da vida: a ação.

4

Zerar o sistema

Ser razoável e objetivo

"– Você poderia me dizer, por favor,
por que caminho eu consigo sair daqui?
– Isso depende bastante de onde você vai querer chegar – disse o Gato.
– Não me importa muito onde... – respondeu Alice.
– Então não importa que caminho seguir – disse o Gato."

LEWIS CARROLL,
Alice no país das maravilhas

"O homem sensato adapta-se ao mundo;
o insensato insiste em tentar adaptar o mundo a si.
Daí que todo o progresso depende do homem insensato."

GEORGE BERNARD SHAW,
Máximas para revolucionários

Primavera de 2005, Princeton, Nova Jersey

Eu tinha que suborná-los. Não havia outra chance. Formavam um círculo em torno de mim, e, embora os nomes fossem diferentes, a pergunta era a mesma: "Qual é o desafio?". Todos olhavam para mim.

Minha palestra na Universidade Princeton acabara havia pouco com os estudantes empolgados e entusiasmados. Ao mesmo tempo, eu sabia que a maior parte dos estudantes faria exatamente o oposto do que eu pregara. A maioria deles se candidataria a um emprego de oitenta horas semanais como garçom do cafezinho, se fosse bem pago, a menos que eu provasse que os princípios que apresentara na aula podiam ser realmente aplicados.

Daí o desafio.

Ofereci uma passagem de ida e volta para qualquer lugar do mundo para quem completasse um "desafio-surpresa" da forma mais impressionante possível. Resultado mais estilo. Disse que me encontrassem depois da aula, se estivessem interessados, e lá estavam eles, uns vinte de um total de sessenta estudantes.

A tarefa foi pensada para testar as áreas de conforto deles ao mesmo tempo que os forçasse a usar algumas das táticas que eu ensinara. Era bastante simples: contatar três pessoas aparentemente impossíveis de alcançar: J. Lo, Bill Clinton, J. D. Salinger, não importa – e conseguir que pelo menos um responda a três perguntas.

De vinte estudantes, todos com a boca espumando para ganhar uma passagem de volta ao mundo, quantos completaram o desafio?

Exatamente... nenhum. Nem mesmo um.

Houve várias desculpas: "Não é fácil fazer alguém responder..." "Eu tenho um trabalho de uma matéria para entregar, e..." "Eu adoraria, mas não vou ter como fazer..." Mas havia apenas uma razão verdadeira, repetida várias e várias vezes em palavras diferentes: é uma tarefa difícil, talvez impossível, e os outros estudantes caçoariam deles. Já que todos superestimaram a competição, ninguém sequer apareceu.

De acordo com as regras que estabeleci, se alguém tivesse me mandado nada mais do que uma resposta ilegível de um parágrafo, eu teria sido obrigado a dar a ele o prêmio. Esse resultado me deixou ao mesmo tempo fascinado e deprimido.

No ano seguinte, o resultado foi bem diferente.

Contei a eles essa mesma história preventiva e seis de dezessete alunos concluíram a tarefa em menos de 48 horas. A segunda turma era melhor? Não. Na verdade, havia mais estudantes capazes na primeira turma, mas não fizeram nada.

Muito poder de fogo, mas nenhum dedo no gatilho.

O segundo grupo apenas adotou o que eu tinha lhes dito antes de começarem, que foi...

Fazer o que não é realista é mais fácil do que fazer o que é realista

De contatar bilionários a socializar-se com celebridades – o segundo grupo conseguiu ambos – é tudo tão fácil quanto acreditar que pode ser feito.

É solitário no topo. Noventa e nove por cento das pessoas no mundo estão convencidas de que são incapazes de conquistar coisas grandes, de modo que passam a objetivar coisas medíocres. O nível de competição é, portanto, muito mais acirrado para as metas "realistas", exigindo, paradoxalmente, muito mais tempo e energia. É mais fácil conseguir 10 milhões de dólares do que 1 milhão. É mais fácil conseguir tirar uma nota dez numa prova do que cinco notas oito.

Se você é inseguro, adivinhe. O resto do mundo também é. Não superestime a competição e não se subestime. Você é melhor do que acha que é.

Objetivos irracionais e não realistas são mais fáceis de atingir ainda por outro motivo.

Ter um objetivo inusitadamente grande é uma infusão de adrenalina que nos dá resistência para superar as inevitáveis turbulências e desafios que acompanham qualquer busca por um objetivo. Metas realistas, objetivos restritos ao nível de ambição da média das pessoas, são desestimulantes e apenas lhe darão ânimo para enfrentar o primeiro ou o segundo problema, até o ponto em que você joga a toalha. Se os resultados em potencial são medíocres ou comuns, também o serão os seus esforços. Eu romperia barreiras para poder percorrer de lancha as ilhas gregas, mas não trocaria a marca do meu cereal matinal em prol de um fim de semana em Columbus, Ohio. Se eu escolhesse a segunda opção por ser mais "realista", não teria o entusiasmo necessário para ultrapassar sequer o menor obstáculo para conseguir atingir o objetivo. Pelas belíssimas águas cristalinas da Grécia e pelos maravilhosos vinhos, estou preparado para lutar por um sonho que vale a pena. Ainda que as dificuldades de realização, em uma escala de um a dez, pareçam ser de dez e de dois, respectivamente, é muito mais provável que Columbus fracasse.

A pescaria é melhor onde menos pescam, e a insegurança coletiva do mundo torna mais fácil para as pessoas atingirem *home runs* enquanto todo mundo está tentando *base hits*.[1] Há menos competição pelos objetivos maiores.

Realizar coisas grandiosas começa em perguntar propriamente por elas.

O que você quer? Uma ótima pergunta, primeiramente

A maior parte das pessoas nunca sabe exatamente o que quer. Eu não sei o que quero. Em compensação, se você me perguntar o que quero fazer nos próximos cinco meses para aprender algum idioma, eu sei com precisão. É uma questão de especificidade. "O que você quer?" é muito impreciso para produzir uma resposta significativa e factível. Esqueça isto.

"Quais são seus objetivos?" é igualmente destinado à confusão e à reflexão. Para reformular a pergunta, precisamos dar um passo atrás e olhar para um panorama mais amplo.

Assumamos que temos dez objetivos e que consigamos alcançá-los todos – quais são os resultados desejados que tornam válido todo o esforço que fizemos? A resposta mais comum é a que eu também teria sugerido cinco anos atrás: felicidade. Não acredito mais que seja uma boa resposta. Felicidade pode ser comprada com uma boa garrafa de vinho e se torna ambígua com o uso frequente. Há uma alternativa mais precisa que reflete o que acredito ser o objetivo atual.

Pense comigo. Qual é o oposto da felicidade? Tristeza? Não. Assim como amor e ódio são dois lados da mesma moeda, assim são felicidade e tristeza. Chorar de felicidade é um exemplo perfeito disto. O oposto do amor é a indiferença, e o oposto da felicidade é – eis a conclusão – o tédio.

Empolgação é o sinônimo mais prático para felicidade, e é precisamente aquilo que você deveria esforçar-se para alcançar. É o que

1. Pontuações do beisebol. (N. T.)

cura tudo. Quando as pessoas sugerem que você siga sua "paixão" ou sua "vontade", acredito que elas estejam, na verdade, referindo-se ao mesmo conceito singular: empolgação.

Isso fecha o raciocínio. A questão que você deveria se fazer não é "O que eu quero?" ou "Quais são meus objetivos?", mas sim "O que me empolga fazer?"

DDA adulto: Desordem de Déficit de Aventura

Em algum lugar entre sua formatura e seu segundo emprego, um coro entra em seu diálogo interno: seja realista e pare de fingir. A vida não é como nos filmes.

Se você tem 5 anos de idade e diz que quer ser astronauta, seus pais lhe dizem que você poderá ser aquilo que quiser. Isso não faz mal nenhum, igual a dizer a uma criança que Papai Noel existe. Se você tem 25 e anuncia que vai criar um circo, a resposta é diferente: seja realista; estude para ser advogado, contador ou médico, tenha filhos e os crie para repetir o ciclo.

Se você conseguir ignorar os que duvidam de você e começar o seu próprio negócio, por exemplo, a DDA não desaparece. Ela apenas toma uma forma diferente.

Quando comecei a BrainQUICKEN LCC, em 2001, tinha um objetivo claro na minha cabeça: ganhar mil dólares por dia independentemente de estar batendo minha cabeça contra o teclado do *laptop* ou cortando as unhas do pé numa praia. Era para ser um fluxo de renda automatizado. Se você olhar minha cronologia, é óbvio que isso não aconteceu até que um surto obrigasse a acontecer, a despeito da renda atingida. Por quê? O objetivo não era suficientemente específico. Eu não tinha definido as *atividades alternativas* que substituiriam a carga inicial de trabalho. Por isso, simplesmente continuei a trabalhar, mesmo que não houvesse necessidade financeira. Eu apenas precisava me sentir produtivo e não tinha outros caminhos.

É por isto que muitas pessoas trabalham até a morte: "Vou trabalhar somente até ter X dólares e depois vou fazer o que eu quiser". Se você não definir o que é "o que eu quiser" – as atividades alternativas –, o valor de X crescerá indefinidamente para evitar o medo que causa a incerteza do vazio.

É aí que empregados e empreendedores tornam-se gordos sentados em BMWs vermelhos.

O gordo no BMW conversível vermelho

Houve vários momentos em minha vida – entre eles, logo antes de eu ser demitido da TrueSAN e logo antes de escapar dos Estados Unidos para não invadir um McDonald's com uma UZI – em que me vi no futuro como mais um gordo em crise de meia-idade enfiado num BMW. Eu simplesmente reparei naqueles homens com 15 ou 20 anos mais do que eu, que seguiram a trajetória que eu estava seguindo, fossem diretores de vendas ou empresários na mesma indústria, e fiquei apavoradíssimo.

Foi um pânico tão agudo, e uma metáfora tão perfeita para a soma de todos os medos, que isso se tornou um padrão entre mim e um colega de Projeto de Vida, o empreendedor Douglas Price. Doug e eu percorremos caminhos paralelos por quase cinco anos, enfrentando os mesmos desafios e as mesmas dúvidas, e ainda assim mantendo um olho psicológico um no outro. Nossos períodos de baixa pareciam ser alternados, o que fazia de nós um bom time.

Assim que um de nós começava a esmorecer, perder a fé ou "aceitar a realidade", o outro dava uma bronca por telefone ou por e-mail, igual a um supervisor dos Alcoólicos Anônimos: "Ei, cara, decidiu virar aquele gordo careca no BMW conversível vermelho?". A ideia era tão assustadora que sempre mexíamos nossos traseiros e retornávamos nossas prioridades de volta ao caminho inicial. O pior que podia nos acontecer não era ir à falência ou perder tudo, era aceitar o tédio terminal como uma situação tolerável.

Lembre-se – o tédio é o inimigo, não alguma "falha" abstrata.

Corrigindo o curso: tornar-se não realista

Há um processo que eu usei, e ainda uso, para soprar vida ou para corrigir o rumo quando o gordo no BMW põe as garras de fora. De uma forma ou de outra, é o mesmo processo usado pelos **NR** mais impressionantes que conheci pelo mundo: delinear sonhos, um conceito que tem esse nome porque aplica cronogramas àquilo que a maior parte das pessoas considera serem sonhos.

É bastante parecido com estabelecer objetivos, mas difere nos seguintes fundamentos:

1. Os objetivos passam de desejos ambíguos para passos definidos.
2. Os objetivos precisam ser não realistas para serem eficazes.
3. Focar em atividades que preencherão o vazio criado quando o trabalho é removido. *Viver* como um milionário requer *fazer* coisas interessantes e não apenas possuir coisas valiosas.

Agora é a sua vez de pensar grande.

Como ser atendido por George Bush ou pelo CEO do Google por telefone

O artigo a seguir, *Fracasse melhor* de Adam Gottesfeld, analisa minha forma de ensinar estudantes de Princeton a entrarem em contato com mentores luminares e celebridades de vários tipos. Editei alguns trechos por questões de espaço.

As pessoas gostam de usar o adágio "não é o que você sabe, mas quem você conhece" como desculpa para a inação, como se todas as pessoas bem-sucedidas tivessem amigos poderosos desde o nascimento.

Absurdo.

Eis como pessoas normais constroem superredes de relacionamento.

Fracasse melhor

por Adam Gottesfeld

A maioria dos estudantes de Princeton adora procrastinar por escrito a data de entrega de seu TCC. Ryan Marrinan, de Los Angeles, não era exceção. Mas enquanto a maioria dos alunos passava o tempo atualizando seu status no Facebook ou assistindo vídeos no YouTube, Marrinan estava conversando via e-mail sobre Soto Zen Budismo com Randy Komisar, sócio de uma companhia de capital de risco, a Kleiner Perkins Caufield & Byers, e perguntando via e-mail ao CEO do Google, Eric Schmidt, quando é que ele se sentiu mais feliz na vida. (Resposta de Schmidt: "Amanhã".)

Marrinan jamais tivera contato com Kamisar antes desses e-mails. Ele só havia visto Schmidt rapidamente em um evento acadêmico que reunira os curadores da Universidade de Princeton em novembro. "Um garoto naturalmente tímido", em suas próprias palavras, Marrinan disse que jamais ousaria enviar e-mails aleatoriamente para dois dos homens mais poderosos do Vale do Silício se não fosse por Tim Ferriss, que havia feito uma palestra como professor convidado na aula de "Empreendedorismo high-tech" do Professor Ed Zschau. Ferriss desafiou Marrinan e seus colegas a entrarem em contato com CEOs e celebridades e obterem respostas para as perguntas que sempre tiveram vontade de fazer.

Como incentivo adicional, Ferriss prometeu ao aluno que conseguisse falar com a pessoa mais difícil de contatar e fizesse a pergunta mais instigante uma passagem de ida e volta para qualquer lugar do mundo.

"Acredito que o sucesso pode ser medido pelo número de conversas incômodas que você está disposto a ter. Senti que se pudesse ajudar os alunos a superar o medo da rejeição de um e-mail ou de um telefonema frio, eles guardariam isso para toda a vida", disse Ferriss. "É fácil se subestimar, mas quando você vê colegas de classe obtendo respostas de pessoas como [o ex-presidente] George Bush, o CEO da Disney, Comcast, Google e HP, e dezenas de outras pessoas inalcançáveis, você é obrigado a reconsiderar suas limitações autoimpostas." [...] Ferriss faz palestras sobre a criação de startups e estilo de vida ideal para os alunos de "Empreendedorismo high-tech" uma vez por semestre.

"Enfrento esse desafio todos os dias", disse Ferriss. "Faço a mesma coisa sempre: se possível, descubro o e-mail pessoal, geralmente através de blogs pouco conhecidos, envio um e-mail de dois ou três parágrafos, para mostrar que estou familiarizado com o trabalho deles, e faço uma pergunta simples mas instigante, relacionada ao trabalho ou filosofia de vida. O objetivo é iniciar um diálogo para que eles se disponham a responder e-mails futuros – não pedir ajuda. Isso só pode acontecer depois de pelo menos três ou quatro trocas de e-mails genuínos."

Com a "execução clássica da Técnica Tim Ferriss", como ele diz, Marrinan conseguiu criar um vínculo com Komisar. Em seu primeiro e-mail, ele falou sobre um dos artigos de Komisar para a Harvard Business Review e disse que se sentiu motivado a perguntar a ele "Quando é que você se sentiu mais feliz em sua vida?" Depois de Komisar responder fazendo referências ao Budismo Tibetano, Marrinan escreveu: "Assim como as palavras são inadequadas para explicar a verdadeira felicidade, também o são para expressar meu agradecimento". No e-mail ele incluiu uma tradução feita por ele mesmo de um poema em francês de Taisen Deshimaru, ex-expoente máximo europeu do Soto Zen. Assim se estabeleceu uma relação por e-mails e alguns dias depois Komisar incluiu um link para um artigo sobre felicidade no *The New York Times*.

O contato com Schmidt foi mais desafiador. Para Marrinan a parte mais difícil foi obter seu e-mail pessoal. Ele pediu por e-mail a uma reitora de Princeton. Não obteve resposta. Duas semanas depois enviou outro e-mail lembrando a ela que havia conhecido Schmidt. A reitora disse não, mas Marrinan se recusou a desistir. E enviou um terceiro e-mail. "A senhora nunca abriu uma exceção?", ele perguntou. A reitora acabou desistindo e lhe passou o endereço de e-mail pessoal.

"Sei que alguns colegas apelaram para a técnica do "sair atirando", mas não é meu estilo", disse Marrinan, explicando sua perseverança. "Lido com a rejeição insistindo, e não partindo pra outra. Procuro seguir a máxima de Samuel Beckett, um de meus heróis: 'Tente. Tente sempre. Não importa. Tente de novo. Fracasse de novo. Fracasse melhor'. Você nem imagina o que é capaz de conseguir tentando o impossível com a coragem para sempre fracassar melhor."

Nathan Kaplan, que também participou do desafio, sentiu muito orgulho pela forma como conseguiu contatar o ex-prefeito de Newark, Sharpe James. Como James havia contribuído para a campanha de Al Sharpton, seu endereço podia ser encontrado no site www.fundrace.org. Kaplan então jogou o endereço da casa de James no site de uma lista telefônica com busca por endereços e encontrou o número do telefone do ex-prefeito. Kaplan deixou uma mensagem para James e alguns dias depois finalmente conseguiu falar com ele sobre educação infantil.

Ferriss se orgulha do esforço dos alunos que participaram do desafio. "A maioria das pessoas é capazes de fazer coisas incríveis", ele disse. "Às vezes, só precisam de um empurrãozinho."

• Perguntas e ações •

"O vazio existencial manifesta-se principalmente como um estado de tédio."
VIKTOR FRANKL, sobrevivente de Auschwitz
e fundador da Logoterapia, *Homens em busca de sentido*

"A vida é curta demais para ser pequena."
BENJAMIN DISRAELI, escritor e aristocrata britânico

Delinear sonhos será divertido e será difícil também. Quanto mais difícil for, mais importante será. Para economizar tempo, recomendo que você use as calculadoras automáticas e os formulários em www.fourhourworkweek.com. Use como referência a planilha modelo na página 73 para seguir as etapas seguintes:

1. O que você faria se não houvesse possibilidade de falhar? Se você fosse dez vezes mais esperto do que o resto do mundo?

Crie dois cronogramas – de seis e de doze meses – e liste até cinco coisas que você sonha *ter* (incluindo, mas não apenas, bens materiais: casa, carro, roupas etc.), *ser* (um grande cozinheiro, ser fluente em chinês etc.) e *fazer* (visitar a Tailândia, velejar no oceano, caçar avestruzes etc.), nessa ordem. Se você tiver dificuldade em identificar o que quer em alguma categoria, como muitos terão, pense no que teme ou detesta e escreva o contrário. Não se limite e não se preocupe sobre como essas coisas serão conquistadas. Isso é, no momento, sem importância. Isto é um exercício para reverter a repressão.

Assegure-se de não se julgar ou não se avaliar. Se você quer realmente uma Ferrari, não escreva que quer resolver a fome no mundo por causa da culpa. Para alguns, o sonho será ser famoso, para outros, ter prestígio ou fortuna. Todas as pessoas possuem seus vícios e suas inseguranças. Se algo vai aumentar seu sentimento de amor-próprio, escreva. Tenho uma motocicleta de corrida e, apesar do fato de que eu adoro velocidade, ela apenas faz com que eu me sinta um cara bacana. Não há nada errado com isso. Apenas escreva.

2. Preenchendo um formulário?

Por causa da série de reclamações sobre o que as aprisiona, muitas pessoas têm problemas para listar com precisão os sonhos dos quais têm sido mantidas à distância. Isso é particularmente verdade para a categoria "fazer". Nesse caso, considere estas perguntas:

a. O que você faria, dia a dia, se tivesse 100 milhões de dólares no banco?
b. O que o deixa mais empolgado para acordar de manhã cedo no dia seguinte?

Não tenha pressa – pense sobre isso por alguns minutos. Se ainda se sentir bloqueado, escreva, no lugar para as cinco coisas que faria:

um lugar para visitar;
uma coisa para fazer antes de morrer (algo que marque a sua vida);
uma coisa para fazer diariamente;
uma coisa para fazer semanalmente;
uma coisa que você sempre quis aprender.

3. O que "ser" acarreta fazer?

Converta cada "ser" em um "fazer" para que se torne realizável. Identifique uma ação que possa caracterizar esse estado que você pretende atingir ou uma tarefa que possa significar que você conseguiu. As pessoas acham mais fácil pensar no que querem "ser" em primeiro lugar, mas essa coluna é apenas uma etapa intermediária para uma lista de ações. Aqui estão alguns exemplos:

EXEMPLO DE DELINEAÇÃO DE SONHOS

EM 6 MESES, MEUS SONHOS SÃO:

PASSO 1: TER	PASSO 5: CUSTO
* 1. Aston Martin DB9	1. US$ 2 003,00/mês
2. Tabuleiro de go do séc. XIX	2.
* 3. Assistente pessoal	3. US$ 5,00/h x 80 = US$ 400,00
4. Armadura completa de kendo	4.
5.	5.
	A = US$ 2 403,00/mês

PASSO 2: SER	PASSO 4: FAZER	PASSO 5: CUSTO
1. Fisicamente flexível	1. Abrir completamente as pernas	1.
* 2. Autor de best-sellers	2. Vender 20 mil livros por semana	2. US$ 0,00 (3 estagiários voluntários para assuntos de mídia + meu tempo)
3. Fluente em grego	3. Conversar 15 minutos com um nativo	3.
4. Excelente cozinheiro	4. Cozinhar um jantar de Ação de Graças para seis pessoas	4.
5.	5.	5.
		B = US$ 0,00

PASSO 3: FAZER	PASSO 5: CUSTO
1. Vender um programa para a TV	1.
* 2. Visitar o litoral da Croácia	2. US$ 514,00 passagem aérea, US$ 420,00 hospedagem
3. Arrumar uma namorada inteligente e maravilhosa	3.
4.	4.
5.	5.
	C = US$934,00

RENDA MENSAL NECESSÁRIA

A + B + C + (1,3 x despesas mensais)

=

RMN: US$ 3.337,00 + (US$ 2 600,00) = US$ 5 937,00

÷ 30 =

RDN: US$ 197,90

PASSOS PARA AGORA

1. Achar uma loja, marcar um test drive
2. Postar anúncios de emprego em três sites principais
3. Enviar três perguntas para cinco autores de livros de sucesso de 2-3 anos atrás
4. Visitar o Virtual Tourist e determinar a melhor época para viajar e as 5 coisas mais importantes para fazer

AMANHÃ

1. Fazer o test drive
2. Determinar uma tarefa de 1 ou 2 horas para os 3 melhores candidatos
3. Formular um plano baseado nas respostas (marketing/RP)
4. Pesquisar passagens aéreas e hospedagem e convidar um amigo para ir

DEPOIS DE AMANHÃ

1. Decidir os detalhes e os extras desejados
2. Contratar o melhor candidato para 20h/semana
3. Mandar um e-mail de seleção de estagiários para departamentos de Inglês de faculdades próximas
4. Reservar as passagens (mesmo que seja só a sua, se seu amigo recusar o convite)

(Visite www.fourhourworkweek.com para planilhas maiores para impressão e para calculadoras on-line.)

				RENDA MENSAL NECESSÁRIA
EM	PASSO 1: TER	PASSO 5: CUSTO		A + B + C + (1,3 x despesas mensais) = RMN:
	1.	1.	=	÷ 30 =
	2.	2.		RDN:
	3.	3.		
	4.	4.		
	5.	5.		
		A =		PASSOS PARA AGORA
				1.
	PASSO 2: SER	PASSO 4: FAZER	STEP 5: CUSTO	2.
	1.	1.	1.	3.
	2.	2.	2.	4.
MESES, MEUS SONHOS SÃO:	3.	3.	3.	AMANHÃ
	4.	4.	4.	1.
	5.	5.	5.	2.
			B =	3.
	PASSO 3: FAZER	PASSO 5: CUSTO		4.
	1.	1.		DEPOIS DE AMANHÃ
	2.	2.		1.
	3.	3.		2.
	4.	4.		3.
	5.	5.		4.
		C =		

Ótimo cozinheiro » preparar uma ceia de Natal sem ajuda
Fluente em chinês » ter uma conversa de cinco minutos com um colega chinês do trabalho

4. Quais são seus quatro sonhos que mudariam toda sua vida?

Usando o cronograma de seis meses, realce os quatro sonhos mais empolgantes e/ou mais importantes, entre todas as colunas. Repita o processo com o cronograma de doze meses, se quiser.

5. Determine o custo desses sonhos e calcule a sua Renda Mensal Necessária (RMN) para ambos os cronogramas.

Se for financiável, qual é o custo mensal de cada um dos seus quatro sonhos (aluguel, hipoteca, planos de pagamento etc.)? Comece a pensar em renda e despesa em termos de fluxo financeiro mensal – o dinheiro que entra e o dinheiro que sai –, em vez de pensar nos totais. As coisas frequentemente custam muito, muito menos do que esperamos. Por exemplo, uma Lamborghini Gallardo Spyder, novinha, no salão da concessionária, custa 260 mil dólares, mas pode ser comprada por 2897,80 dólares mensais. Encontrei meu carro favorito, um Aston Martin DB9 seminovo, pelo eBay, por 136 mil dólares, pouco mais de 2 mil dólares por mês. Que tal uma viagem ao redor do mundo (Los Angeles – Tóquio – Cingapura – Bangkok – Nova Délhi ou Bombaim – Londres – Frankfurt – Los Angeles) por 1399 dólares?

Para alguns desses preços, o "Truques e ferramentas" ao final do capítulo 14 vai ajudar.

Finalmente, calcule sua Renda Mensal Necessária (RMN) para realizar esses sonhos. É assim que se faz: primeiro, o total das colunas A, B e C, contando apenas os quatro sonhos escolhidos. Algumas dessas colunas podem ter um total de zero, sem problemas. Em seguida, multiplique seus gastos mensais totais por 1,3 (o 1,3 representa suas despesas mais uma margem de 30% de segurança e para economizar). Esse montante é sua RMN e o objetivo que você deve ter em mente ao longo deste livro. Eu ainda gosto de dividir a RMN por 30 para ter a minha RDN – Renda Diária Necessária. Acho mais fácil trabalhar com objetivos diários. As calculadoras on-line no website da nossa empresa fazem todo o trabalho para você e fazem desse passo uma moleza.

É provável que os valores sejam menores do que você esperava, e eles frequentemente se reduzem ao longo do tempo, quando você vai trocando "ter" por "fazer" uma vez na vida. A mobilidade estimula essa tendência. Mesmo se o total for intimidador, não se apavore com migalhas. Eu já ajudei estudantes a conseguirem mais de 10 mil dólares mensais de renda extra em três meses.

6. Determine *três passos* para cada um dos *quatro sonhos* apenas no cronograma de seis meses e dê o primeiro passo *agora*. Não acredito muito em planejamento de longo prazo e em objetivos muito distantes. Na verdade, normalmente estabeleço cronogramas de três e de seis meses. As variáveis mudam muito e um futuro muito distante acaba se tornando uma desculpa para adiar a ação. O objetivo deste exercício não é, portanto, detalhar cada passo do começo até o final, mas definir o objetivo final, o instrumento para alcançá-lo (RMN, RDN), e criar um ímpeto para os primeiros passos, a etapa crítica. A partir desse ponto, tudo é uma questão de arrumar tempo livre e gerar RMN, assunto do próximo capítulo.

Em primeiro lugar, vamos nos concentrar na etapa crítica dos primeiros passos. Defina três passos para cada um dos sonhos, passos que o deixarão mais próximo da sua realização. Estabeleça ações simples, bem definidas para agora, para amanhã (cumpra-as antes das onze da manhã) e para depois de amanhã (novamente, cumpra-as antes das onze da manhã).

Uma vez que você tenha três passos para cada um dos quatro objetivos, complete as três ações listadas na coluna "agora". Faça-as agora. Cada uma deve ser simples o bastante para ser feita em cinco minutos ou menos. Se não, apague-as. Se você estiver em plena madrugada e não pode ligar para ninguém, faça alguma outra coisa, como mandar um e-mail, e deixe para ligar logo de manhã. Se a próxima etapa for algum tipo de pesquisa, entre em contato com alguém que saiba a resposta em vez de gastar muito tempo procurando em livros ou na internet, o que pode se transformar em paralisia por análise. O melhor primeiro passo, o que eu recomendo, é encontrar alguém que já tenha conseguido fazer o que você quer e pedir um conselho sobre como fazer o mesmo. Não é difícil.

Outras opções incluem marcar uma reunião com um treinador, um mentor ou um agente de vendas, ou ligar para eles, para gerar um ímpeto inicial. Você consegue marcar uma aula particular ou um compromisso que se sentirá mal em desmarcar? Use a culpa a seu favor.

Amanhã vira nunca. Não importa o quão pequena seja a tarefa, dê o primeiro passo agora!

• Desafiando o conforto •

As ações mais importantes nunca são confortáveis.

Felizmente, é possível se acostumar ao desconforto e assim vencê-lo. Eu me treinei para propor soluções em vez de pedi-las, para extrair as respostas desejadas em vez de reagir, e para ser assertivo sem destruir as pontes atrás de mim. Para ter um estilo de vida incomum, você precisa desenvolver o hábito incomum de tomar decisões, por você e pelos outros.

Deste capítulo em diante, levarei você a fazer exercícios progressivamente mais desconfortáveis, simples e curtos. Alguns dos exercícios parecerão decepcionantemente fáceis e até mesmo irrelevantes (como o próximo, por exemplo), até que você os tente fazer. Encare-o como um jogo e espere inspiração e transpiração – esse é o ponto. A duração da maior parte destes exercícios é de dois dias. Marque o exercício do dia em sua agenda para não esquecer, e não tente mais de um Desafio de Conforto de cada vez.

Lembre-se: há uma relação direta entre aumentar sua esfera de conforto e conseguir aquilo que você quer.

Vamos lá.

Aprenda a encarar os olhos dos outros (dois dias)

Meu amigo Michael Ellsberg criou um evento para solteiros chamado Encaração. É similar a encontros para flerte, mas diferente em um aspecto fundamental – não é permitida nenhuma palavra. Envolve olhar nos olhos de cada um dos parceiros por três minutos de cada vez. Se você for a um desses eventos, ficará claro o quão desconfortável fica a maior parte das pessoas com isto. Pelos próximos dois dias, pratique olhar nos olhos das pessoas – seja de pessoas que passam por você na rua ou pessoas com quem você conversa – até que elas quebrem o contato visual.

Dicas:

1. Focalize um dos olhos do interlocutor e não deixe de piscar, para não parecer um psicopata ou tomar um chute na bunda.
2. Durante a conversa, mantenha o contato olho no olho enquanto você fala. Enquanto você está ouvindo é fácil.
3. Pratique com pessoas maiores ou mais confiantes do que você. Se um transeunte perguntar por que raios você está olhando para ele, apenas sorria e responda: "Desculpe-me, mas pensei que você fosse um velho amigo meu".

PASSO 2

E de Eliminação

"Ninguém acumula, apenas elimina.
Não se trata de aumento diário, mas de perda diária.
O caminho do cultivo sempre vai em direção
à simplicidade."

BRUCE LEE, ator, filósofo e instrutor de artes marciais

5

O fim do gerenciamento de tempo

Ilusões e italianos

"Perfeição não é quando não há nada mais a acrescentar,
mas sim quando não há nada mais a tirar."
ANTOINE DE SAINT-EXUPÉRY,
pioneiro do correio aéreo internacional
e autor de *O pequeno príncipe*

"É inútil fazer com mais quando se pode fazer com menos."
GUILHERME DE OCKHAM,
criador da "Navalha de Ockham"

Apenas algumas palavras sobre gerenciamento de tempo. Esqueça tudo o que você sabe sobre isso.

Especificamente, você não deveria tentar fazer mais a cada dia, tentar preencher cada segundo com algum tipo de trabalho compulsivo. Levei muito tempo para perceber isso. Eu gostava bastante do método de resultados por quantidade.

Estar ocupado é frequentemente usado como pretexto para evitar as poucas ações criticamente importantes, porém bastante desconfortáveis. As opções para se inventar "ocupações" são quase infinitas: ligar para algumas centenas de possíveis (porém improváveis) clientes, reorganizar seus contatos do Outlook, passear pelo escritório requisitando documentos de que você não precisa ou ficar brincando com seu BlackBerry por algumas horas, quando deveria estar fazendo o que é prioridade.

Na verdade, se você quiser progredir no mundo corporativo americano, considerando-se que nunca se checa realmente o que você está fazendo (sejamos francos), apenas fique andando pelo escritório com um celular no ouvido e carregando papéis. Vejam, eis o funcionário ocupado! Deem a ele um aumento. Infelizmente para os **NR**, esse comportamento não vai tirá-lo do escritório nem pô-lo num avião para o Brasil. Menino mau. Bata em você mesmo com um jornal dobrado e pare de agir assim.

Fora isso, há uma opção muito melhor, que fará mais do que simplesmente melhorar seus resultados: ela vai multiplicá-los. Acredite ou não, não é apenas possível conseguir mais fazendo menos, é imperativo.

Entre no mundo da eliminação.

Como você usará a produtividade

Agora que definiu o que quer fazer com o seu tempo, você tem que arrumar tempo livre. O truque, é claro, é fazer isso, mas manter ou aumentar sua renda.

A intenção deste capítulo, e o que você vai conseguir se seguir as instruções, é aumentar a sua produtividade pessoal em algo entre 100% e 500%. Os *princípios* são os mesmos para empregados e empresários, mas os *objetivos* desse aumento de produtividade são completamente a distância.

Primeiro, o empregado. Alguém que trabalha como funcionário aumenta sua produtividade para aumentar seu poder de barganha com dois objetivos simultâneos: conseguir aumentos e um acordo de trabalho remoto.

Lembre-se de que, como vimos no primeiro capítulo deste livro, o processo geral de juntar-se aos Novos Ricos é o **D-E-A-L**, nessa ordem, mas empregados que queiram permanecer empregados por enquanto precisariam implementar o processo na ordem **D-E-L-A**. A razão disso tem a ver com o ambiente de trabalho. Eles precisam se **liberar** do escritório antes que possam trabalhar horas por semana, por exemplo, porque a expectativa nesse tipo de ambiente é que você esteja em movimento constante das 9h às 17h. Mesmo que produza o dobro dos resultados que produzia antes, se você estiver trabalhando um quarto das horas que seus colegas trabalham, há uma boa chance de você receber um cartão vermelho. Mesmo que esteja trabalhando dez horas por semana e produzindo o dobro do que produzem as pessoas que trabalham quarenta, a exigência coletiva será que você trabalhe quarenta horas por semana e produza oito vezes mais do que os outros. Isso é um círculo vicioso e você quer evitá-lo. Daí a necessidade de **Liberação** primeiro.

Se você é um empregado, este capítulo aumentará seu valor e tornará mais difícil para a empresa demiti-lo do que aumentar seu salário e permitir que você trabalhe fora do escritório. Esse é seu objetivo. Uma vez que você consiga trabalhar longe do escritório, poderá evitar horas gastas com interferências burocráticas e usar o tempo livre restante para cumprir seus cronogramas para realizar seus sonhos.

Os objetivos de quem tem seu próprio negócio são menos complexos, uma vez que ele é normalmente o beneficiário direto do aumento da lucratividade. O objetivo passa a ser diminuir a quantidade de trabalho ao mesmo tempo que as receitas aumentam. Isso acertará as condições para substituir você pela **Automação**, que por sua vez permite a **Liberação.**

Para ambos os caminhos, algumas definições estão na fila.

Ser eficaz *vs.* ser eficiente

Eficácia é fazer as coisas necessárias para deixá-lo mais próximo de seus objetivos. Eficiência é fazer uma determinada tarefa (seja importante ou não) da forma mais econômica possível. Ser eficiente, sem relação com a eficácia, é a regra geral do universo.

Eu consideraria o melhor vendedor porta a porta eficiente – isto é, refinado e excelente nas vendas porta a porta, sem perder tempo – mas intrinsecamente ineficaz. Ele venderia muito mais usando um veículo melhor como e-mail ou correspondência.

Isso também é verdade para a pessoa que checa seus e-mails trinta vezes por dia e desenvolve um sistema elaborado de pastas e técnicas sofisticadas para fazer cada um daqueles espasmos cerebrais se moverem o mais rápido possível. Eu era um especialista em tais enrolações. São eficientes em um nível perverso, mas longe de ser eficazes.

Aqui há dois truísmos para ficar em sua cabeça:

1. Fazer bem algo desimportante não o torna importante.
2. Tomar muito tempo não torna uma tarefa importante.

Desse momento em diante, lembre-se disto: *O que* você faz é infinitamente mais importante de *como* você faz. Eficiência é uma coisa importante, mas é absolutamente inútil, a menos que seja aplicada às coisas certas.

Para encontrar as coisas certas, precisamos passear no jardim.

Pareto e seu jardim: 80/20 e liberdade a partir da futilidade

"O que é medido é gerenciado."

PETER DRUCKER, teórico da administração, autor de 31 livros, agraciado com a Medalha Presidencial da Liberdade

Quatro anos atrás, um economista mudou para sempre minha vida. É uma pena que eu nunca tenha tido a chance de pagar um drinque para ele. Meu querido Vilfredo morreu quase cem anos atrás.

Vilfredo Pareto era um astuto e controverso economista e sociólogo que viveu entre 1848 e 1923. Engenheiro por formação, começou sua carreira plural gerenciando minas de carvão e, posteriormente, sucedeu a Leon Walras como professor titular de economia política na Universidade de Lausanne, na Suíça. Seu trabalho mais influente, *Curso de economia política*, abordava uma então pouco explorada "lei" da distribuição de renda que depois passaria a ter o seu nome: "Lei de Pareto" ou "Distribuição de Pareto", que ficou famosa na década passada como o "Princípio 80/20".

A fórmula matemática que ele usou para demonstrar uma distribuição altamente desigual mas previsível da riqueza na sociedade – 80% da riqueza e da renda era produzida e possuída por 20% da população – também pode ser aplicada fora da economia. Além disso, pode ser encontrada em qualquer lugar. Oitenta por cento das peras do pomar de Pareto eram produzidas por 20% das pereiras que ele havia plantado, por exemplo. A lei de Pareto pode ser resumida assim: 80% dos resultados são produzidos por 20% dos esforços. Formas alternativas de se enunciar isto, dependendo do contexto, são:

80% das consequências decorrem de 20% das causas;
80% dos resultados vêm de 20% do tempo gasto em esforço;
80% dos lucros de uma empresa vêm de 20% dos produtos e dos clientes;
80% de todos os ganhos da bolsa de valores são percebidos por 20% dos investidores e por 20% de um *portfólio* pessoal.

Essa lista é infinitamente longa e diversa, e a proporção frequentemente buscada é ainda mais severa: 90/10, 95/5 e até mesmo 99/1 não são incomuns, mas a proporção mínima a ser buscada é 80/20.

Quando me deparei, certa noite, com o trabalho de Pareto, eu vinha trabalhando como um escravo por quinze horas por dia, sete dias por semana, sentindo-me completamente exausto e num beco sem saída. Eu acordava antes do sol nascer para ligar para a Inglaterra, cuidava dos negócios com os Estados Unidos durante o horário comercial e trabalhava até quase meia-noite para poder ligar para o Japão e para a Nova Zelândia. Estava preso em um trem sem freios e colocava mais carvão na fornalha por falta de opção melhor. Entre um desastre inevitável e testar as ideias de Pareto, optei pela segunda alternativa. Na manhã seguinte, comecei a dissecar minha empresa e minha vida pessoal sob a ótica de duas perguntas:

1. Quais os 20% de causas responsáveis por 80% dos meus problemas e de minha infelicidade?
2. Quais os 20% de causas responsáveis por 80% dos meus resultados positivos e de minha felicidade?

Durante todo o dia, deixei de lado tudo o que era aparentemente urgente e desnudei a verdade da forma mais intensa possível, aplicando essas questões em tudo, de amigos a clientes, de publicidade a atividades de lazer. Não espere descobrir que você está fazendo tudo certo – a verdade dói. O objetivo é descobrir suas ineficiências, de modo a eliminá-las, e descobrir seus pontos fortes, para que possa multiplicá-los. Nas 24 horas seguintes, tomei várias decisões simples, porém emocionalmente difíceis, que literalmente mudaram minha vida para sempre e permitiram o estilo de vida que eu tenho hoje.

A primeira decisão que tomei foi um excelente exemplo do quão dramático e rápido o retorno sobre o investimento desse corte de gorduras analítico pode ser: parei de contatar 95% dos meus clientes e eliminei 2% deles, deixando-me com 3% para analisar e duplicar.

De mais de 120 clientes, meros cinco produziam 95% da minha receita. Estava gastando 98% do meu tempo atrás do restante dos clientes, enquanto os cinco supramencionados faziam pedidos regulares sem que eu ficasse ligando, tentando persuadir ou lisonjear. Em outras palavras, eu estava trabalhando porque achava que deveria trabalhar das 9h às 17h. Eu não percebia que trabalhar das 9h às 17h não era o objetivo; isso era simplesmente a estrutura que a maior parte das pessoas usa, seja ela necessária ou não. Eu estava em um caso grave de trabalho pelo trabalho, a expressão mais odiada no vocabulário dos **NR**.

Todos os meus problemas e preocupações, e com "todos" eu quero dizer 100%, vinham dessa maioria improdutiva, com exceção de dois clientes grandes que eram simplesmente campeões mundiais da ideologia comercial de "bem, aqui está o incêndio que eu comecei, agora você vai lá e apaga". Coloquei todos esses clientes improdutivos em modo passivo: se fizessem pedidos, ótimo – que eles mandem um fax com a ordem de compra. Se não, eu não faria nada para estimulá-los – nada de telefonemas, e-mails, nada disso. Com isso, eu tinha que lidar com esses dois grandes clientes, que eram criadores profissionais de problemas, mas contribuíam somente com 10% do resultado final de minha empresa naquela época.

Você sempre tem alguns desses clientes, responsáveis pela incerteza que causa todos os tipos de problemas, para não falar em depressão e raiva de si mesmo. Até aquele momento, eu tinha aguentado suas ameaças, insultos, longos argumentos e invectivas, considerando-os custos de se fazer negócio. Percebi durante a análise dos 80/20 que esses dois clientes eram a fonte de quase toda a minha infelicidade e da minha raiva ao longo do dia, o que frequentemente se refletia em meu tempo "pessoal", me fazendo pensar à noite naquela autoflagelação rotineira: "Devia ter dito X, Y e Z para aquele cretino". Finalmente, concluí o óbvio: o efeito sobre minha autoestima e sobre meu estado de nervos não valia a pena o ganho financeiro. Eu não precisava do dinheiro por nenhuma razão específica, simplesmente assumi que precisava consegui-lo. O cliente tem sempre razão, não? Ossos do ofício, certo? Claro que não. Não para os **NR**, pelo menos. Eu os mandei à merda e curti cada segundo disso. A primeira conversa foi mais ou menos assim:

Cliente: Que p@rr#? Eu fiz um pedido de duas caixas e elas chegaram com dois dias de atraso! [Nota: ele enviara o pedido à pessoa errada pela via errada, apesar de ter sido repetidamente advertido.] Vocês são o bando de idiotas mais desorganizado com quem eu já trabalhei. Eu tenho vinte anos de experiência no ramo, e esse é certamente o pior.

Qualquer NR – nesse caso, eu: Eu vou te matar. Tenha medo, tenha muito medo.

Eu gostaria de ter dito isso. Ensaiei falar isso um milhão de vezes em meu teatro mental, mas na prática a conversa foi mais ou menos assim:

> Sinto muito, senhor. Sabe, eu ouço seus insultos já há algum tempo, e lamento informar que parece que não poderemos mais fazer negócios. Recomendo que o senhor procure saber de onde vem toda essa raiva e toda essa infelicidade que sente. De qualquer forma, desejo tudo de melhor ao senhor. Se quiser pedir

algum de nossos produtos, ficaremos felizes em fornecer, mas apenas se o senhor comportar-se com uma linguagem apropriada e sem insultos desnecessários. O senhor tem nosso número de fax. Tudo de bom e tenha um bom dia. [Desligo.]

Fiz isso uma vez por e-mail e uma vez por telefone. E aí, o que aconteceu? Perdi um cliente, mas o outro corrigiu seu rumo e simplesmente passou a mandar os pedidos por fax, repetidas vezes. Problema resolvido, perdas minimizadas. Imediatamente, fiquei dez vezes mais feliz.

Então, parti para identificar as características comuns dos meus cinco melhores clientes e encontrar mais ou menos uns três com perfil semelhante, na semana seguinte. Lembre-se: mais clientes não significam automaticamente mais receita. Mais clientes não são o objetivo e normalmente trazem 90% mais trabalho e meros 1% a 3% de acréscimo na receita. Não se engane, o objetivo primário é obter receita máxima com o menor esforço necessário (incluindo menor número possível de clientes). Dupliquei minha força, neste caso os meus principais clientes, e me concentrei em aumentar o tamanho e a frequência de seus pedidos.

O resultado final? Deixei de perseguir e satisfazer 120 clientes para passar a receber pedidos grandes de apenas oito, sem absolutamente nenhum telefonema implorando ou longos e-mails. Minha renda mensal subiu de 30 mil dólares para 60 mil em um mês, e minhas horas de trabalho semanais despencaram de mais de oitenta para aproximadamente quinze. Mais importante do que isso, eu estava feliz comigo mesmo e me sentia otimista e livre pela primeira vez em mais de dois anos.

Nas semanas que se seguiram, apliquei o Princípio 80/20 a inúmeras áreas, incluindo estas:

1. Propaganda

Identifiquei os anúncios que geravam 80% ou mais de retorno, procurei as características comuns entre eles e os multipliquei, ao mesmo tempo que eliminei todos os outros. Meus custos de propaganda caíram mais de 70% e minhas vendas diretas praticamente dobraram, de 15 mil dólares mensais para 25 mil, em oito semanas. Teriam dobrado imediatamente se eu usasse rádio, jornais ou televisão, em vez de revistas, em que leva mais tempo para o anúncio ser publicado.

2. Afiliadas e parceiros on-line

Dispensei mais de 250 afiliadas on-line com baixo rendimento ou as pus em compasso de espera, para focar nas *duas* afiliadas que geravam 90% da receita. Meu tempo de gerenciamento despencou de 5-10 horas por semana para 1 hora por mês. A renda dos parceiros on-line subiu mais de 50% no mesmo período.

Tire o pé do acelerador e lembre-se disso: a maior parte das coisas não faz diferença nenhuma. *Estar ocupado é uma forma de preguiça – pensamento preguiçoso e ação indiscriminada.*

Estar assoberbado é normalmente tão improdutivo quanto ficar sem fazer nada, e muito menos agradável. Ser seletivo – fazer menos coisas – é o caminho da produtividade. Concentre-se no pouco que é importante e ignore o resto.

É claro, antes que você possa separar o joio do trigo e eliminar atividades num ambiente novo (seja um emprego novo ou uma nova empreitada empresarial), você precisará tentar vários caminhos para identificar o que pesa mais. Jogue tudo na parede e veja o que fica grudado. Isso é parte do processo, mas não deve levar mais do que um ou dois meses.

É fácil se afogar em um mar de minúcias, e o segredo para não se sentir atropelado é lembrar-se de que *falta de tempo é na verdade falta de prioridades.* Tire algum tempo para apreciar as rosas, ou – nesse caso – para contar as pereiras.

A Ilusão 9-5 e a Lei de Parkinson

"Eu vi escrito num banco 'Banco 24 horas'
mas eu não tenho esse tempo todo."
STEVEN WRIGHT, comediante

Se você é empregado, gastar tempo com coisas inúteis não é, até certo ponto, culpa sua. Normalmente não há incentivos para usar bem seu tempo, a menos que você seja remunerado por comissão. O mundo inteiro concordou em ficar embaralhando papéis das 9h às 17h, e uma vez que você está preso no escritório durante esse período de escravidão, sente-se compelido a criar atividades para preencher esse tempo. Você desperdiça tempo porque há muito tempo disponível. É compreensível. Agora que tem o objetivo de negociar um acordo de trabalho fora do escritório, em vez de apenas esperar pelo contracheque, é hora de revisitar o *status quo* e tornar-se eficaz. Os melhores empregados possuem mais força para negociar.

Para os empresários, o desperdício de tempo é uma questão de hábitos ruins e de imitação. Eu não sou exceção. A maior parte dos empresários algum dia já foi empregada e veio da cultura das 9h às 17h. Por isso, adotam o mesmo horário, ainda que não funcionem direito às nove horas da manhã ou que não precisem de oito horas de trabalho para produzir a renda necessária. Esse horário é um acordo social coletivo e um legado jurássico da abordagem de resultados por volume. Como é possível que todas as pessoas no mundo precisem exatamente de oito horas para completar seu trabalho? Não é. Esse período é uma arbitrariedade.

Você não precisa de oito horas por dia para se tornar um milionário legítimo – basta ter os meios para viver como um. Oito horas por semana frequentemente será excessivo, mas não espero que você já acredite em mim. Sei que você provavelmente se sente como eu me senti por longo tempo: simplesmente não há horas suficientes no dia.

Mas vamos refletir sobre algumas coisas nas quais a gente provavelmente concorda.

Uma vez que temos oito horas para nos ocupar, preenchemos as oito horas. Se tivéssemos quinze, preencheríamos as quinze. Se tivéssemos uma emergência e precisássemos sair do trabalho em duas horas, mas com prazos a serem cumpridos, milagrosamente completaríamos todo o trabalho nessas horas.

Isso tudo está relacionado com uma lei que me foi apresentada por Ed Zschau na primavera do ano 2000.

Eu cheguei à aula nervoso e incapaz de me concentrar. O trabalho final, que valia 25% da nota do semestre, era para ser entregue em 24 horas. Uma das opções, a que eu escolhi, era entrevistar os executivos do alto escalão de uma empresa em início de operação e apresentar uma análise profunda do seu modelo de negócios. Mas decidiram no último minuto que eu não poderia entrevistar dois dos executivos ou usar a informação que me dessem por conta de problemas de confidencialidade e precauções pré-oferta de ações na Bolsa de Valores. Fim da linha para mim.

Abordei Ed depois da aula para dar as más notícias.

"Ed, acho que vou precisar de mais prazo para o trabalho." Expliquei a situação, e Ed sorriu antes de me responder sem muita preocupação.

"Acho que você vai conseguir. Empreendedores são aqueles que fazem as coisas acontecerem, certo?"

Vinte e quatro horas depois, e um minuto depois do prazo final, a assistente de Ed estava trancando a porta do gabinete e eu cheguei com o trabalho final de trinta páginas. Foi baseado numa empresa diferente, que eu encontrei, entrevistei e dissequei com a intensidade de uma noite em claro e com cafeína suficiente para desqualificar a equipe olímpica de atletismo inteira. Acabou sendo um dos melhores trabalhos que escrevi em quatro anos, e tirei dez.

Antes de eu deixar a sala de aulas no dia anterior, Ed deu-me um conselho de despedida: a Lei de Parkinson.

A Lei de Parkinson diz que uma tarefa aumentará de importância (a sua percepção de) e de complexidade em relação ao tempo alocado para sua realização. É a mágica do prazo iminente. Se eu lhe der 24 horas para completar um projeto, a pressão do tempo força-o a se concentrar na execução e você passa a não ter escolha a não ser fazer apenas o que é estritamente essencial. Se eu lhe der uma semana para fazer a mesma tarefa, são seis dias para transformar um montinho de terra numa montanha. Se eu lhe der dois meses, torna-se um monstro na sua cabeça. O produto final de prazos curtos é quase inevitavelmente de qualidade maior ou igual graças à concentração.

Isto carrega um fenômeno curioso. Há duas abordagens sinérgicas para aumentar a produtividade que acabam sendo inversões uma da outra:

1. Limite as tarefas ao que é importante para reduzir o tempo de trabalho (80/20).
2. Encurte o tempo de trabalho para limitar as tarefas ao que é importante (Lei de Parkinson).

A melhor solução é usar ambos ao mesmo tempo: identifique as poucas tarefas críticas que contribuem para a maior parte da renda e planeje realizá-las com um prazo *bem curto* e bem definido.

Se você não identificou as tarefas críticas para sua missão e não estabeleceu prazos inicial e final agressivos para cumpri-las, o desimportante torna-se o importante. Mesmo que você saiba o que é crítico, sem prazos para criar foco, as tarefas menores impostas a você (ou inventadas, no caso do empresário) se avolumarão e consumirão tempo até que outro bocado de minúcias entre para substituí-las, deixando-o ao final do dia sem ter feito nada. De que outra forma despachar um pacote pelo correio, marcar alguns compromissos e checar seus e-mails consumiria um dia inteiro, das 9h às 17h? Não se sinta mal. Passei meses pulando de uma interrupção para outra, sentindo-me gerenciado pela minha empresa ao invés do contrário.

O Princípio de 80/20 e a Lei de Parkinson são as duas pedras angulares que serão revisitados de diferentes formas ao longo desta seção inteira. A maior parte dos esforços é inútil e o tempo é desperdiçado na proporção de sua abundância.

Um desempenho objetivo e liberdade de tempo começam ao se limitar a sobrecarga de trabalho. No próximo capítulo, serviremos a você a verdadeira refeição dos campeões: a Dieta Pobre em Informações.

Uma dúzia de bolinhos e uma pergunta

"Amor impetuoso não é indústria."
SÊNECA, filósofo do Império Romano

Mountain View, Califórnia

"Minhas folgas são aos sábados", eu ofereci para a multidão de estranhos que me encarava, amigos de um amigo. Era verdade. Você consegue comer sucrilhos e frango sete dias por semana? Eu também não. Não sejam tão críticos.

Entre meu décimo e meu duodécimo bolinho, larguei-me no sofá para curtir o nível alto de açúcar até que o relógio batesse meia-noite e me mandasse de volta para minha "dieta dos adultos" de domingo a sexta. Havia outro convidado da festa sentado próximo a mim numa cadeira, segurando um copo de vinho, não seu duodécimo, mas certamente não seu primeiro, e começamos a conversar. Como de praxe, tive que enfrentar a pergunta "O que você faz?" e, como de praxe, minha resposta deve tê-lo feito pensar se eu era um mentiroso patológico ou um criminoso.

Como era possível gastar tão pouco tempo gerando renda? É uma boa pergunta. É **A** pergunta.

Em quase todas as áreas, Charney tinha tudo. Tinha um casamento feliz, um filho de 2 anos e outro previsto para nascer em três meses. Era um vendedor bem-sucedido de tecnologia e, ainda que quisesse ganhar mais meio milhão de dólares por ano, como todos querem, suas finanças eram sólidas.

Além disso, ele fazia boas perguntas. Eu tinha acabado de voltar de outra viagem pelo mundo e planejava uma nova aventura no Japão. Ele me perseguiu por duas horas com um refrão: Como é possível gastar tão pouco tempo gerando renda?

"Se você estiver interessado, posso fazer de você um caso de estudo e mostrar-lhe como", ofereci.

Charney aceitou. A única coisa que ele não tinha era tempo.

Um e-mail e cinco semanas de prática depois, Charney tinha boas notícias: tinha conseguido vender mais na última semana do que nas quatro anteriores juntas. Fez isso ficando sem trabalhar na segunda e na sexta e passando pelo menos duas horas por dia a mais com sua família. De quarenta horas por semana, ele passou a trabalhar dezoito e a produzir quatro vezes mais.

Algum retiro nas montanhas ou algum treinamento secreto de *kung fu*? Não. Foi algum segredo japonês de gerenciamento ou algum *software* novo? Também não. Simplesmente pedi a ele para fazer uma única coisa simples, consistentemente, sem falhar.

Pelo menos três vezes por dia, em horas previamente agendadas, ele tinha que fazer a si mesmo a seguinte pergunta:

Estou sendo produtivo ou somente ativo?

Charney entendeu a essência disso com palavras menos abstratas:

Estou inventando coisas para fazer para evitar o importante?

Ele eliminou todas as atividades que usava como muletas e começou a concentrar-se em mostrar resultados em vez de mostrar dedicação. Dedicação é comumente trabalho inútil disfarçado. Seja impiedoso e corte o inútil.

É possível conseguir seus bolinhos, e comê-los.

• Perguntas e ações •

"Criamos estresse para nós mesmos porque sentimos que precisamos fazê-lo. Você *precisa* fazê-lo. Eu não sinto mais isso."
OPRAH WINFREY, atriz e apresentadora,
The Oprah Winfrey Show

O segredo de ter mais tempo é fazer menos coisas; há dois modos de chegar lá, e ambos devem ser usados juntos: (1) definir uma breve lista de coisas a fazer e (2) definir uma lista de coisas para não fazer.

Aqui há vários casos hipotéticos que nos ajudarão a começar:

1. Se você tivesse um ataque cardíaco e só pudesse trabalhar duas horas por dia, o que faria?

Não cinco horas, não quatro horas, não três – apenas duas horas. Não é onde quero que você chegue, mas é um começo. Além disso, posso ouvir seu cérebro já resmungando: isso é ridículo. Impossível. Eu sei, eu sei. Se eu lhe dissesse que você pode sobreviver por meses a fio, funcionando razoavelmente bem, com quatro horas de sono por noite, você acreditaria em mim? Provavelmente não. Entretanto, milhões de mulheres recém-mamães fazem isso o tempo todo. Esse exercício não é opcional. O médico o avisou, depois de três pontes de safena, que, se não reduzir seu trabalho a duas horas diárias nos três meses de pós-operatório, você vai morrer. Vai cortar?

2. Se você tivesse um segundo ataque cardíaco e só pudesse trabalhar duas horas *por semana*, o que faria?

3. Se você tivesse uma arma apontada para sua cabeça e *tivesse* que parar de fazer 4/5 das diferentes atividades que mais consomem seu tempo, o que removeria?

Simplicidade exige impiedade. Se você tivesse que parar com 4/5 das atividades que mais exigem tempo – e-mail, telefonemas, conversas, burocracia, propaganda, clientes, fornecedores, produtos, serviços etc. –, o que eliminaria, mantendo em níveis mínimos o impacto negativo sobre as receitas?

4. Quais são as três principais atividades que uso para preencher o tempo para me sentir como se estivesse sendo produtivo?

Essas são as atividades normalmente usadas para adiar as ações mais importantes (frequentemente desconfortáveis porque há uma chance de falha ou rejeição). Seja honesto com você mesmo, como todos fazemos nessa ocasião. Que muletas você usa?

5. Quem são os 20% de pessoas responsáveis por 80% do que lhe dá prazer e o empurra para a frente, e quem são os

20% responsáveis por 80% do que lhe causa depressão, raiva e lhe inspira dúvidas?

Identifique:

- Amigos positivos *vs.* amigos que tomam seu tempo, quem o ajuda *vs.* quem o magoa, e como aumentar seu tempo com os primeiros e diminuir ou eliminar o tempo com os últimos?
- Quem está me causando um estresse desproporcional em relação ao tempo que passo com eles? O que acontecerá se eu simplesmente parar de interagir com essas pessoas? A definição de medo ajuda neste caso.
- Quando me sinto faminto por um tempo? Que compromissos, pensamentos e pessoas posso eliminar para resolver esse problema?

Não são necessários números exatos para perceber que passamos muito tempo com pessoas que nos envenenam com pessimismo, preguiça e baixas expectativas em relação a elas mesmas e ao mundo. Nesses casos, você precisa se livrar de certos amigos ou se afastar de determinados círculos sociais para ter a vida que você deseja. Isso não é ser cruel, e sim prático. As pessoas tóxicas não merecem seu tempo. Pensar o contrário é masoquismo.

A melhor maneira de lidar com um potencial rompimento é simples: seja sincero, mas use muito tato para expor suas preocupações. Se reagirem com uma resposta atravessada, suas conclusões estão confirmadas. Descarte-as como descartaria um hábito ruim. Se prometerem que vão mudar, fique longe por pelo menos duas semanas para desenvolver outras influências positivas e diminuir a dependência psicológica. Depois disso, o período de teste deve ter uma duração determinada, com critérios para a eliminação definitiva.

Se você acha que essa abordagem é muito agressiva, recuse-se educadamente a interagir com essas pessoas. Diga que está fazendo alguma coisa quando o telefone tocar, diga que já tem um compromisso marcado quando o convite for feito. Quando você começar a sentir os benefícios do afastamento, será mais fácil romper de uma vez.

Não vou mentir. É muito ruim. Dói como quando você arranca uma farpa. Mas você é a média das cinco pessoas com quem mais convive, por isso não subestime os efeitos dos amigos pessimistas, desorganizados e sem ambição. Se alguém não estiver fazendo com que você se torne mais forte, é porque está fazendo com que fique mais fraco.

Arranque as lascas e irá se agradecer por isso.

6. Aprenda a perguntar-se: "Se essa for a única coisa que eu fizer hoje, ficarei satisfeito com meu dia?".

Nunca chegue ao seu escritório, ou em frente do seu computador, sem uma lista clara de prioridades. Você apenas lerá e-mails irrelevantes e bagunçará seu cérebro pelo resto do dia. Compile sua lista de coisas a fazer amanhã impreterivelmente até hoje de noite. Não recomendo usar o Outlook ou listas computadorizadas, porque é possível acrescentar um número infinito de itens. Eu uso uma folha de papel dobrada três vezes, que cabe perfeitamente no bolso e limita o espaço a apenas alguns poucos itens.

Nunca deve haver mais de dois itens críticos para se fazer a cada dia. Nunca. Não é necessário se eles realmente forem de alto impacto. Se você estiver com dificuldades para decidir entre vários itens, todos eles parecendo cruciais, como acontece com todos nós, olhe para um de cada vez e pergunte-se: "*Se essa for a única coisa que eu fizer hoje, ficarei satisfeito com meu dia?*".

Para evitar o aparentemente urgente, pergunte-se: "O que acontecerá se eu não fizer isto, e vale a pena deixar de lado algo importante para fazê-lo?". Se você não realizou sequer uma tarefa importante no dia, não gaste sua última hora útil para levar um DVD na locadora e evitar uma multa de 5 dólares. Faça a tarefa importante e pague a multa de 5 dólares.

7. Coloque um *post-it* no monitor do seu computador ou crie um lembrete no Outlook para alertá-lo, pelo menos três vezes por dia, com a pergunta: "Você está inventando coisas para evitar o que é importante?".

8. Não faça várias coisas ao mesmo tempo.

Vou dizer algo que você já sabe. Tentar escovar os dentes, falar ao telefone e responder e-mails ao mesmo tempo não dá certo. Comer enquanto faz uma pesquisa na internet e conversa via comunicador instantâneo? Idem.

Se você priorizar suas atividades corretamente, não há necessidade de fazer várias coisas ao mesmo tempo. Isso é um sintoma da "síndrome da tarefa" – fazer mais coisas para se sentir produtivo, ao passo que conclui menos coisas importantes. Repetindo: você deve ter, no máximo, dois objetivos primários por dia. Faça-os separadamente do início ao fim, sem distração. Dividir sua atenção resultará em interrupções mais frequentes, lapsos na concentração, resultados inferiores e gratificações menores.

9. Use a Lei de Parkinson em esferas macro e micro.

Use a Lei de Parkinson para realizar mais coisas em menos tempo. Encurte seus prazos para forçar uma concentração maior e evitar a procrastinação.

Em uma esfera macro – semanal e diária –, tente ir embora do escritório por volta de quatro da tarde e tirar a segunda e/ou a sexta-feira de folga. Isso o forçará a priorizar algumas atividades e possivelmente desenvolver uma vida social. Se você está sob o olhar atento de um patrão, discutiremos formas de escapar em capítulos posteriores.

Em uma esfera micro, das tarefas, limite o número de itens em sua lista de coisas a fazer e use prazos impossivelmente curtos para forçar a ação imediata e ignorar minúcias irrelevantes.

• Desafiando o conforto •

Aprenda a propor (dois dias)

Pare de pedir opiniões e comece a propor soluções. Comece com coisas pequenas. Se alguém vai perguntar, ou pergunta: "Onde vamos comer?". "Que filme deveríamos ver?" "O que vamos fazer hoje à noite?" ou algo similar, NÃO responda com "Bem, o que você quer fazer...?". *Ofereça uma solução.* Pare com as idas e vindas e tome uma decisão. Pratique isto nos meios profissional e pessoal. Eis aqui uma pequena lista de frases que podem ajudar (minhas favoritas são a primeira e a última):

"Posso dar uma sugestão?"

"Proponho..."

"Gostaria de propor..."

"Sugiro que... o que você acha?"

"Vamos tentar... e depois a gente tenta outra coisa se não der certo."

► PROJETO DE VIDA NA PRÁTICA

Sou um músico que leu seu livro por recomendação de Derek Sivers da CD Baby. Aplicando a Lei de Pareto, percebi que 78% dos meus downloads eram de apenas um dos meus CDs e que 55% de toda a minha receita com downloads vinha de apenas cinco músicas! Isso mostrou o que é que meus fãs buscavam e me permitiu mostrar isso no meu site. Downloads são o caminho a seguir. O iTunes vende a música e a CD Baby faz o depósito diretamente na minha conta. Totalmente automatizado uma vez feita a gravação. Em alguns meses posso viver só da renda dos downloads. Depois que eu terminar de pagar a dívida, não deverá ser problema viajar como artista e conquistar novos fãs por todo o mundo e ter um fluxo de renda cibernético.

– Victor Johnson

...

Como "terceirização" de suas operações bancárias, qualquer empresa que precise receber cheques deveria considerar o uso de uma Caixa Postal. Todos os bancos oferecem esse serviço. Todos os cheques vão para uma Caixa Postal no banco, que faz a compensação e o depósito em conta corrente; de acordo com suas instruções, eles podem mandar um arquivo com a relação de todos os cheques depositados. Isso pode ser feito em uma planilha de Excel ou em qualquer outro programa com interface para qualquer programa de contabilidade simples, compatível com Quicken ou SAP, algo bem econômico.

– Anônimo

6

A dieta pobre em informação

Cultivando ignorância seletiva

"O que a informação consome é bastante óbvio:
consome a atenção do receptor. Daí, uma riqueza de informação
cria uma pobreza de atenção e uma necessidade de alocar
eficientemente a atenção em meio a uma superabundância de
fontes de informação que podem consumi-la."
HERBERT SIMON, vencedor do Prêmio Nobel de Economia[1]
e do A. M. Turing Award, o "Prêmio Nobel da Ciência da Computação"

"Ler, depois de uma certa idade, diverte a mente muito além do seu
potencial criativo. Qualquer homem que leia muito e use pouco seu
próprio cérebro cai em hábitos preguiçosos de pensar."
ALBERT EINSTEIN, físico alemão responsável pelo desenvolvimento da Teoria
da Relatividade

Espero que você esteja sentado. Tire o sanduíche da boca para não engasgar. Tape os ouvidos das crianças. Eu vou lhe dizer algo que aborrece muitas pessoas.

Nunca assisti ao noticiário e só comprei um único jornal nos últimos cinco anos, no Aeroporto de Stansted, em Londres, e apenas porque ele me dava desconto para comprar uma Pepsi Diet.

Eu até reivindicaria ser *amish*, mas da última vez que chequei, Pepsi não estava no cardápio.

Que obsceno! E ainda digo ser um cidadão informado e responsável? Como me mantenho atualizado sobre as coisas que estão acontecendo? Responderei tudo isso, mas espere – isso ainda fica

1. Simon recebeu o Prêmio Nobel em 1978 por sua contribuição para a tomada de decisões organizacionais: é impossível ter, a qualquer momento, informação completa e perfeita para tomar uma decisão.

melhor. Checo meus e-mails profissionais durante uma hora a cada segunda-feira, e nunca checo as mensagens de voz quando estou viajando. Nunca mesmo.

Mas e se alguém tiver uma emergência? Isso não acontece. Meus contatos agora sabem que não atendo a emergências, então as emergências de alguma forma não acontecem ou não chegam até mim. Problemas, via de regra, resolvem-se sozinhos ou desaparecem caso você se elimine como gargalo de informação ou delegue poderes a outros.

Cultivando ignorância seletiva

"Há várias coisas em que um homem sábio gostaria de ser ignorante."
RALPH WALDO EMERSON, escritor, filósofo e poeta norte-americano (1803-1882)

Deste ponto em diante, proporei que você desenvolva a incomum habilidade de ser seletivamente ignorante. A ignorância pode ser incrível, mas também é muito prática. É imperativo que você aprenda a ignorar ou a redirecionar todas as informações e interrupções irrelevantes, desimportantes ou impraticáveis. A maior parte se enquadra nas três categorias.

O primeiro passo é desenvolver e manter uma dieta pobre em informações. Assim como o homem moderno consome muitas calorias e também calorias de pouco valor nutritivo, quem trabalha com informação consome dados em excesso e das fontes erradas.

O Projeto de Vida é baseado em ações em massa – resultados. Elevar os resultados exige reduzir os esforços. A maior parte das informações gasta o seu tempo, é negativa, irrelevante para seus objetivos e fora do seu âmbito de influência. Desafio você a olhar para tudo o que leu ou a que assistiu hoje e me dizer qualquer coisa que não tenha pelo menos duas das quatro características apresentadas.

Eu leio as manchetes das primeiras páginas nas bancas de jornal enquanto caminho até o restaurante onde almoço, todos os dias, e nada mais. Em cinco anos, nunca tive um único problema por causa dessa ignorância seletiva. Você ainda ganha algo novo para perguntar ao resto da população no lugar da conversinha miúda: "E aí, o que está rolando no mundo?". E, se for tão importante, você vai ouvir as pessoas falando sobre isso. Usando esse meu método de leitura indireta sobre o que acontece no mundo, ainda consigo reter mais informação do que alguém que perde a floresta para não perder as árvores, num oceano de detalhes irrelevantes.

Sob uma ótica da informação útil, consumo no máximo um terço de uma revista sobre indústria (a *Response*) e uma revista de negócios (*Inc.*) por mês, num total de aproximadamente quatro horas. Isso se chama leitura voltada para resultados. Ainda leio uma hora de ficção antes de ir para a cama, para relaxar.

Então como consigo agir com responsabilidade? Deixe-me oferecer um exemplo de como eu e outros **NR** analisamos e obtemos informação. Eu votei na última eleição presidencial[2], apesar de estar em Berlim. Tomei minha decisão em questão de horas. Primeiro, mandei e-mails para amigos nos Estados Unidos, com bom nível educacional, que tinham valores parecidos com os meus, perguntando a eles em quem votariam e por quê. Segundo, julgo as pessoas baseado em suas ações, não em suas palavras; então, perguntei a amigos em Berlim, que tinham uma visão menos influenciada pela propaganda midiática americana, como eles julgavam os candidatos, com base em seu comportamento histórico. Por último, assisti aos debates da campanha. Foi assim. Deixei pessoas em quem confio sintetizarem centenas de horas e milhares de páginas de mídia para mim. Foi como ter dúzias de assistentes pessoais, e eu não tive que pagar sequer um centavo a eles.

Isso é apenas um exemplo, você pode dizer, mas e se você precisar aprender a fazer algo que seus amigos nunca fizeram? Como, por exemplo, vender um livro para o maior editor do mundo, sendo um autor de primeira viagem? Que bom que você perguntou. Eis as duas abordagens que usei:

2. Em 2004, quando este trecho foi escrito.

1. Peguei um entre dúzias de livros, baseando minha escolha pelas resenhas dos leitores e pelo fato de que outros autores já haviam feito o que eu queria fazer. Se o que se almeja é do tipo "como fazer algo", eu leio apenas relatos que sejam "como eu fiz isso", autobiográficos. Não vale a pena perder tempo com especuladores ou com postulantes.
2. Utilizando o livro para gerar perguntas inteligentes e específicas, contatei dez dos principais autores e agentes no mundo via telefone e e-mail, com uma taxa de resposta de 80%.

Li apenas as partes do livro que eram relevantes para os passos imediatamente próximos, o que levou duas horas. Desenvolver um modelo de e-mail e de roteiro de conversa telefônica levou mais ou menos quatro horas, e os e-mails e telefonemas na prática levaram menos de uma hora. Essa forma de contato pessoal não só é mais eficaz e mais eficiente do que toneladas de informação, mas também me fez conseguir aliados de peso e mentores, necessários para conseguir vender este livro. Redescubra o poder da esquecida habilidade chamada "conversa". Ela sempre funciona.

Novamente, menos é mais.

Como ler 200% mais rápido em dez minutos

Haverá horas em que, é verdade, você precisará ler. Eis aqui quatro dicas simples que reduzirão o dano e aumentarão sua velocidade de leitura em pelo menos 200% sem nenhuma perda de compreensão:

1. Dois minutos: Use uma caneta ou um dedo para correr sob cada linha lida o mais rapidamente possível. Durante a leitura, você faz uma série de saltos visuais (chamados **sacadas**), e usar um guia visual evita regressão.

2. Três minutos: Comece a ler cada linha focando na terceira palavra a partir da primeira, e termine cada linha focando na terceira palavra a partir da última. Isso faz com que você use sua visão periférica que, de outra forma, é desperdiçada focando apenas as margens. Por exemplo, mesmo se as palavras em destaque na frase a seguir forem seus pontos focais inicial e final, a frase toda é "lida", mas agora fazendo menos movimentos com os olhos.

"Era **uma** *vez*, um viciado em informação que **decidiu** se desintoxicar."

Aproxime-se do centro cada vez mais conforme for ficando fácil.

3. Dois minutos: **Assim que for confortável suprimir a leitura direta de três ou quatro palavras de cada lado, tente fixar a visão apenas duas vezes por linha, na primeira e na última palavra que você destacar.**

4. Três minutos: **Pratique ler o mais rápido que conseguir sem prejudicar a compreensão, mas utilizando boa técnica (as três acima, por exemplo) por cinco páginas, para encontrar uma velocidade confortável de leitura.** Isso aumentará sua percepção e redefinirá seu limite de velocidade, tal qual sentimos normalmente que estamos rápidos a 80 km/h, mas essa mesma velocidade parece câmera lenta se tivermos acabado de reduzir de 110 km/h numa rodovia.

Para calcular sua velocidade de leitura, em palavras por minuto (ppm) – e consequentemente seu progresso –, em um determinado livro, some o número de palavras em dez linhas e divida por dez, para ter a média de palavras por linha. Multiplique este valor pelo número de linhas por página e você terá o número médio de palavras por página. Agora é simples. Se você inicialmente lia 1,25 página por minuto em uma média de 330 palavras por página, isso significa que você lia 412,5 palavras por minuto. Se, depois do treinamento, você lê 3,5 páginas por minuto, isso são 1155 palavras por minuto e você está entre o 1% da humanidade que lê mais rápido.

• Perguntas e ações •

"Aprender a ignorar coisas é um dos grandes caminhos para a paz interior."
ROBERT J. SAWYER, *Calculando Deus*

1. Entre imediatamente em jejum de mídia por uma semana. O mundo sequer soluça, muito menos acaba, quando você corta o cordão umbilical da informação. Para fazer isso, o melhor é usar o método *band-aid* – bem rapidinho: um jejum de mídia por uma semana. Informação é quase igual a sorvete. "Ah, vou tomar apenas meia colherinha" é tão realista quanto "Vou navegar na internet só um minutinho". Vai lá, espertalhão.

Se depois você quiser voltar para sua dieta de informações de batatas fritas de quinze mil calorias, tudo bem, mas comece amanhã e, durante pelo menos cinco dias, eis as regras:

Não leia jornais, revistas, **não ouça** *audiobooks* ou rádios que não sejam musicais. Música é permitida.

Não acesse portais de notícias em hipótese alguma (cnn.com, msn.com etc.).

Não assista à televisão, exceto por uma hora, à noite, para se distrair.

Não leia livros, exceto este aqui e algum outro de *ficção*,[3] para se distrair antes de dormir.

Não navegue na internet quando estiver trabalhando, a menos que seja fundamental para terminar um trabalho para *aquele dia*. Fundamental não é sinônimo de "seria legal".

Leitura desnecessária é o inimigo público número um durante esse jejum de uma semana.

3. Como alguém que lê exclusivamente não ficção por quase quinze anos, posso dizer duas coisas: não é produtivo ler dois livros baseados em fatos reais ao mesmo tempo (essa é uma) e ficção é melhor do que remédios para dormir para fazer com que você abstraia os acontecimentos do dia.

O que fazer então com seu tempo extra? Em vez de ler o jornal durante o café da manhã, converse com sua esposa, fique com seus filhos, ou aprenda os princípios deste livro. Das 9h às 17h, realize suas tarefas prioritárias, consoante o capítulo anterior. Se você completá-las e ainda sobrar tempo, faça os exercícios deste livro. Recomendar coisas que estão neste livro pode parecer hipocrisia, mas não é: as informações contidas nestas páginas são importantes e devem ser aplicadas agora, não amanhã ou depois.

Todos os dias, na hora do almoço, e não mais cedo, tenha seus cinco minutos de atualização diária. Pergunte a um colega ou a um garçom do restaurante: "Alguma coisa importante aconteceu hoje? Eu não pude ler o jornal". Pare de fazer isso assim que perceber que a resposta não afeta em nada sua vida. A maior parte das pessoas nem mesmo consegue se lembrar do que passou uma ou duas horas absorvendo pela manhã.

Seja rigoroso com você mesmo. Eu posso receitar o remédio, mas você precisa tomá-lo.

2. Desenvolva o hábito de perguntar a você mesmo: "Será que vou realmente usar essa informação para algo imediato e importante?".

Não basta usar a informação para "algo" – precisa ser imediato e importante. Se não for uma ou outra coisa, não a consuma. Informação é inútil se não for aplicada a algo importante ou você a esquecerá antes que tenha chances de aplicá-la.

Já tive o hábito de ler um livro ou uma página da internet para me preparar para um evento que ocorreria somente em semanas ou meses, e então precisava reler o mesmo material quando o prazo estava mais próximo. Isso é estúpido e redundante. Siga sua curta lista de coisas a fazer e preencha os lapsos de informação à medida que surgirem.

3. Pratique a arte de não acabar as coisas.

Isso é outra coisa que levei muito tempo para aprender. Começar alguma coisa não significa automaticamente que você tem que terminá-la. Se você está lendo um artigo que o deixa de saco cheio, ponha-o de lado e não o pegue novamente. Se você vai ao cinema e o filme é pior do que *Matrix Revolutions*, saia correndo de lá antes que mais neurônios morram. Se você está satisfeito depois de um prato de comida, repouse o maldito garfo e não peça sobremesa. Mais não é melhor, e interromper algo é frequentemente dez vezes melhor do que terminá-lo. Desenvolva o hábito de não acabar o que for chato ou improdutivo, a menos que seu chefe mande você terminar.

• Desafiando o conforto •

Conseguir números de telefones (dois dias)

Assegurando manter olhos nos olhos, peça o número do telefone de pelo menos duas (quanto mais você tentar, mais fácil se tornará) pessoas atraentes a cada dia. Lembrem-se de que o verdadeiro objetivo não é conseguir os números, mas vencer o medo de perguntar, de modo que o resultado não é importante. Se você está num relacionamento, simplesmente descarte os números quando os conseguir. Vá a um *shopping center*, se quiser adquirir alguma prática rapidamente – é o que eu prefiro para vencer o desconforto com agilidade – e coloque como meta abordar três pessoas em seguida, em no máximo cinco minutos. Sinta-se à vontade para usar alguma variação do seguinte roteiro:

"Com licença. Eu sei que isso vai parecer estranho, mas, se eu não perguntar agora, vou ficar martelando o resto do dia. Estou correndo para ir encontrar um amigo [isto é, eu tenho amigos e não sou um tarado], mas achei você realmente [extremamente, incrivelmente] linda [maravilhosa, atraente]. Você me daria seu telefone? Não sou um psicopata – garanto. Pode me dar um número falso se não estiver interessada".

7

Interrompendo as interrupções e a arte da recusa

"Pense com independência. Seja o enxadrista, não as peças do xadrez."
RALPH CHARELL, escritor

"Reuniões são uma atividade viciante e altamente autoindulgente que as corporações e outras organizações habitualmente adotam apenas porque, na prática, não podem masturbar-se."
DAVE BARRY, humorista americano e
vencedor do Prêmio Pulitzer

PRIMAVERA DE 2000, PRINCETON, NOVA JERSEY

13h35

"Acho que entendo. Continuando. No próximo parágrafo, ele diz que..." Eu tinha detalhado as notas e não queria perder um único ponto sequer.

15h45

"Ok. Isso faz sentido, mas se olharmos no exemplo seguinte..." Fiz uma pequena pausa, no meio da frase. O professor-assistente estava com ambas as mãos no rosto.

"Tim, vamos parar por aqui. Vou me lembrar desses pontos." Ele já estava cheio. Eu também, mas sabia que teria que fazer isso apenas mais uma vez.

Nos meus quatro anos de faculdade, eu tinha uma política. Se recebesse qualquer nota inferior a dez no primeiro trabalho ou na primeira prova que não fosse de múltipla escolha, em uma determinada matéria, levaria dois ou três horas de perguntas ao gabinete do professor e não sairia de lá até que tivesse respondido a todas elas ou parado por exaustão.

Isso servia para duas coisas importantes:

1. Eu descobria exatamente como os professores corrigiam os trabalhos, incluindo seus preconceitos e aborrecimentos.
2. O professor pensaria melhor em me dar uma nota menor do que dez. Nunca cogitaria me dar uma nota ruim se não tivesse razões excepcionais para isso, já que sabia que eu viria bater à sua porta para outra visita de três horas.

Aprenda a ser difícil quando for preciso. Na escola, como na vida, ter uma reputação de assertivo vai ajudá-lo a receber tratamento preferencial sem ter que implorar ou lutar por isso a toda hora.

Recorde-se dos seus dias no parquinho. Sempre havia um garoto grande e gordo e incontáveis vítimas, mas também havia aquele moleque pequenino que brigava bem, batendo e correndo. Ele poderia não ganhar a briga, mas, depois de uma ou duas tentativas cansativas, o gordo escolhia não incomodá-lo. Era mais fácil achar outro garoto.

Seja aquele moleque.

Fazer o que é importante e ignorar o que é trivial é difícil porque parece que a maior parte do mundo conspira para impor merdas a você. Felizmente, algumas simples mudanças de rotina fazem com que incomodá-lo seja mais trabalhoso do que deixá-lo em paz.

É hora de parar com os abusos de informação.

Nem todos os demônios são criados da mesma forma

Uma interrupção é qualquer coisa que impede o término de uma tarefa importante, e há três tipos principais de infratores:

1. **Desperdiçadores de tempo:** aquelas coisas que podem ser ignoradas com pouca ou nenhuma consequência. Entre os desperdiçadores de tempo estão incluídos reuniões, discussões, telefonemas e e-mails *desimportantes*.

2. **Consumidores de tempo**: tarefas repetitivas ou pedidos de coisas que precisam ser feitas mas frequentemente interrompem trabalhos de grande importância. Eis alguns que você deve conhecer bem: ler e responder e-mails, fazer e retornar telefonemas, burocracia de clientes (*status* de pedidos, assistência técnica etc.), relatórios financeiros ou de vendas, mensagens pessoais, todas ações e tarefas necessárias e repetidas.

3. **Falhas de delegação de poderes**: instâncias em que alguém precisa de aprovação para fazer acontecer coisas pequenas. Algumas poucas: resolver problemas dos clientes (remessas desviadas, remessas danificadas, mau funcionamento de produtos etc.), contato com clientes, despesas de todos os tipos.

Vamos ver qual a prescrição para cada um dos casos.

Desperdiçadores de tempo: torne-se um ignorante

"A melhor defesa é um bom ataque."
DAN GABLE, medalha de ouro olímpico
em luta greco-romana e técnico mais bem-sucedido da história;
recorde pessoal: 299-6-3, com 182 por queda.

Os desperdiçadores de tempo são os mais fáceis de eliminar e evitar. É uma questão de limitar o acesso e afunilar toda a comunicação em benefício da ação imediata.

Em primeiro lugar, limite a produção e o consumo de e-mails. Essa é a maior causa de interrupção no mundo moderno.

1. Desligue o alerta sonoro, se você o tiver habilitado no Outlook ou programa similar, e desligue também o enviar/receber automaticamente, que entrega mensagens para você assim que alguém as manda.
2. Confira seus e-mails duas vezes por dia, uma vez ao meio-dia, ou logo depois do almoço, e novamente às quatro horas da tarde. Meio-dia e quatro da tarde são horários em que é mais provável que você tenha recebido respostas para os e-mails que você porventura tenha enviado. Não faça da conferência de seus e-mails a primeira atividade da manhã.[1] Em vez disso, faça sua tarefa mais importante antes das onze horas, para evitar usar o almoço ou a leitura de e-mails como uma desculpa para adiá-la.

Antes de implementar sua rotina de duas vezes ao dia, você deve criar um e-mail de resposta automática, que treinará seu patrão, seus colegas, fornecedores e clientes a ser mais eficazes. Recomendo que você não peça permissão para implementar isso. Lembre-se de um dos nossos dez mandamentos: peça desculpas; não peça autorização.

Se isso lhe der palpitações, fale com seu supervisor imediato e proponha experimentar esse método nos próximos dias. Mencione, como motivo para isso, projetos pendentes e frustração com as interrupções. Sinta-se à vontade para colocar a culpa no *spam* ou em alguém de fora do escritório.

Eis aqui um simples modelo de e-mail que pode ser usado:

Olá, amigos [ou Estimados colegas,]

Por conta da elevada carga de trabalho, passo a checar e responder e-mails duas vezes ao dia, ao meio-dia e às quatro da tarde. Se você precisa de algo urgente (por favor, assegure que seja urgente) que não pode esperar até um dos horários definidos, por favor, contate-me por telefone, no número 55-5555-5555. Obrigado

1. Esse hábito por si só pode mudar sua vida. Parece pequeno mas faz uma diferença enorme.

por compreender esta iniciativa em busca de mais eficiência e eficácia. Isso me ajuda a fazer mais coisas para servi-los melhor.

Atenciosamente,

Tim Ferriss

•••

Passe a fazê-lo uma vez por dia, assim que possível. Emergências dificilmente ocorrem com mais frequência do que isso. As pessoas são péssimas juízas de importância e ficam inflando detalhes para preencher o tempo e se sentir importantes. Essa autorresposta é uma ferramenta que não só não diminui a eficiência, mas também força as pessoas a reavaliarem as razões que têm para interrompê-lo e ajuda-as a diminuir o contato improdutivo, que desperdiça tempo.

Inicialmente, fiquei apavorado com a possibilidade do desastre de perder pedidos e convites importantes, assim como você deve estar ao ler estas recomendações. Nada aconteceu. Arrisque e conserte os pequenos acidentes pelo caminho.

Para um exemplo extremo de autorresposta pessoal que nunca motivou reclamações e me permite checar os e-mails apenas uma vez por semana, mande uma mensagem para timothy@brainquicken.com. Foi revisada e aprimorada ao longo de três anos e funciona como hipnose. O segundo passo é peneirar as chamadas recebidas e limitar as efetuadas.

1. Use dois números de telefone se possível – um, comercial, para as chamadas não urgentes, e um celular para as urgentes. Também podem ser dois celulares, ou a linha para as não urgentes pode ser um número de telefone baseado na internet, que redirecione as chamadas para uma caixa de mensagens on-line (www.skype.com, por exemplo).

Use o celular cujo número consta no e-mail de autorresposta e atenda-o todas as vezes que chamar, a menos que seja uma chamada não identificada ou que seja uma chamada a que você não queira atender. Se estiver em dúvida, deixe cair na caixa de mensagens e ouça o recado imediatamente, para avaliar sua importância. Se puder esperar, que espere. Quem interrompe precisa aprender a esperar.

O telefone comercial deve ser posto em modo silencioso e redirecionado para a caixa de mensagens, cuja gravação deve soar familiar:

> Você ligou para a mesa de Tim Ferriss. Atualmente, confiro e respondo as mensagens na caixa postal duas vezes por dia, ao meio-dia e às quatro da tarde. Se você precisar de alguma coisa realmente urgente que não pode esperar até meio-dia ou quatro da tarde, por favor, me ligue no celular, número 55-5555-5555. Se não, por favor, deixe sua mensagem e eu retornarei aproximadamente nesses dois horários. Assegure-se de deixar seu endereço de e-mail, porque normalmente consigo responder mais rápido dessa forma. Obrigado por compreender essa iniciativa visando à eficácia e eficiência. Isso me ajuda a fazer mais coisas para servi-lo melhor. Tenha um bom dia.

2. Se alguém liga para o seu celular, é presumidamente urgente e deve ser tratado como tal. Não permita que gastem tempo com outras coisas. Tudo começa na saudação. Compare:

Jane (recebendo): Alô?
John (ligando): Alô, é a Jane?
Jane: Sim, sou eu.
John: Oi, Jane, aqui é o John.
Jane: Ah, oi, John. Como vai? (ou) Ah, ou, John. O que há?

John então fará uma digressão e começará uma conversa sobre nada, da qual você terá que se recuperar e então pescar o verdadeiro objetivo do telefonema. Há uma forma melhor de se atender:

Jane: Aqui é a Jane.
John: Oi, aqui é o John.
Jane: Oi, John. Estou um pouco ocupada agora. Em que posso ajudar?

Continuação em potencial:

John: Eu posso ligar mais tarde.
Jane: Não, eu tenho um minuto. O que posso fazer por você?

Não estimule as pessoas a engatarem uma conversa fiada e não lhes permita que façam isso. Leve-as imediatamente ao ponto. Se começarem a enrolar ou tentar adiar para uma ligação posterior, enquadre-as e force-as a voltar para o ponto central. Se entrarem em uma descrição longa do problema, interrompa com: "Fulano, desculpe interromper, mas estou esperando uma ligação em cinco minutos. O que posso fazer para ajudá-lo?". Você pode dizer, em vez disso: "Fulano, desculpe interromper, mas estou esperando uma ligação em cinco minutos. Você poderia me mandar um e-mail?".

O terceiro passo é se aprimorar na arte de recusar e evitar reuniões.

No primeiro dia em que nosso novo vice-presidente de vendas chegou à TrueSAN, em 2001, ele chegou à reunião com a empresa toda e anunciou em tantas palavras quanto estas: "Eu não estou aqui para fazer amigos. Fui contratado para montar uma equipe de vendas e vender produtos, e é isso que pretendo fazer. Obrigado". Falou tudo em poucas palavras.

Ele então passou a cumprir sua promessa. Os sociais do escritório não gostaram dele por causa de sua visão objetiva sobre a comunicação, mas todo mundo respeitava seu tempo. Ele não era gratuitamente rude, mas era direto e mantinha as pessoas ao seu redor bastante focadas. Alguns não o consideravam carismático, mas ninguém o considerava nada menos do que espetacularmente eficaz.

Lembro-me de sentar-me em seu escritório para nossa primeira reunião, apenas eu e ele. Recém-saído de quatro anos de treinamento acadêmico rigoroso, eu imediatamente comecei a explicar os perfis de prospecção, o elaborado planejamento que tinha desenvolvido, cronogramas, e por aí vai. Eu tinha passado pelo menos duas horas me preparando para conseguir uma boa primeira impressão.

Ele ouviu, com um sorriso no rosto, por não mais do que dois minutos, e então levantou a mão. Eu parei. Ele riu de um jeito bondoso e disse: "Tim, eu não quero a história. Apenas diga-me o que precisamos fazer".

Nas semanas seguintes, ele me treinou para reconhecer quando eu estava desconcentrado ou focado nas coisas erradas, o que significava qualquer coisa que não fizesse os dois ou três maiores clientes ficarem mais próximos de assinar uma ordem de compra. Nossas reuniões não duravam então mais do que cinco minutos.

Desse momento em diante, decida manter as pessoas ao seu redor focadas e evite todas as reuniões, seja pessoal ou remotamente, que não tenham objetivos claros. É possível fazer isso delicadamente, mas pode esperar que alguns desperdiçadores de tempo ficarão ofendidos nas primeiras vezes que seus avanços forem rejeitados. Uma vez que fique claro que permanecer em suas tarefas é sua política e não está sujeita à mudança, eles aceitarão e prosseguirão com suas vidas. Esses sentimentos passam. Não sofra pelos tolos ou você se tornará um deles.

Faz parte do seu trabalho treinar as pessoas ao seu redor para serem eficazes e eficientes. Ninguém mais o fará para você. Aqui estão algumas recomendações:

1. Decida que, dada a natureza não urgente da maior parte dos assuntos, você conduzirá as pessoas para os seguintes meios de comunicação, em ordem de preferência: e-mail, telefone e encontros pessoais. Se alguém propuser uma reunião, peça que mande um e-mail em substituição à reunião e então use o telefone como contraoferta, se for preciso. Cite outro trabalho pendente e urgente como argumento.

2. Responda aos recados da caixa de mensagens de voz via e-mail sempre que possível. Isso treina as pessoas a serem concisas. Ajude-as a desenvolver o hábito.

Assim como sua forma de atender ao telefone, a comunicação por e-mail deve ser dinâmica, para prevenir idas e vindas desnecessárias. Assim, um e-mail dizendo: "Você pode me encontrar às quatro da tarde?", ficaria melhor se dissesse: "Você pode me encontrar às quatro da tarde? Se puder... Se não, por favor me diga três horários em que você possa".

Essa estrutura "se... então" se torna mais importante à medida que você confere seus e-mails com menos frequência. Como eu checo meus e-mails semanalmente, é fundamental que ninguém precise que eu responda "e se?" ou qualquer outra informação, sete dias após o e-mail inicial. Se suspeito que um lote de produtos não chegou ao setor de embarque, por exemplo, mando um e-mail para a gerente de embarque com o seguinte conteúdo: "Cara Susan... O novo lote de mercadorias chegou? Se chegou, por favor, me avise no... Se não, por favor contate Fulano de Tal no número 555-5555 ou por e-mail, fulano@tal.com (este e-mail segue com cópia para ele) e pergunte pela data de entrega e pelo número de referência. Fulano, se houver algum problema com a remessa, por favor fale com Susan, no telefone 555-4444, que ela tem autonomia para tomar decisões de até 500 dólares. Em caso de emergência, liguem para o meu celular, mas confio em vocês. Obrigado". Isso evita a maior parte das questões subsequentes, evita diálogos separados e me remove da equação de resolução dos problemas.

Adquira o hábito de considerar que ações "se... então" podem ser propostas em qualquer e-mail em que você faça uma pergunta.

3. Reuniões só devem ser marcadas para tomar decisões sobre uma situação predefinida, não para definir o problema. Se alguém propuser que você os encontre ou que "marque uma hora para falar ao telefone", peça àquela pessoa para mandar-lhe um e-mail com a pauta, para definir o objetivo:

> Parece que dá. Para que eu possa me preparar melhor, você poderia me mandar um e-mail com uma pauta? Ou seja, com os tópicos e as questões que discutiremos? Seria ótimo. Desde já agradeço.

Não lhes dê a chance de escapar. O "desde já agradeço" antes de uma resposta incisiva aumenta suas chances de conseguir o tal e-mail.

A comunicação por e-mail força as pessoas a definirem os resultados desejados de uma reunião ou de um telefonema. Nove em cada dez vezes, uma reunião é desnecessária e você poderá responder às perguntas, uma vez definidas, por e-mail. Imponha esse hábito aos outros. Não tive sequer uma reunião pessoal em minha empresa em mais de cinco anos e participei de menos de uma dúzia de *conference calls*, sendo que todas duraram menos de trinta minutos.

4. Por falar em trinta minutos, se você absolutamente não puder evitar uma reunião ou um telefonema, *defina o horário em que acabará*. Não deixe essas discussões sem conclusão e mantenha-as curtas. Se as coisas estiverem bem definidas, as decisões não devem levar mais do que trinta minutos. Mencione outros compromissos em horários estranhos para torná-los mais críveis (por exemplo, 15h20 em vez de 15h30) e para forçar as pessoas a ficarem focadas em vez de socializar, reclamar ou divagar. Se precisar participar de uma reunião que está prevista para durar bastante tempo ou que não será conclusiva, informe o organizador de que você gostaria de obter permissão para fazer seu aparte em primeiro lugar, porque terá um compromisso em quinze minutos.

Se for preciso, invente uma ligação urgente. Saia logo dali e peça a alguém para depois atualizá-lo sobre a discussão. A outra opção é ser completamente transparente e dizer a todos o quanto você acha aquela reunião desnecessária. Se você escolher esse caminho, prepare-se para enfrentar críticas e ofereça alternativas.

5. Sua área de trabalho é seu templo – não permita visitantes casuais. Uma sugestão é usar algum aviso "Não perturbe" visível, mas descobri que isso é ignorado a menos que você tenha um escritório. Minha forma de driblar visitantes era colocar fones de ouvido, mesmo que não estivesse ouvindo nada. Se alguém se aproximasse, apesar dos fones, eu fingiria estar no telefone. Colocaria um dedo sobre os lábios, diria algo do tipo: "Estou na escuta", e então diria para o microfone: "Você pode aguardar um segundo?". Em seguida, viraria para o invasor e perguntaria: "Olá, o que posso fazer por você?". Não deixaria que ele "passasse aqui depois", mas o forçaria a adiantar o assunto, em não mais do que cinco segundos, e depois me mandar um e-mail, se for necessário.

Se você não gosta de brincadeiras com fones de ouvido, deve responder ao invasor exatamente como faz atendendo ao celular: "Oi, invasor. Estou ocupado agora. Como posso ajudá-lo?". Se não ficar claro em trinta segundos, peça a ele para mandar-lhe um e-mail sobre o assunto em questão; não se ofereça para mandar o e-mail: "Ficarei feliz em ajudar, mas tenho que terminar isto primeiro. Você pode mandar um e-mail para me lembrar?". Se você ainda assim não conseguir despistar o invasor, dê a ele um limite de tempo sobre sua disponibilidade, o que também pode ser usado para conversas ao telefone: "Ok, tenho apenas dois minutos antes de precisar fazer um telefonema, mas qual é a situação e o que eu posso fazer para ajudar?".

6. Use a Aproximação do Cachorrinho de Estimação para ajudar seus superiores e seus colegas a desenvolverem o hábito de evitar reuniões. Em vendas, a Aproximação do Cachorrinho de Estimação tem esse nome porque é baseada na abordagem usada por vendedores de lojas de animais de estimação: se alguém gosta de um animalzinho mas fica hesitante em efetuar uma compra que vai alterar os hábitos de vida, apenas ofereça para deixá-los levar o animal para casa e trazer de volta caso mudem de ideia. É óbvio que isso raramente acontece.

A Aproximação do Cachorrinho de Estimação é de valor inestimável sempre que você encontrar resistências a mudanças permanentes. Arrebente a resistência com uma proposta reversível de "vamos tentar apenas uma vez".

Compare o seguinte:

Acho que você vai adorar esse bichinho de estimação. Ele vai aumentar suas responsabilidades até ele morrer, daqui a uns dez anos. Nada mais de férias despreocupadas, e você ainda vai ter que ficar catando a merda dele pela cidade – o que você acha?

vs.

Acho que você vai adorar esse bichinho de estimação. Por que não o leva para casa e vê o que acha? Pode trazê-lo de volta se mudar de ideia.

Agora imagine-se abordando seu chefe no corredor, dando um tapinha nas costas dele e dizendo:

Adoraria ir à reunião, mas tenho uma ideia melhor. Vamos parar de fazer reuniões, já que tudo o que fazemos é perder tempo e não decidimos nada útil.

vs.

Adoraria ir à reunião, mas estou completamente assoberbado e realmente preciso terminar algumas coisas importantes. Posso ficar de fora da reunião apenas hoje? De qualquer forma, eu ficaria distraído na reunião. Prometo que depois eu me atualizo, repasso os pontos da reunião com o Fulano. Pode ser assim?

As segundas alternativas parecem menos permanentes, e sua intenção é parecerem assim. Repita essa rotina e assegure-se de produzir mais fora da reunião do que as pessoas que foram a ela; repita esse ato de desaparecer tanto quanto for possível e cite o aumento da produtividade para converter essa mudança lenta de rotina em permanente.

Aprenda a imitar qualquer boa criança: "Só essa vez! Por favor!!! Eu prometo fazer X!". Os pais caem nessa porque as crianças ajudam os adultos a se enganar. Também funciona com chefes, fornecedores, clientes e também com o resto do mundo.

Use, mas não caia nessa. Se um chefe pedir horas extras "só dessa vez", ele pedirá novamente no futuro.

Consumidores de tempo: crie lotes e não vacile

"Uma agenda protege do caos e das extravagâncias."
ANNIE DILLARD, vencedora do Prêmio
Pulitzer em não ficção, 1975

Se você nunca usou uma gráfica comercial, os custos e os prazos de entrega podem deixá-lo surpreso.

Assumamos que custam 310 dólares e leva uma semana para imprimir vinte camisetas personalizadas com um desenho de quatro cores. Quanto custaria e quanto tempo levaria para imprimir três camisetas iguais?

Trezentos e dez dólares e uma semana.

Como é possível? Simples – os custos iniciais não mudam. O custo dos materiais para a preparação da chapa da impressora (150 dólares) é o mesmo e também o trabalho do homem que fará a impressão (100 dólares). O verdadeiro consumidor de tempo é a preparação, e por isso esse trabalho, a despeito de seu pequeno volume, precisa ser escalado como qualquer outro, resultando na mesma semana de prazo de entrega. A baixa escala do pedido dá conta do resto: o custo para três camisetas é de 20 dólares por camiseta, em vez de 3 dólares x 20 camisetas.

A solução mais eficaz de custo – e de tempo – é, portanto, esperar até que você tenha um volume maior para pedir, um método chamado de "lote". Criar lotes também é a solução para os **consumidores de tempo,** atividades que nos distraem, mas que são necessárias, tarefas repetitivas que interrompem o mais importante.

Se você checa sua correspondência e faz pagamentos de contas cinco vezes por semana, isso pode levar trinta minutos por sessão e você responde a um total de vinte cartas. Se fizer isso uma vez por semana, pode levar sessenta minutos no total e você ainda responde às mesmas vinte cartas que responderia em duas horas e meia. As pessoas usam a primeira maneira por medo de emergências. Em primeiro lugar, raramente há emergências verdadeiras. Em segundo, de toda a comunicação urgente que você receberá, perder um prazo é normalmente reversível e, além disso, o custo de consertar é mínimo.

Há um tempo inevitável de preparação para cada tarefa, seja ela grande ou pequena em escala. Normalmente, é o mesmo para um ou para uma centena. Há uma mudança de marcha psicológica, e pode levar até 45 minutos para retomar uma tarefa importante que foi interrompida. Mais de um quarto de cada período de 9h às 17h (28%) é consumido por tais interrupções.[2]

Isso é verdade para todas as tarefas rotineiras e é precisamente a razão pela qual nós decidimos checar e-mails e telefonemas apenas duas vezes por dia em *horas específicas predeterminadas* (entre as quais deixamos que os e-mails se acumulem).

Nos últimos três anos, não chequei meus e-mails mais do que uma vez por semana, frequentemente fiquei até quatro semanas sem checar. Nada foi irreparável e nada me custou mais do que 300 dólares para consertar. Fazer as coisas em lotes me economizou centenas de horas de trabalho redundante. Quanto vale o seu tempo?

Vamos usar um exemplo hipotético:

1. Vinte dólares por hora é o seu salário, ou o valor do seu tempo. Esse seria o caso, por exemplo, se você ganhasse 40 mil dólares por ano e tirasse duas semanas de férias por ano [US$ 40.000 dividido por (40 horas por semana x 50 semanas = 2000) = US$ 20/hora].

2. Estime quanto tempo você economizará ao agrupar tarefas similares e executá-las em lotes, e calcule quanto você ganhou multiplicando esse número de horas pelo seu salário por hora (20 dólares, neste caso):

1 x por semana: 10 horas = US$ 200,00

1 x a cada duas semanas: 20 horas = US$ 400,00

1 x por mês: 40 horas = US$ 800,00

3. Teste cada uma das frequências acima e determine o quanto custa para se consertarem os problemas eventualmente criados em cada período. Se o custo for menor que as quantidades de dólares, aumente ainda mais o tamanho dos lotes.

---

2. Spira, J.B. e Feintuch, J.B. *The cost of not paying attention: how interruptions impact knowledge worker producting*. Basex, 2005.

Por exemplo, usando a nossa matemática apresentada, se eu checar meus e-mails uma vez por semana e se isso resultar em uma perda média de duas vendas por semana, somando 80 dólares de lucro perdido, eu continuarei a checá-los apenas uma vez por semana, porque 200 dólares (dez horas do meu tempo) menos 80 dólares ainda perfazem um ganho líquido de 120 dólares, para não falar nos enormes benefícios de executar outras tarefas mais importantes nessas dez horas. Se você calcular o benefício financeiro e emocional de concluir uma tarefa importante (tal qual conseguir um novo cliente ou fazer uma viagem memorável), verá que o valor dos lotes é muito maior do que o que você economiza por hora.

Se os problemas custaram mais do que o que se economizaria, volte para a frequência imediatamente menor. Nesse caso, eu voltaria de uma vez por semana para duas vezes por semana (e não para diariamente) e tentaria consertar o sistema para que eu pudesse estabelecer novamente uma frequência semanal. Não trabalhe mais quando a solução é trabalhar melhor. Agrupei em lotes tanto tarefas pessoais quanto profissionais, cada vez mais e mais conforme fui percebendo o quão raros são os problemas reais. Alguns dos meus lotes atuais são: e-mail (segundas-feiras, dez da manhã), telefone (completamente eliminado), lavanderia (domingos alternados, dez da noite), cartões de crédito e contas (a maior parte está em débito automático, mas confiro as faturas todas as segundas, após checar os e-mails), treinamento físico (todo dia quatro, por trinta minutos) etc.

Falha na delegação de poderes: regras e rearranjos

"A visão é realmente sobre delegar poderes aos funcionários, dando-lhes toda a informação sobre o que está acontecendo, de modo que eles possam fazer muito mais do que faziam no passado."

BILL GATES, cofundador da Microsoft,
homem mais rico do mundo

Falhas de delegação de poderes significam ser incapaz de realizar uma tarefa sem primeiramente obter permissão ou informação. Frequentemente, é um caso de ser microgerenciado ou de microgerenciar alguém, sendo que ambos consomem o *seu* tempo.

Para o empregado, o objetivo é ter acesso total à informação necessária e tanta liberdade de tomar decisões independentemente quanto for possível. Para o empresário, o objetivo é fornecer tanta informação e liberdade de tomar decisões independentemente quanto for possível.

Serviços de atendimento ao cliente são com muita frequência o epítome das falhas na delegação de poderes, e um exemplo pessoal da BrainQUICKEN ilustra claramente o quão sério mas o quão facilmente resolvível pode ser esse problema.

Em 2002, terceirizei o serviço de atendimento ao cliente para rastreamento de pedidos e devoluções, mas mantive as questões relacionadas a produtos nas minhas mãos. O resultado? Recebia mais de duzentos e-mails por dia e passava todas as horas entre 9h e 17h respondendo-os, e o volume de mensagens crescia mais de 10% por semana! Tive que cancelar a propaganda e limitar os embarques, e um serviço adicional de atendimento aos clientes teria sido o prego final no meu caixão. Não era um modelo *dimensionável*. Lembre-se desta palavra, porque em breve ela será importante. Não era dimensionável porque havia um gargalo de informação e decisão: eu.

O problema? A quantidade colossal de e-mails que invadia minha caixa de entrada não era de forma alguma relacionada a produtos, mas mensagens dos representantes do serviço terceirizado de atendimento ao cliente pedindo permissão para diferentes ações:

O cliente alega que não recebeu a remessa. O que devemos fazer?

O cliente está com produtos presos na alfândega. Podemos enviar novamente para um endereço nos Estados Unidos?

O cliente precisa do produto para uma competição em dois dias. Podemos mandar com urgência e, nesse caso, quanto devemos cobrar?

Era sem-fim. Centenas sobre centenas de situações diferentes tornavam impraticável escrever um manual, e eu não tinha nem tempo nem experiência para fazer isso a contento.

Felizmente, alguém tinha experiência: os próprios representantes terceirizados. Mandei um único e-mail para todos os supervisores, que imediatamente transformou duzentos e-mails diários em menos de vinte por semana:

> Olá a todos,
>
> Eu gostaria de estabelecer uma nova política para nosso contrato, que substitui todas as outras.
>
> Deixar o cliente feliz. Se isso for um problema que custe menos de 100 dólares para resolver, use seu julgamento e resolva.
>
> Isto é a permissão oficial por escrito e um pedido para resolverem todos os problemas cuja resolução custe menos de 100 dólares sem me contatar. Eu não sou mais o seu cliente; meus clientes são os seus clientes. Não me peçam permissão. Façam o que acharem que é correto, e nós ajustaremos o que for preciso conforme formos avançando.
>
> Obrigado,
>
> Tim

Depois de uma análise mais atenta, ficou claro que mais de 90% dos problemas que geravam um e-mail podiam ser resolvidos com menos de 20 dólares. Revi os resultados financeiros da tomada independente de decisões semanalmente, por quatro semanas, depois mensalmente, e por fim semestralmente.

É incrível como o QI de alguém parece dobrar logo que você dá a ele responsabilidade e indica que você confia nele. O primeiro mês talvez tenha custado 200 dólares mais do que se eu estivesse microgerenciando. Ao mesmo tempo, economizei mais de cem horas por mês do meu tempo, os clientes receberam respostas com mais rapidez, as devoluções caíram para menos de 3% (a média da indústria é de 10-15%) e os terceirizados passaram a trabalhar menos tempo em meu contrato. Tudo isso resultou em crescimento rápido, margens maiores de lucro e pessoas mais felizes de todos os lados.

As pessoas são mais espertas do que você pensa. Dê-lhes uma chance de provar seu valor.

Se você é um funcionário microgerenciado, tenha uma conversa franca com seu chefe e explique a ele que você quer ser mais produtivo e interrompê-lo menos. "Eu odeio ter que interrompê-lo tanto e tirar sua atenção de coisas mais importantes que você tem de fazer. Estava lendo algumas coisas e tenho algumas ideias de como posso ser mais produtivo. Você tem um segundo?"

Antes dessa conversa, desenvolva um certo número de "regras" como as do exemplo anterior, que lhe permitirão trabalhar com mais autonomia e buscando menos aprovação. Seu chefe poderá rever o resultado de suas decisões diária ou semanalmente, nos primeiros estágios. Sugira uma semana de experiência e termine com: "Eu gostaria de tentar. Isso parece ser algo que possamos tentar por uma semana?", ou com a minha favorita: "É razoável?". É difícil para as pessoas chamarem algo de não razoável.

Entenda que chefes são supervisores, não senhores de escravos. Estabeleça-se como um desafiador consistente do *status quo* e a maior parte das pessoas aprenderá a evitar desafiar você, particularmente se for em prol de uma maior produtividade.

Se você for um empresário microgerente, compreenda que, mesmo que você possa fazer algo melhor do que o resto do mundo faria, isso não significa que você deveria fazer, caso isso seja parte dos detalhes. Delegue poderes para que os outros ajam sem interrompê-lo.

A conclusão é que você só tem os direitos pelos quais lutou.

Estabeleça as regras a seu favor: limite o acesso ao seu tempo, force as pessoas a definir suas questões antes de gastar tempo com elas e agrupe em lotes suas tarefas simples de rotina, para evitar o adiamento de projetos mais importantes. Não permita que as pessoas o interrompam. Encontre o seu foco e você encontrará seu estilo de vida.

Na próxima seção, **Automação**, veremos como os Novos Ricos criam recursos financeiros livres de gerenciamento e eliminam o maior de todos os obstáculos restantes: eles mesmos.

• Perguntas e ações •

"As pessoas pensam que deve ser divertido ser um supergênio, mas elas não imaginam o quão difícil é lidar com todos os idiotas do mundo."
CALVIN, de Calvin e Haroldo

Aprenda a reconhecer e a combater o impulso de interrupção. Isso se torna infinitamente mais fácil quando você tem uma série de regras, respostas e rotinas a seguir. É seu trabalho evitar que você e os outros permitam que o desnecessário e o desimportante atrapalhem a realização total do que é importante.

Este capítulo difere do anterior no fato de que as ações necessárias, graças à inclusão de exemplos e modelos, foram apresentadas diretamente do começo ao fim. Estas perguntas e ações serão, portanto, mais um sumário do que uma repetição. O diabo está nos detalhes, então certifique-se de reler este capítulo para pegar as especificidades.

A revisão é assim:

1. Crie sistemas para limitar sua disponibilidade via e-mail e telefone, e para refutar contatos inapropriados.

Estabeleça o roteiro de autorresposta e aprimore os vários métodos de evasão. Substitua o hábito do "quem está falando?" pelo "como posso ajudá-lo?". Seja específico e lembre-se: nada de histórias. Foque em ações imediatas e pratique as políticas de eliminação das interrupções.

Evite reuniões sempre que possível.

► Use e-mails em vez de reuniões para resolver problemas.

► Peça para não ir às reuniões (pode ser feito através da Aproximação do Cachorrinho de Estimação).

Se uma reunião for inevitável, lembre-se do seguinte:

- Vá a ela com uma lista clara de objetivos.
- Estabeleça uma hora para acabar a reunião ou saia mais cedo.

2. Agrupe atividades em lotes para limitar o custo de preparação e ganhar mais tempo para a realização dos sonhos no seu cronograma.

Em que áreas posso criar rotinas de lotes? Isto é, que tarefas (seja lavar roupas, fazer compras, correspondência, pagamentos ou relatórios de vendas, por exemplo) eu posso agendar para uma hora específica a cada dia, semana, mês, semestre ou ano, de modo que não desperdice tempo repetindo-as mais do que o absolutamente necessário?

3. Estabeleça ou peça regras e diretrizes de autonomia com a revisão ocasional de resultados.

Elimine o gargalo de decisões para todas as coisas que não são fatais se houver um erro. Se você for empregado, acredite em você mesmo o bastante para pedir mais independência, a título de teste. Tenha "regras" práticas preparadas e peça ao seu chefe esta liberdade, depois de surpreendê-lo com uma apresentação de improviso. Lembre-se da Aproximação do Cachorrinho de Estimação – torne sua proposta uma experiência única e reversível.

Para o gerente ou empresário, dê aos outros a chance de provarem seu valor. A probabilidade de problemas irreversíveis ou de resolução cara é mínima e a economia de tempo é garantida. Lembre-se de que o lucro só é lucrativo se você puder usá-lo. Para isso, você precisa de tempo.

• Truques e ferramentas •

Eliminando distrações com papel, captando tudo

► Evernote (www.fourhourblog.com/evernote)

Esta talvez seja a ferramenta mais impressionante que descobri no ano passado, indicada por alguns dos tecnólogos mais produtivos do mundo. O Evernote eliminou mais de 90% do papel em minha vida e quase todas as inúmeras abas que eu costumava deixar abertas nos navegadores da web, coisas que me distraíam muito. Ele pode limpar todo o lixo do seu escritório em uma a três horas.

O Evernote permite que você capture informações em qualquer lugar usando qualquer dispositivo que esteja à mão, e absolutamente tudo pode ser pesquisado (i.e., encontrado) em qualquer lugar. Eu uso para:

- Tirar fotos de tudo que talvez possa querer lembrar ou encontrar mais tarde – cartões de visita, anotações, rótulos de vinho, receitas etc. O Evernote identifica o texto em todas essas imagens automaticamente por isso tudo é pesquisável!, seja do iPhone, do seu laptop, na web. Por exemplo: posso guardar e encontrar informações de contato de qualquer cartão em questão de segundos (usando a câmera iSight do Mac) em vez de passar horas colocando as informações em Contatos ou pesquisando os e-mails para encontrar aquele número de telefone. É impressionante como você economiza seu tempo.
- Escanear todos os contratos, artigos de jornal etc. que ficariam em pastas sobre a minha mesa. Uso o miniscanner Mac Fujitsu ScanSnap (http://bit.ly/scansnapmac), o melhor que encontrei, que escaneia tudo diretamente para o Evernote em segundos.
- Tirar fotos de sites, com textos e links, para poder ler off-line quando estiver viajando ou pesquisando alguma coisa. Livre-se de todas as abas abertas, favoritos ou marcas em livros.

Fazendo uma triagem e evitando os telefonemas indesejados

► **GrandCentral (www.grandcentral.com) e YouMail (www.youmail.com)**

Em um mundo em que seu endereço físico muda com mais frequência do que o número do seu celular (e e-mail) pode ser um desastre se o seu número se tornar público ou cair nas mãos erradas. Use a GrandCentral, que lhe dará um número com o código de área da sua escolha, e depois encaminha para seu telefone(s). Agora dou um número da GrandCentral para todo mundo, exceto para familiares e amigos mais próximos. Alguns dos benefícios:

- Identificação de qualquer número indesejado e envio de mensagem "número fora de serviço", sempre que a pessoa tentar ligar para você.
- Personalização das mensagens de voz, dependendo da pessoa que faz a chamada (esposa, chefe, colega, cliente etc.); você pode ouvir as mensagens que estão entrando e "pegar" a ligação caso mereça a interrupção. A gravação das chamadas também é uma opção.
- Uso de um código de área diferente da sua cidade natal para evitar que pessoas e empresas encontrem seu endereço.
- Estabelecer horários em que você não deseja ser incomodado, enviando as mensagens diretamente para a secretária eletrônica sem sequer tocar o telefone.
- Enviar mensagens de voz para seu celular na forma de SMS (mensagens de texto).

YouMail, a outra opção, também transcreve as mensagens de voz e envia para seu celular como mensagem de texto. Recebeu telefonemas enquanto estava preso em uma reunião interminável? Sem problemas: responda as mensagens de voz via SMS durante a reunião para não ter que ficar retornando ligações após a reunião.

Uma tentativa, agendamento sem troca de e-mails pra cá e pra lá

Poucas coisas consomem mais tempo do que agendar alguma coisa via e-mail. Pessoa A: "Que tal terça-feira às três da tarde?". Pessoa B: "Acho que consigo". Pessoa C: "Tenho um encontro. Que tal quinta-feira?". Pessoa D: "Tenho uma *conference call*. Que tal às dez da manhã de sexta?". Use estas ferramentas para tornar o agendamento algo simples e rápido.

► **Doodle (www.doodle.com)**
É a melhor ferramenta gratuita para juntar gatos (várias pessoas) sem uma troca excessiva de e-mails. Crie e decida em trinta segundos com as opções oferecidas e passe o link para todos os envolvidos. Dê uma checada algumas horas depois e terá o melhor horários para a maioria das pessoas.

► **TimeDriver (www.timedriver.com)**
Deixe colegas e clientes fazerem o agendamento com base na sua disponibilidade, que é determinada pela integração com o Outlook ou com o Google Calendar. Incorpore um botão "agendar agora" nas mensagens de e-mail e nunca mais terá que dizer às pessoas quando está disponível para um telefonema ou um encontro. Deixe que vejam quais as janelas disponíveis e escolham.

Escolhendo os melhores horários para juntar os e-mails

► **Xobni (www.xobni.com/special)**
Xobni – *inbox* ao contrário – é um programa gratuito para fazer o Outlook bombar. Tem muitas características, mas a mais relevante para este capítulo é a capacidade de identificar *hotspots*, ou horários em que você recebe os e-mails de seus contatos mais importantes. Esses *hotspots* são os horários em que você poderá fazer com que contatos fundamentais (como clientes, chefes etc.) sorriam mesmo que você reduza a checagem dos e-mails para 1–3 vezes ao dia. Também preencherá seus contatos automaticamente puxando números de telefones, endereços etc. a partir dos e-mails enterrados na caixa de entrada.

Enviando e-mails sem entrar no buraco negro da caixa de entrada

Não entre no buraco negro da caixa de entrada nas horas vagas por medo de esquecer alguma coisa. Em vez disso, use estes serviços para se manter focado, seja concluindo um projeto crítico ou simplesmente aproveitando o fim de semana.

► **Jott (www.jott.com)**
Registre pensamentos, tarefas a serem feitas e lembretes com um simples telefonema gratuito. O serviço transcreve sua mensagem (15–30 segundos) e envia por e-mail a quem você desejar, inclusive você mesmo, ou para o Google Calendar para agendamento automático. O Jott também permite que você envie mensagens de voz com links para o Twitter (www.twitter.com), Facebook (www.facebook.com) e outros serviços que consomem muito tempo se você entrar no site propriamente dito.

Evitando a navegação na web completamente

► **Freedom (http://www.ibiblio.org/fred/freedom/)**
Freedom é um aplicativo gratuito que desabilita o networking em um computador Apple por 1–480 minutos (até oito horas) de cada vez. Com o Freedom você se verá livre das distrações da internet, podendo se concentrar no trabalho a ser feito.

O Freedom reforça a liberdade; para sair do Freedom antes do tempo que você mesmo estabeleceu será preciso reiniciar o computador. O transtorno de ter que reiniciar o computador reduz as probabilidades de você trapacear, e assim você será mais produtivo. Experimento o software por pequenos períodos no início (30–60 minutos).

• Desafiando o conforto •

Revisite os terríveis dois (dois dias)

Pelos próximos dois dias, faça como todas as boas crianças de 2 anos de idade e diga "não" a todos os pedidos. Não seja seletivo.

Recuse todas as coisas que podem ser recusadas sem que você seja demitido imediatamente. Seja egoísta. Assim como no último exercício, o objetivo não é o resultado – que nesse caso seria eliminar todas as coisas que desperdiçam tempo –, mas o processo: tornar confortável dizer "não". Questões em potencial para se dizer não incluem:

Você tem um minuto?
Quer assistir a um filme hoje à noite/amanhã?
Você poderia me ajudar com X?

"Não" deve ser a resposta padrão para todos os pedidos. Não invente mentiras elaboradas ou você será pego por elas. Uma resposta simples – "Realmente não posso, desculpe. Estou com trabalho demais aqui para fazer" – servirá como resposta genérica.

► PROJETO DE VIDA NA PRÁTICA

Ferramenta para agrupar – caixa postal: pode parecer óbvio, mas uma maneira fácil de estimular o agrupamento da correspondência é usar uma caixa postal em vez do endereço residencial. Usamos nossa caixa postal para limitar o acesso ao nosso endereço físico na internet, mas também é útil para receber a correspondência. A agência dos correios que usamos tem lixeiras para material reciclável de forma que pelo menos 60% da correspondência nem vem para casa. Há algum tempo passei a pegar a correspondência apenas uma vez por semana e descobri que não só comecei a economizar tempo como aprendi a administrar melhor a correspondência, tirando do caminho o que não era importante em vez de separar para olhar depois.

– Laura Turner

...

Para as famílias, *Trabalhe 4 horas por semana* não significa necessariamente quatro meses em um barco no Caribe, a menos que esse seja seu sonho. No entanto, até mesmo o sonho mais simples, como ter tempo para caminhar pelo parque todas as tardes ou passar os fins de semana reunidos, merece que se tome uma atitude para colocar esse projeto em prática.

Existem muitas abordagens diferentes para fazer com que isto funcione]: as crianças têm que prometer que não vão incomodar a mamãe no final da tarde, quando ela estiver trabalhando no computador, o marido cuida das crianças nesse horário, os pais combinam que uma vez por semana chamarão alguém para cuidar das crianças etc. A grande recompensa para toda a família será ter mais tempo para passarem uns com os outros.

– Adrienne Jenkins

...

Por que não combinar uma miniaposentadoria com uma geoarbitragem dentária (ou médica) e financiar a viagem com economia? Morei na Tailândia por quatro meses e fiz tratamento de canal e uma coroa por 1/3 do que gastaria na Austrália. Existem clínicas muito boas na Tailândia, Filipinas, Vietnã, Goa etc. com dentistas que falam inglês. E na Europa muitas pessoas vão para a Polônia ou para a Hungria. Basta pesquisar no Google a palavra "dentista" e o país e você encontrará muitos anúncios voltados para estrangeiros. Converse com os estrangeiros que encontrar no país ou em fóruns da internet para obter recomendações. Estou na Austrália mas continuo combinando minhas viagens com check-ups anuais e o que economizo com dentistas cobre a minha passagem. Mesmo entre países desenvolvidos há uma diferença significativa nos custos. A França, por exemplo, é muito mais barata do que o Reino Unido e a Austrália e mais barata que os Estados Unidos. [Nota de Tim: descubra mais sobre o incrível mundo do turismo médico e a geoarbitragem em http://en.wikipedia.org/wiki/Medical_tourism. Grandes seguradoras como a AETNA cobrem cirurgias e tratamentos no exterior.]

– Anônimo

PASSO 3

A de Automação

"Scotty: Ela é toda sua, senhor.
Todos os sistemas automatizados e prontos.
Um chimpanzé e dois estagiários poderiam dirigi-la!
Capitão Kirk: Obrigado, Scott.
Vou tentar não levar isso para o lado pessoal."

Jornada nas estrelas

8 Terceirizar a vida

Descarregar o resto e um pouco de geoarbitragem[1]

"Um homem é rico na proporção do número
de coisas que pode deixar rolar sozinhas."
HENRY DAVID THOREAU, naturalista

Se eu lhe contasse essa história, você não acreditaria, então vou deixar AJ contá-la. Ela vai abrir caminho para coisas ainda mais incríveis que virão, coisas que você mesmo fará.

Minha vida terceirizada

Um relato verídico de AJ Jacobs, editor-chefe da revista *Esquire* (elipses representam passagem de tempo entre os acontecimentos)

Tudo começou um mês atrás. Estava no meio da leitura de *O mundo é plano*, best-seller escrito por Tom Friedman. Gosto de Friedman, apesar de sua enigmática decisão de usar bigode. Seu livro é todo sobre como a terceirização para a Índia e para a China não é apenas para a indústria automobilística e para o suporte tecnológico, mas pode transformar toda a indústria americana, da advocacia aos bancos e à contabilidade.

Eu não possuo uma corporação: não tenho sequer um cartão de visitas atualizado. Sou escritor e editor, trabalho em casa, normalmente de cuecas ou, se estou me sentindo formal, com minha calça de pijama de estampa de pinguins. Aí pensei: por que deixar toda a diversão com as quinhentas empresas da lista da *Fortune*? Por que eu também não posso embarcar na maior tendência

1. Explorar diferenças de preços e de câmbio ao redor do mundo por lucro e por objetivos de estilo de vida.

empresarial do novo século? Por que não posso terceirizar minhas tarefas comuns? Por que não posso terceirizar minha vida?

No dia seguinte, escrevi para a Brickwork, uma das empresas que Friedman cita em seu livro. A Brickwork – sediada em Bangalore, na Índia – oferece "assistentes-executivos remotos", principalmente para empresas da área financeira ou da saúde, em busca de processamento de dados. Explico que eu gostaria de contratar alguém para me ajudar com tarefas ligadas ao meu trabalho na *Esquire* – fazer pesquisas, formatar memorandos, essas coisas. O CEO da empresa, Vivek Kulkarni, respondeu: "É um grande prazer conversar com uma pessoa da sua envergadura". Já comecei a gostar disso. Eu nunca tive envergadura antes. Na América, eu mal imponho respeito a um *maître* do Benningan's, então é legal saber que na Índia eu tenho envergadura.

Alguns dias depois, recebo um e-mail da minha nova "assistente-executiva remota".

Caro Jacobs,

Meu nome é Honey K. Balani. Eu o assistirei em seu trabalho editorial e pessoal... Tentarei me adaptar às suas demandas, para produzir a satisfação desejada.

Satisfação desejada. Isso é incrível. No passado, quando trabalhei em escritórios, eu tive assistentes, mas nunca ninguém falou em satisfação desejada. Na verdade, se alguém alguma vez tivesse usado a expressão "satisfação desejada", terminaríamos todos numa reunião solene no RH.

•••

Saio para jantar com meu amigo Misha, que foi criado na Índia, fundou uma empresa de *software*, e em seguida ficou podre de rico. Contei a ele sobre a Operação Terceirização. "Você devia ligar para a Your Man in India", ele disse. Misha me explicou que essa é uma empresa voltada para homens de negócios indianos que se mudaram para fora da Índia, mas ainda têm parentes em Nova Délhi ou Mumbai. YMII é o serviço de assistentes a distância – compra ingressos de cinema, telefones celulares e outras miudezas para mamães abandonadas.

Perfeito. Isso poderia alçar minha terceirização a um novo patamar. Eu poderia ter uma clara e límpida divisão de trabalho: Honey cuidaria das minhas questões profissionais e a YMII cuidaria da minha vida pessoal – pagar contas, fazer reservas de viagens, comprar coisas on-line. Felizmente, a YMII gostou da ideia e foi assim que a equipe de apoio na Jacobs Inc. dobrou de tamanho.

•••

Honey terminou seu primeiro projeto para mim: uma pesquisa sobre a pessoa que a *Esquire* escolheu como a Mulher mais Sexy da Atualidade. Fui designado para escrever um perfil dessa mulher, mas não queria ficar me arrastando por todos esses websites de fãs suspirantes sobre ela. Quando abri o arquivo de Honey, minha reação foi: A América está fodida. Havia tabelas. Havia cabeçalhos em cada seção. Havia uma relação completa de todos os animais de estimação, medidas e comidas favoritas dela (peixe-espada, por exemplo). Se todas as pessoas de Bangalore forem como Honey, tenho pena dos americanos em vias de se formarem nas faculdades. Eles enfrentarão um exército indiano sedento, educado e altamente competente em Excel.

•••

De fato, nos dias seguintes, repassei uma série de trabalhos on-line para Asha (do serviço pessoal YMII): pagar minhas contas, comprar coisas na drugstore.com, encontrar para o meu filho um Tickle Me Elmo. (Na verdade, a loja estava sem Tickle Me Elmo, de modo que Asha comprou um Chicken Dance Elmo – excelente decisão.) Pedi a ela que ligasse para a minha operadora para perguntar pelo meu plano de telefonia celular. Estou chutando, mas aposto que a ligação dela foi redirecionada de Bangalore para Nova Jersey e então de volta para algum empregado da minha operadora em Bangalore, o que por alguma razão me deixa feliz.

•••

É o quarto dia de minha nova vida terceirizada e, quando ligo meu computador, minha caixa de e-mails já está servida com atualizações das minhas assistentes remotas. É uma sensação estranha ter pessoas trabalhando para mim enquanto eu durmo. Estranha, mas ótima. Não estou perdendo tempo enquanto babo no meu travesseiro: coisas estão sendo feitas.

•••

Honey é minha protetora. Aprecie: por alguma razão, a Secretaria de Turismo do Colorado me envia e-mails a toda hora. (Recentemente, escreveram-me informando sobre um festival em Colorado Springs com a presença do arlequim mais famoso do mundo.) Pedi a Honey que gentilmente pedisse a eles que parassem de me enviar esses *releases*. Eis o que ela enviou:

> Caros senhores,
> Jacobs recebe e-mails frequentes com notícias do Colorado, frequentes demais. Definitivamente, são assuntos interessantes. No entanto, não se trata de assuntos próprios da *Esquire*. Ademais, entendemos que vocês trabalharam neste material e enviaram para nós, mas infelizmente as mensagens demandam muito tempo para serem lidas. Atualmente, não têm servido para o objetivo correto nem para vocês nem para nós. Assim, pedimos que parem de enviar essas mensagens. Não queremos com isso diminuir o valor de seu trabalho.
> Esperamos que vocês compreendam.
> Obrigada,
> Honey K. B.

É a melhor mensagem de rejeição da história do jornalismo. É incrivelmente educada, mas há uma ponta de indignação nas entrelinhas. Honey parece estar quase furiosa que o Colorado esteja desperdiçando o valioso tempo de Jacobs.

•••

Decidi testar o próximo relacionamento lógico: meu casamento. As discussões com minha esposa estavam me matando – em parte porque Julie argumenta muito melhor do que eu. Talvez Asha pudesse fazer melhor:

Olá, Asha,

Minha esposa está aborrecida comigo porque me esqueci de tirar dinheiro no caixa eletrônico... Gostaria de pedir a você para dizer a ela que eu a amo, mas gentilmente lembrá-la de que ela também esquece coisas – perdeu a bolsa duas vezes no mês passado. E também se esqueceu de comprar um cortador de unhas para o Jasper.

A.J.

Não consigo expressar o tamanho da emoção que eu senti ao mandar essa mensagem. É muito difícil ser mais passivo-agressivo do que discutir com sua esposa via um e-mail enviado de um subcontinente do outro lado do mundo. Na manhã seguinte, Asha tinha me enviado uma cópia do e-mail que ela mandou para Julie.

Julie,

Entendo sua raiva por eu ter me esquecido de tirar dinheiro no caixa automático. Tenho me esquecido das coisas e peço desculpas por isso. Mas isso não altera o fato de que eu te amo muito.

Com amor,

A. J.

PS: Aqui é a Asha escrevendo em nome do sr. Jacobs.

Como se não fosse bastante, ela também mandou um e-card para Julie. Eu cliquei nele: dois ursinhos de pelúcia se abraçando, com as palavras: "Sempre que você precisar de um abraço, eu te darei um... Me desculpe".

Droga! Meus terceirizados são muito bacanas! Mantiveram minhas desculpas, mas tiraram as espetadelas. Estão tentando me salvar de mim mesmo. Estão transformando meu id num superego. Eu me sinto castrado.

Julie, por outro lado, ficou bastante satisfeita: "Tudo bem, querido. Eu te desculpo".

•••

Mesmo depois de três semanas com minha equipe de apoio, eu ainda estou estressado. Talvez seja culpa do Chicken Dance Elmo, que meu filho ama desesperadoramente, mas que está lentamente destruindo minha sanidade.

Qualquer que seja a razão, concluo que é hora de conquistar outra fronteira: terceirizar minha vida interior.

Primeiro, tento delegar minha terapia. Meu plano é dar para Asha uma lista de minhas neuroses e um ou dois episódios de infância, deixar que ela fale com meu analista por cinquenta minutos e então me passar os conselhos. Esperto, não? Meu analista recusou. Ética, ou alguma coisa assim. Em vez disso, pedi a Asha que me mandasse uma pesquisa meticulosa sobre alívio do estresse. O trabalho dela tinha um ótimo sabor indiano, com algumas posturas de ioga e um pouco de visualizações.

Nesse dia deu certo, mas não me pareceu o bastante. Decidi que eu precisava terceirizar minhas preocupações. Nas últimas semanas, quase arranquei meus cabelos por causa de um acordo de negócios que está levando tempo demais para ser fechado. Perguntei a Honey se ela estaria interessada em arrancar os seus cabelos em vez dos meus. Apenas por alguns minutos por dia. Ela achou uma ideia maravilhosa. "Vou me preocupar com isso todos os dias", ela escreveu. "Não se preocupe."

Terceirizar minhas neuroses foi uma das experiências mais bem-sucedidas do mês. Cada vez que eu começava a ruminar, lembrava-me de que Honey já estava se preocupando com isso, e relaxava. Sem brincadeira – só isso já valeu.

Uma olhadela: onde você estará

"O futuro é aqui. Apenas ainda não foi amplamente distribuído."
WILLIAM GIBSON, autor de *Neuromancer;*
cunhou o termo "cyberespaço" em 1984

Eis aqui uma rápida amostra da automação total.

Acordei hoje de manhã e, sendo segunda-feira, chequei meus e-mails por uma hora antes de um requintado café da manhã em Buenos Aires.

Sowmya, da Índia, encontrara uma amiga minha do colégio com quem eu não tinha contato há muito tempo, e Anakool, da YMII, tinha posto no Excel relatórios de pesquisa sobre previdência e aposentadoria lado a lado com a média de horas anuais trabalhadas em diferentes áreas. As entrevistas para esta semana tinham sido agendadas por uma terceira assistente virtual indiana, que também tinha levantado os contatos das melhores escolas de *kendo* no Japão e dos melhores professores de salsa em Cuba. Na próxima pasta de mensagens, fiquei feliz em ver que Beth, minha gerente no Tennessee, tinha resolvido praticamente duas dúzias de problemas na última semana – o que deixou nossos maiores clientes na China e na África do Sul sorridentes – e também tinha coordenado a declaração de impostos na Califórnia com meus contadores no Michigan. Os impostos foram pagos através do meu cartão de crédito e, com uma rápida espiada na minha conta bancária, confirmei que Shane e o resto da equipe vinham depositando mais dinheiro do que no mês passado. Tudo corria bem no mundo da automação.

Era um belo dia ensolarado, e fechei sorridente meu *laptop*. Por um bufê à vontade no café da manhã, com café e suco de laranja, eu paguei 4 dólares. Os terceirizados na Índia custavam entre 4 e 10 dólares por hora. Meus terceirizados nos Estados Unidos recebiam por desempenho ou quando os produtos eram embarcados. Isso cria um fenômeno comercial curioso: fluxo de caixa negativo é impossível.

Coisas divertidas acontecem quando você ganha em dólares, vive em pesos e remunera em rupias, mas isso é apenas o começo.

Mas eu sou empregado! Como isso me ajuda?

"Ninguém pode lhe dar liberdade. Ninguém pode lhe dar igualdade, ou justiça, ou nada. Se você for homem, você conquista."
MALCOLM X, *Malcolm X speaks*

Arrumar um assistente pessoal remoto é um enorme ponto de partida e marca o momento em que você aprende a dar ordens e ser o comandante em vez de ser o comandado. É um treinamento em pequena escala para a mais importante das habilidades dos **NR**: gerenciamento remoto e comunicação.

É hora de aprender como ser o chefe. Isso não demanda tempo. Possui baixo custo e baixo risco. Se você "precisa" ou não de alguém neste momento, isso não importa. É um exercício.

É também um teste indicativo de empreendedorismo: você consegue gerenciar (direcionar e punir) outras pessoas? Com o treinamento e a prática apropriados, eu acredito que sim. A maior parte dos empreendedores fracassa porque se joga na piscina antes de aprender a nadar. Usando um assistente virtual (AV) como um simples exercício, sem contras, as bases do gerenciamento são repassadas em um teste de dois a quatro semanas, custando entre 100 e 400 dólares. Isso é um investimento, não uma despesa, e o retorno sobre o investimento é impressionante. Ele se pagará em um máximo de dez a catorze dias, depois dos quais será puro lucro em economia de tempo.

Ser um membro dos **NR** não é apenas trabalhar melhor. É também construir um sistema para substituir você.

Esse é o primeiro exercício.

Mesmo que você não tenha intenção de se tornar um empresário, essa é a continuação final do nosso processo de eliminação e de 80/20: preparar alguém para substituí-lo (mesmo que isso nunca aconteça) produzirá uma série de regras ultrarrefinadas que eliminarão a gordura e a redundância restantes em sua agenda. Prolongar tarefas desimportantes desaparecerá assim que alguma outra pessoa for paga para fazê-las.

Mas e o custo?

Isso é uma barreira difícil para a maioria. Se posso fazer algo melhor do que um assistente, por que deveria pagar-lhe para fazer? *Porque o objetivo é liberar o seu tempo para focar em coisas maiores e melhores.*

Este capítulo é um exercício de baixo custo para fazer você vencer esse limitador do seu estilo de vida. É absolutamente necessário que você entenda que sempre poderá fazer algo mais barato se fizer você mesmo. Isso não significa que você queira gastar o seu tempo fazendo. Se usar o seu tempo, que vale entre 20 e 25 dólares por hora, para fazer algo que alguém pode fazer por 10 dólares por hora, é simplesmente um mau uso de recursos. É importante começar a se acostumar com a ideia de pagar outras pessoas para fazer as coisas para você. Poucos o fazem, o que é outra razão pela qual tão poucas pessoas têm seus estilos ideais de vida.

Mesmo que o custo por hora seja ocasionalmente maior do que o que você ganha atualmente, a troca normalmente vale a pena. Assumamos que você ganhe 50 mil dólares por ano, portanto 25 dólares por hora (trabalhando das 9h às 17h, de segunda a sexta, cinquenta semanas por ano). Se você pagar a um assistente de alto nível 30 dólares por hora, e ele fizer você economizar um período inteiro de oito horas por semana, seu custo (subtraindo o que você ganha) é de 40 dólares para deixar de trabalhar um dia. Você pagaria 40 dólares por semana para trabalhar apenas de segunda a quinta? Eu pagaria – eu pago, na verdade. Tenha em mente que esse é o pior cenário possível em termos de custo.

Mas e se seu chefe encrencar?

Isso definitivamente não é um problema real, mas prevenir é melhor do que remediar. Não há nenhuma razão ética ou legal para o patrão saber se você escolhe tarefas não sensíveis. A primeira opção é delegar tarefas pessoais. Tempo é tempo, e se você está gastando seu tempo em afazeres pessoais e outras miudezas, de modo que poderia gastar melhor seu tempo, um AV vai melhorar sua vida e a curva de aprendizado de gerenciamento é similar. Em segundo lugar, você pode delegar tarefas profissionais que não incluam informações financeiras ou que não identifiquem a empresa em que você trabalha.

Pronto para construir um exército de assistentes? Antes disso, vamos olhar o lado negro da delegação. Uma recapitulação vem a calhar para evitar abusos de poder e comportamento esbanjador.

Os perigos da delegação: antes de começar

"A primeira regra de qualquer tecnologia
usada em uma empresa é que a automação aplicada
a uma operação eficiente aumentará a eficiência.
A segunda é que a automação aplicada
a uma operação ineficiente aumentará a ineficiência."
BILL GATES, fundador da Microsoft

Você alguma vez já recebeu uma tarefa ilógica para fazer, assumiu trabalho desimportante ou mandaram que fizesse algo da forma menos eficiente possível? Nada divertido e nada produtivo.

Agora é a sua vez de mostrar que pode fazer melhor. A delegação é para ser usada como um passo adicional na redução, não como uma desculpa para criar mais movimento e acrescentar coisas sem importância. Lembre-se – a menos que algo esteja bem definido e seja importante, ninguém deve fazê-lo.

Elimine antes de delegar.

Nunca automatize nada que possa ser eliminado, e nunca delegue algo que possa ser automatizado ou dinamizado. Se não, você desperdiçará o tempo de outra pessoa em vez de desperdiçar o seu, o que agora desperdiça também o dinheiro que você ganhou com muito trabalho. E como isso incentiva tornar-se eficiente e eficaz? Agora você está brincando com o seu próprio dinheiro, e isso é algo com que quero que você sinta-se confortável – esse primeiro passo é um pequeno avanço.

Eu falei em eliminar antes de delegar?

Por exemplo, é popular entre executivos ter assistentes para ler e-mails. Em alguns casos, isto é valioso. No meu caso, eu uso filtros de *spam*, autorrespostas com FAQs e encaminhamento automático de mensagens para terceirizados, de maneira a limitar minha cota de e-mails a 10-20 respostas por semana. Isso me toma trinta minutos por semana porque uso sistemas – eliminação e automação – para que isso aconteça.

Também não uso um assistente para marcar reuniões ou *conference calls* porque eliminei reuniões. Se precisar marcar um incomum telefonema de vinte minutos em determinado mês, mando um e-mail com duas linhas e ponto-final.

O princípio número um é refinar as regras e processos antes de acrescentar pessoas ao sistema. Usar pessoas para alavancar um processo refinado multiplica a produção; usar pessoas como uma solução para um processo pobre multiplica os problemas.

O cardápio: um mundo de possibilidades

"Não estou interessado em migalhas de compaixão
jogadas da mesa de alguém que se considera meu senhor.
Eu quero todo o cardápio dos direitos."
DESMOND TUTU, bispo e ativista sul-africano

A próxima questão então torna-se: "O que devo delegar?". Trata-se de uma boa pergunta, mas não quero respondê-la. Quero assistir a *Uma família da pesada*. Verdade seja dita, é um puta trabalho escrever sobre não trabalhar. Ritika, da Brickwork, e Venky, da YMII, são mais do que capazes de escrever esta seção, então eu vou apenas mencionar duas normas e deixar a hérnia mental do trabalho detalhado para elas.

Regra de ouro 1: Cada tarefa delegada deve ao mesmo tempo demandar bastante tempo para sua realização e estar bem definida. Se você estiver correndo como uma galinha que teve a cabeça decepada para não fazer uma tarefa e designa seu AV para fazê-la, isso não melhora em nada a ordem do universo.

Regra de ouro 2: De leve, divirta-se com isso. Peça para alguém em Bangalore ou Xangai enviar e-mails para seus amigos, como seu assistente pessoal, para marcar almoços ou outras coisas básicas. Atormente seu chefe com telefonemas estranhos, de números desconhecidos e com sotaque forte. Ser eficaz não significa ser sério o tempo todo. É divertido estar no controle, para variar. Alivie um pouco da repressão, para que ela não se torne um complexo depois.

Personalizar-se e como tornar-se Howard Hughes

Howard Hughes, o cineasta ultrarrico e excêntrico de *O aviador*, era notório por designar tarefas esquisitas para seus assistentes. Eis aqui algumas delas, sobre as quais você talvez queira refletir.[2]

1. Depois de seu primeiro acidente aéreo, Hughes confidenciou a um amigo que acreditava que sua recuperação se devia ao consumo de suco de laranja e às suas propriedades curativas. Ele acreditava que a exposição ao ar reduzia a potência do suco, então exigia que as laranjas fossem cortadas e espremidas em sua frente.
2. Quando Hughes frequentava a noite de Las Vegas, seus assistentes eram responsáveis por abordar qualquer garota de que ele gostasse. Se uma garota fosse convidada a juntar-se à mesa de Hughes e concordasse, um assistente imediatamente poria um termo de concordância para que ela assinasse.
3. Hughes tinha um barbeiro à disposição 24 horas, sete dias por semana, mas seus cabelos e unhas eram cortados mais ou menos uma vez por ano.
4. Em seus anos de confinamento num hotel, dizia-se que Hughes teria instruído seus assistentes a colocar um *cheeseburger* em uma árvore específica, do lado de fora de sua cobertura, todo dia às quatro da tarde, estivesse ele lá ou não.

Quantas possibilidades há neste mundo! Assim como o Modelo T trouxe o transporte para as massas, os assistentes virtuais trazem o comportamento excêntrico de bilionários ao alcance de cada homem, mulher e criança. Isso é o progresso.

Sem mais cerimônias, deixem-me passar o microfone. Notem que a YMII realiza tanto tarefas profissionais quanto pessoais, ao

2. Barlett, Donald. *Howard Hughes: his life and madness*. Nova York: W. W. Norton & Company, 2004.

passo que a Brickwork realiza somente projetos profissionais. Vamos começar com as coisas importantes porém estúpidas e passar rapidamente do sublime para o ridículo. Apenas para dar um gostinho do que esperar, não corrigi o jeito delas de falar.

Venky: Não se limite. Apenas pergunte-nos se algo é possível. Já produzimos festas, arrumamos bufês, pesquisamos cursos de verão, organizamos registros contábeis, criamos modelos 3D a partir de rascunhos. Apenas peça-nos. Podemos encontrar o restaurante mais próximo à sua casa em que você possa comemorar o aniversário de seu filho, levantar os custos e organizar a festa. Isso permite que você use seu tempo para trabalhar ou para ficar com seu filho. Mas o que não podemos fazer? Não podemos fazer nada que requeira nossa presença física. Mas você ficaria surpreso com o quão pequena é a lista de tarefas assim nos dias de hoje.
Eis as tarefas mais comuns que realizamos:

- Marcar entrevistas e reuniões.
- Pesquisas na internet.
- Dar prosseguimento a compromissos, tarefas e mensagens.
- Compras on-line.
- Criação de documentos oficiais.
- Manutenção de websites (*web design*, publicação, *upload* de arquivos) que não requeiram um *designer* profissional.
- Monitoramento, edição e publicação de comentários em discussões on-line.
- Postar vagas de emprego na *web*.
- Redação de documentos.
- Revisão ortográfica, gramatical e edição de documentos.
- Pesquisas na internet para atualização de *blogs*.
- Atualização do banco de dados do Sistema de Gerenciamento do Relacionamento com Clientes.

Ritika, da Brickwork, acrescentou os seguintes:

- Pesquisa de mercado.

- Pesquisa financeira.
- Planos de negócios.
- Análise comercial.
- Relatórios tributários.
- Preparação de apresentações.
- Relatórios e informes.
- Pesquisa jurídica.
- Análises.
- Desenvolvimento de websites.
- Otimização de mecanismos de busca.
- Manutenção e atualização de bancos de dados.
- Avaliação de crédito.
- Processos de pesquisa de gerenciamento.

Venky: Temos um cliente esquecido que pede que liguemos para ele o tempo todo com incontáveis lembretes. Um de nossos clientes, em um plano personalizado, pede que liguemos para acordá-lo todas as manhãs. Já buscamos pessoas com quem nossos clientes perderam contato após o Katrina. Encontramos empregos para clientes! O meu favorito: um de nossos clientes tem um par de calças que ele realmente adora, mas que está fora de linha. Ele mandou-as para Bangalore (de Londres) para que fossem criadas réplicas exatas por uma fração do preço original.

Algumas outras coisas feitas pela YMII são:

- Lembrar um cliente ultrazeloso de pagar suas multas de estacionamento irregular, bem como de não dirigir em velocidade e de pagar suas taxas de estacionamento.
- Pedir desculpas e mandar flores e cartões para esposas de clientes.
- Estabelecer um plano de dieta, lembrando o cliente regularmente, fazendo compras baseadas no plano.
- Arrumar um emprego para uma pessoa que ficou desempregada por causa da terceirização. Fizemos a pesquisa de emprego,

escrevemos as cartas de apresentação, montamos o currículo e conseguimos o emprego em trinta dias.

- Consertar uma janela quebrada em uma casa em Genebra, na Suíça.
- Pegar as informações sobre um trabalho com a professora e enviar para o e-mail do cliente (os pais da criança).
- Pesquisar como amarrar os cadarços para uma criança (filho de um cliente).
- Encontrar uma vaga para seu carro em alguma outra cidade, antes mesmo que você vá viajar.
- Comprar latas de lixo para sua casa.
- Conseguir uma previsão oficial do tempo, autenticada, para uma hora específica, em um lugar específico e em um dia específico, cinco anos atrás. Isto foi usado como prova de um processo judicial.
- Conversar com os pais em nome de nosso cliente.

Eis outro exemplo real de terceirização pessoal do leitor David Cross, que conseguiu um chef pessoal para sua casa por menos de 5 dólares por refeição. Só de pensar nessa possibilidade muita gente começa a salivar. Ele explica:

> Eu queria encontrar alguém que preparasse comida que eu gostasse. Tenho formação de chef e sou o único da casa que sabe cozinhar de verdade, mas geralmente estou tão ocupado que não consigo preparar nada saudável, por isso redigi o anúncio a seguir e coloquei na Craiglist.
>
> Era um texto bem específico e apareceram apenas dois candidatos em dois meses, um se encaixava 2/10 no perfil, mas o cara que escolhemos pertencera ao Hare Krishna durante muitos anos, tinha morado na Índia e seu menu degustação mostrou que ele sabia o que estava fazendo.
>
> A comida é absolutamente fantástica. A carga horária é extremamente razoável, só precisamos fazer um desvio de cinco minutos para pegar comida, quando um de nós está na cidade e agora tenho deliciosos pratos indianos por menos de 5 dólares por

refeição e são tão bons quanto qualquer outro que já comi em outros lugares.

Agora estou pensando em experimentar outras culinárias... tailandesa, chinesa, italiana etc. e isso significa que quando tiver tempo para cozinhar sentirei mais prazer sabendo que não sou o único a cozinhar.

Procura-se cozinheiro vegetariano indiano/asiático

Data: 7 de junho de 2007

Olá,

Somos uma família local, internacional, que adora comida vegetariana, indiana e asiática. Estamos procurando por um cozinheiro com experiência nessa culinária maravilhosa para nos preparar refeições deliciosas, saudáveis, vegetarianas e autênticas da cozinha indiana/asiática.

Se você preparou um curry uma ou duas vezes na vida, ou se precisa ler as receitas, este trabalho provavelmente não é para você, mas se conhece bem a culinária vegetariana indiana e sabe preparar refeições deliciosas, saudáveis, vegetarianas e autênticas da cozinha indiana gostaríamos que nos procurasse. Esta pode ser a oportunidade ideal se você for indiano, paquistanês ou do Punjabi e está procurando uma forma de aplicar sua experiência e amor pela cultura e culinária vegetariana indianas. Conhecimentos de Ayurveda e de como ela se relaciona com a dieta e os alimentos é um *plus,* mas não é essencial.

Por favor, responda com detalhes sobre sua experiência e apresente alguns pratos que você poderia preparar. Se gostarmos do que você tem a oferecer, marcaremos para que nos prepare uma ou duas refeições para degustação, que pagaremos, e depois veremos como fazer para que tudo funcione da melhor forma possível para todos nós.

Este é um trabalho de meio período. Você será autônomo e responsável por seus impostos etc. Pagaremos um valor por hora, que acertaremos com você, mais as despesas com os produtos para preparar as refeições. Você pode preparar as refeições em sua casa e nós passaremos para pegar, provavelmente para congelar e consumir depois. Discutiremos com você os menus e um cronograma que seja adequado para todos.

Obrigado pelo interesse.

Escolhas básicas: Nova York ou Nova Délhi?

Há dezenas de milhares de AVs – como escolher o certo? Os recursos disponíveis ao final deste capítulo vão indicar a você onde procurar, mas é informação demais, bastante confusa, a menos que você tenha alguns critérios determinados previamente. Normalmente, ajuda começar com a questão "Onde?".

Remoto ou local?

"Made in the USA" não tem mais a aura que tinha antes. Os prós de saltar entre fusos horários e aproveitar as taxas de câmbio do Terceiro Mundo são duplicados: as pessoas trabalham enquanto você está dormindo, e a despesa por hora é menor. Economiza tempo e dinheiro. Ritika explica isso com um exemplo:

> Alguém pode pedir algo ao seu assistente pessoal remoto na Índia quando estiver indo embora do trabalho, ao final do dia, em Nova York, e o trabalho estará pronto na manhã seguinte. Por causa da diferença com a Índia, os assistentes podem trabalhar enquanto os clientes estão dormindo, e estes terão tudo pronto logo pela manhã. Assim que acordarem, encontrarão o trabalho completo em sua caixa de mensagens. Esses assistentes também podem ajudá-lo a ficar em paz quando, por exemplo, quiser dedicar-se a uma leitura.

AVs indianos e chineses, bem como os da maior parte dos países em desenvolvimento, custam entre 4 e 15 dólares por hora, a menor faixa de preços limitada às tarefas mais simples, e a maior faixa, às tarefas que incluem o equivalente a MBAs ou ph.Ds em Harvard ou Stanford. Precisa de um plano de negócios para conseguir recursos? A Brickwork pode fazer para você por algo entre 2500 e 5 mil dólares, em vez de 15 mil a 20 mil dólares. Assistentes estrangeiros não servem apenas para economizar seu tempo. Sei de casos, direto da fonte, em que executivos de cinco grandes empresas de contabilidade e de consultoria gerencial rotineiramente cobram de seus clientes pelo trabalho de seis funcionários para fazer relatórios de pesquisa, que na verdade são feitos por quatro assistentes na Índia.

Nos Estados Unidos ou no Canadá, a faixa de preços por hora varia entre 25 e 100 dólares. Parece uma escolha óbvia, certo? Bangalore 100%? Não. A medida importante é o custo por tarefa completada, não o custo por hora.

O grande desafio com auxiliares em outros países pode ser a barreira da língua, que normalmente quadruplica as idas e vindas nas discussões e, portanto, o custo final. Na primeira vez em que contratei um AV indiano, cometi o erro fundamental de não estabelecer um limite de horas para três tarefas simples. Quando fui checar, mais tarde na mesma semana, descobri que ele tinha gasto 23 horas correndo atrás do próprio rabo. Ele tinha agendado uma entrevista de seleção para a semana seguinte, marcada no horário errado! Uma confusão. Vinte e três horas? Isso acabou me custando, a 10 dólares por hora, 230 dólares. As mesmas tarefas, realizadas logo depois por alguém que fala inglês como primeira língua, no Canadá, foram realizadas em duas horas, a 25 dólares por hora. Cinquenta dólares por quatro vezes mais resultados. Dito isso, eu pedi outro AV indiano à mesma empresa que conseguiu duplicar os resultados do canadense.

Como saber qual escolher? Essa é a parte bonita: você não precisa saber. É questão de testar alguns poucos assistentes tanto para aprimorar seus talentos de comunicação quanto para determinar quem vale a pena contratar e quem vale a pena demitir. Ser um chefe que toma as decisões baseado em resultados não é tão simples quanto parece.

Há algumas lições a se aprender aqui.

Em primeiro lugar, o custo por hora não é o que determina definitivamente o custo. Pense no custo por tarefa. Se você precisar perder tempo retificando a tarefa ou de alguma forma gerenciando o AV, determine a quantidade de tempo de que você precisará dispor e some isso (usando o seu salário por hora de capítulos anteriores) para chegar ao preço final da tarefa. Pode ser surpreendente. Assim como é ótimo dizer que você tem pessoas trabalhando para você em três continentes, é horrível ter que perder tempo ficando de babá de pessoas que supostamente deveriam tornar sua vida mais fácil.

Em segundo lugar, quem não arrisca não petisca. É impossível prever se determinado AV vai trabalhar bem se você não testar. Por sorte, há algumas coisas que você pode fazer para aumentar sua chance de sucesso, e uma delas é usar uma empresa de AVs em lugar de um profissional solo.

Solo *vs.* equipe

Vamos supor que você encontre o AV perfeito. Ele realiza todas as tarefas comuns que você repassa a ele, de modo que você decide tirar merecidas férias e ir para a Tailândia. É bom saber que alguém além de você tocará o barco e apagará os incêndios, só para variar. Finalmente, algum alívio! Duas horas antes de seu voo de Bangkok para Phuket, você recebe um e-mail: seu AV está fora de atividade e encontrar-se-á hospitalizado na próxima semana. Droga. Férias FUBAR.[3]

Eu não gosto de ficar dependente de uma única pessoa, e não recomendo isso de forma alguma. No mundo da alta tecnologia, esse tipo de dependência é chamado de "ponto único de falha" – um item frágil do qual depende todo o resto. No mundo da Tecnologia da Informação (TI), o termo "redundância" é usado como um ponto forte de sistemas que continuam funcionando mesmo que haja alguma avaria ou falha mecânica em uma das partes. No contexto dos AVs, redundância significa ter suporte adicional.

Recomendo que você contrate uma empresa de AVs, ou AVs com equipes reserva, em vez de operadores solo. Sobram exemplos, é claro, de pessoas que tiveram um único assistente ao longo de décadas, sem nenhum tipo de problema, mas acredito que esta seja a exceção, e não a regra. Melhor prevenir do que remediar. Além da simples prevenção de desastres, uma estrutura de grupo fornece uma lista de talentos que permite que você repasse várias tarefas sem ter que se incomodar em encontrar uma nova pessoa com a

3. FUBAR: "Fucked Up Beyond All Repair", em português "Irremediavelmente fodido". (N. T.)

qualificação desejada. A Brickwork e a YMII são ambas exemplos desse tipo de estrutura e oferecem um ponto único de contato, um administrador da minha conta, que então redireciona as tarefas que eu peço para as pessoas mais capazes no grupo, da melhor forma possível. Precisa de *design* gráfico? Fazem. Gerenciamento de dados? Fazem. Eu não gosto de coordenar múltiplas pessoas. Quero conseguir de primeira o que quero e estou disposto a pagar até 10% mais por isso. Recomendo que você igualmente não economize migalhas quando falamos de milhões.

Escolher trabalhar com um grupo não significa que quanto mais melhor, apenas significa que é melhor várias pessoas do que uma só. O melhor AV que eu já tive até hoje é um indiano com cinco assistentes trabalhando com ele. Três podem ser mais do que o suficiente, mas dois dão conta do recado.

Medo número 1: "Querido, você comprou um Porsche na China?"

Tenho certeza de que você tem seus medos. AJ certamente tinha os seus:

> Meus terceirizados agora sabem uma quantidade alarmante de coisas sobre mim – não só minha agenda, mas meu colesterol, meu problema de infertilidade, meu CPF, minhas senhas (incluindo aquela que é um palavrão tipicamente adolescente). Algumas vezes fico preocupado em não aborrecer meus terceirizados ou vou terminar com uma conta de 12 mil dólares no meu cartão de crédito, na Louis Vuitton de Anantapur.

A boa notícia é que o uso fraudulento de informações financeiras e confidenciais é raro. Em todas as entrevistas que fiz para escrever esta seção, encontrei apenas um caso de abuso no uso de informações, e tive que pesquisar com afinco. Esse caso envolvia um AV americano atolado de trabalho que precisou contratar uma ajuda *freelancer* na última hora.

Assegure-se de lembrar o seguinte: nunca use novatos. Proíba AVs de subcontratarem outros *freelancers* que ainda não foram testados sem a sua permissão por escrito. As melhores e mais tradicionais empresas, como a Brickwork – que cede o exemplo abaixo –, possuem medidas de segurança que beiram o excessivo e tornam fácil apontar com exatidão o responsável por algum eventual abuso:

- Os empregados trabalham sob constante supervisão e assinam termos de confidencialidade de acordo com a política da empresa de manter confidenciais as informações dos clientes.
- Cartões de acesso eletrônico para entrar e sair nas dependências da empresa.
- Somente alguns supervisores selecionados têm acesso a informações de cartão de crédito.
- É proibido sair com qualquer papel do escritório.
- Há restrições de acesso à rede entre diferentes equipes; isso assegura que não haja acesso a informação não autorizada entre pessoas de diferentes equipes na empresa.
- Relatórios constantes dos registros de impressão.
- Discos flexíveis e portas USB desativados.
- Certificação BS779 para alcançar os padrões internacionais de segurança.
- Tecnologia de criptografia de 128 bits para todas as trocas de dados.
- Conexão VPN segura.

Aposto que há uma chance enorme de que informações importantes estejam cem vezes mais seguras na Brickwork do que no seu próprio computador.

Além disso, é melhor pensar no roubo de informações como algo inevitável no mundo digital, de modo que devemos tomar precauções para controlar os danos. Há duas regras que uso para minimizar os danos e consertá-los rapidamente.

1. Nunca use cartões de débito em transações on-line ou com assistentes remotos. Reverter cobranças não autorizadas em seu cartão de crédito, particularmente com o American Express, é indolor e praticamente instantâneo. Recuperar dinheiro sacado de sua conta bancária através do uso não autorizado de cartões de débito pode levar dúzias de horas para preencher, burocracia e meses a fio para receber, se for aprovado.
2. Se seu AV terá que acessar websites em seu nome, crie nome de usuário e senha específicos para serem usados nesses sites. Quase todos nós usamos as mesmas informações de *login* em vários sites. Instrua seus assistentes para usarem essas mesmas informações ao criar contas em novos sites, se precisarem. Note que isso é particularmente importante ao usar assistentes que têm acesso a sites comerciais dinâmicos (programadores, *web designers* etc.).

Se o roubo de informação ou de identidade nunca o atingiu, atingirá. Use essas diretrizes e você descobrirá que, quando acontecer, tal qual a maior parte dos pesadelos, não é nada de mais, além de ser reversível.

A complicada arte da simplicidade: reclamações comuns

Meu assistente é um idiota! Ele levou 23 horas para marcar uma entrevista. Essa foi seguramente a primeira preocupação que eu tive. Vinte e três horas! Eu estava doido por uma discussão. Meu e-mail original para esse primeiro assistente parecia bastante claro.

Caro Abdul,

Aqui vão as primeiras tarefas, com prazo até o final da próxima terça-feira. Por favor me ligue ou me escreva se tiver dúvidas:

1. Vá ao site www.newsweek.com e consiga o telefone/e-mail/contato de Carol Milligan e de Marc e Julie Szekely. Também descubra a mesma informação de Rob Long no mesmo site.

2. Agende entrevistas de trinta minutos com Carol, Marc/Julie e Rob. Use www.myevents.com (nome do usuário: fulano, senha: nemtente) para colocar as entrevistas na minha agenda da próxima semana, em qualquer horário entre 9 e 21 horas, no meu fuso horário.

3. Descubra o nome, e-mail e telefone (telefone é o menos importante) de trabalhadores nos Estados Unidos que negociaram acordos de trabalho remoto (telecomutação) a despeito de chefes resistentes. Os que viajaram para fora dos Estados Unidos são ideais. Outras palavras-chave são "teletrabalho" e "telecomutação". O fator importante é terem negociado com chefes difíceis. Por favor, me mande *links* para os perfis das pessoas escolhidas ou escreva um parágrafo descrevendo por que se encaixam no perfil acima.

Estou ansioso para ver o seu trabalho. Por favor, me escreva se você não entender ou se tiver alguma pergunta.

Atenciosamente,

Tim

A verdade é – eu errei. Não foi uma boa estreia no comando, cometi erros fatais antes mesmo de escrever a mensagem. Se você é uma pessoa eficaz mas desacostumada a dar ordens, assuma que a maior parte dos problemas nos resultados é culpa sua. É tentador apontar imediatamente o dedo para alguém mais e reclamar, mas a maior parte dos chefes iniciantes repete os mesmos erros que eu cometi.

1. Aceitei a primeira pessoa oferecida pela empresa e não fiz nenhuma exigência especial nos resultados.

Requeira alguém que tenha "excelente" nível de inglês e indique que será necessário fazer ligações (mesmo que não seja). Peça rapidamente substituição se houver erros repetidos de comunicação.

2. Dei instruções sem precisão.

Pedi a ele que marcasse entrevistas, mas não indiquei que eram para um artigo. Ele assumiu, baseado na sua experiência com outros clientes, que eu queria contratar alguém, e gastou tempo inutilmente compilando planilhas e combinando sites de empregos, levantando informações adicionais das quais eu não precisava. As frases devem ter apenas uma interpretação possível e devem ser compreensíveis para um leitor de nível de ensino médio. Isso também serve para outros nativos do seu idioma e tornará seus pedidos mais claros. Palavras complexas são apenas um disfarce para a sua imprecisão.

3. Dei a ele permissão para gastar tempo.

Isso nos traz de volta ao controle de danos. Peça um relatório de avanços depois de algumas horas de trabalho, para garantir que a tarefa foi bem entendida e que poderá ser realizada. Algumas tarefas são, depois das tentativas iniciais, impossíveis.

4. Defini o prazo final para dali a uma semana.

Use a Lei de Parkinson e delegue tarefas para que sejam completadas em não mais de 72 horas. Eu sempre consegui melhores resultados com 48 e 24 horas. Isso é outra razão convincente para se usar um pequeno grupo (três ou mais) em vez de usar um único assistente, que pode ficar assoberbado com pedidos de última hora de vários clientes. Usar prazos curtos não significa evitar tarefas maiores (por exemplo, um plano de negócios), mas fracioná-la em blocos menores que possam ser completados em intervalos menores de tempo (resultados, resumo de pesquisa de mercado, capítulos etc.).

5. Dei a ele muitas tarefas, e sem estabelecer uma ordem de importância.

Recomendo mandar uma tarefa de cada vez sempre que for possível, nunca mais do que duas. Se você quiser que seu computador pife, abra vinte janelas e programas ao mesmo tempo. Se você quiser fazer a mesma coisa com seu assistente, passe a ele uma dúzia de tarefas sem priorizá-las. Lembre-se do nosso mantra: elimine antes de delegar.

Como é um bom e-mail com uma tarefa para um AV? O exemplo seguinte foi enviado recentemente para um AV indiano cujos resultados não foram nada menos do que espetaculares:

Caro Sowmya,

Obrigado. Gostaria de começar com a seguinte tarefa.

TAREFA: Preciso descobrir os nomes e e-mails de editores de revistas voltadas para o público masculino nos Estados Unidos (por exemplo: Maxim, Stuff, GQ, Esquire, Blender etc.) que também tenham escrito livros. Um exemplo de pessoa assim poderia ser AJ Jacobs, que é editor-chefe da *Esquire* (www.ajjacobs.com). Já tenho seus contatos e preciso de mais gente como ele.

Você pode fazer isso? Se não, por favor, avise. Por favor, responda confirmando o que você planeja fazer para cumprir esta tarefa.

PRAZO: Como estou com pressa, comece assim que puder e pare três horas depois e me relate os resultados que tiver. Por favor, comece esta tarefa agora se possível. O prazo final para essas três horas e para os resultados é o pôr do sol de segunda, no meu fuso horário.

Obrigado por sua prontidão,

Tim

Curto, doce e objetivo. Escrita clara, e portanto comandos claros, vem de pensamentos claros. Pense simples.

Nos próximos capítulos, as perícias de comunicação que você desenvolve em nosso experimento de assistente virtual serão aplicadas a um campo obscenamente lucrativo: automação. A extensão do que você irá terceirizar faz a delegação parecer brincadeira de criança.

No mundo da automação, nem todos os modelos de negócio são criados da mesma forma. Como você estabelece um negócio e coordena todas suas partes sem levantar sequer um dedo? Como automatiza os depósitos em dinheiro na sua conta corrente enquanto evita os problemas mais comuns? Tudo começa entendendo as opções, com a arte de esquivar-se do fluxo de informação e com o que chamaremos de “musas”. O próximo capítulo é um rascunho para o primeiro passo: um produto.

Siga o fluxo

Veja abaixo um fluxograma criado pelo leitor Jed Wood, que o usou para acelerar o processo de tomada de decisões, garantindo mais produção com menos esforço e mais tempo com sua esposa e filhos.

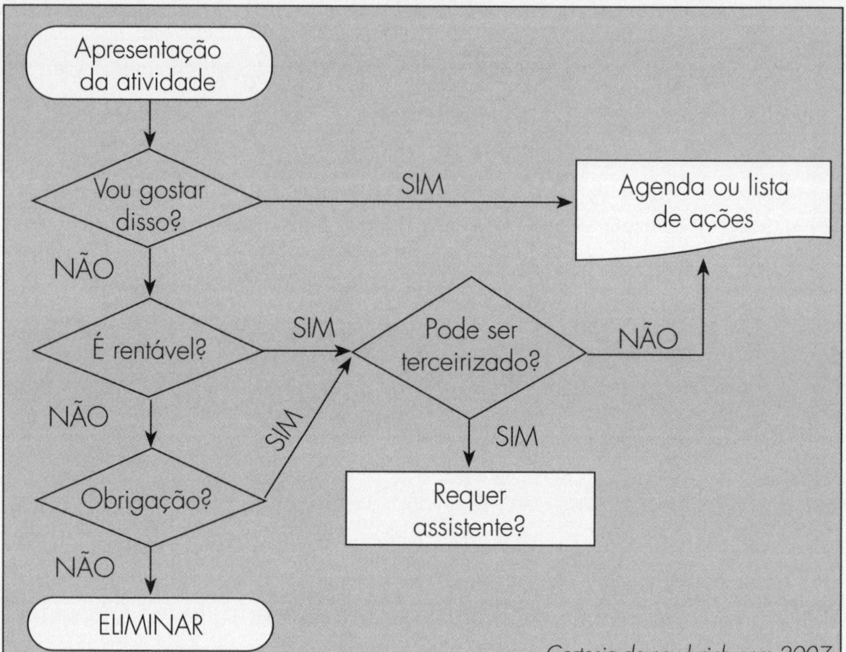

Cortesia de newlyrich.com 2007

• Perguntas e ações •

1. Arrume um assistente – mesmo que não precise de um. Desenvolva o conforto de comandar e não ser comandado. Comece com um projeto de teste ou com uma pequena tarefa repetitiva (diária, se possível).

Em meu blog você encontrará alguns dos melhores sites de Assistentes Virtuais, separados geograficamente: https://tim.blog/4-hour-workweek-tools/.

2. Comece pequeno, mas pense grande.

Tina Forsyth, uma gerente de negócios on-line (AV de alto nível) que ajuda alguns clientes a redesenhar seus modelos de negócio, faz as seguintes recomendações:

- Olhe para sua lista de tarefas a fazer – o que está lá há mais tempo?
- Sempre que você for interrompido ou mudar de tarefas, pergunte: "Um AV poderia fazer isto?".
- Examine pontos incômodos – o que causa a maior parte da sua frustração e tédio?

Aqui estão algumas das coisas que mais consomem tempo em pequenas empresas com presença on-line:

- Enviar artigos para direcionar tráfego para o site e criar listas de e-mails.
- Participar de fóruns de discussão ou quadros de mensagens e moderá-los.
- Gerenciar programas de afiliados.
- Criar conteúdo para publicar atualizações e postar em *blogs*.
- Buscar novidades e pesquisar novas iniciativas de marketing, ou analisar resultados de esforços atuais de marketing.

Não espere milagres de um único AV, mas também não espere pouca coisa. Perca um pouco do controle. Não designe tarefas pequenas que acabam consumindo tempo mais do que economizando. Não faz muito sentido gastar de dez a quinze minutos para mandar um e-mail para a Índia para conseguir cotações de passagens aéreas, quando você pode conseguir a mesma coisa em dez minutos na internet e evitar todo o vaivém subsequente.

Saia de sua zona de conforto – esse é o ponto central do exercício. É sempre possível assumir uma tarefa para a qual um AV se tornou incapaz, então teste os limites das suas capacidades.

3. Identifique suas cinco tarefas não profissionais que mais tomam tempo e cinco tarefas pessoais que você pode delegar simplesmente por diversão.

4. Mantenha a sincronia: agendamento e agenda

Se você decidir ter um assistente para agendar compromissos e inserir coisas na sua agenda, é importante garantir que vocês sempre vejam as dados atualizados. Existem várias opções:

BusySync (www.busysync.com) Tenho duas contas no Gmail: uma conta pessoal para mim e uma para minha assistente, para onde são enviados os e-mails gerais. Uso o BusySync para sincronizar o Google Calendar, que ela usa com o iCal (agenda do Mac) que uso em meu laptop. Também fiz uso do SpanningSync (www.spanningsync.com) com bons resultados.

WebEx Office (www.weboffice.com). Compartilha sua agenda on-line enquanto você marca compromissos pessoais. Pode ser sincronizado com o Outlook e também oferece compartilhamento de documentos, além de ter características compatíveis com o trabalho com assistentes e equipe. Sugiro que você faça uma comparação deste serviço com a sincronização do seu Outlook e o Google Calendar do seu assistente.

• Desafiando o conforto •

Use a crítica-sanduíche (dois dias e semanalmente)

Há uma boa probabilidade de que alguém – seja um colega de trabalho, seu chefe, um cliente ou seu cônjuge – faça algo irritante. Em vez de evitar o assunto por medo de uma discussão, vamos dourar a pílula e pedir a eles que se corrijam. Uma vez por dia, durante dois dias, e depois todas as quintas-feiras (de segunda a quarta é muito tenso, sexta é muito relaxado) durante as próximas três semanas, decida usar o que chamo de crítica-sanduíche com alguém. Anote em sua agenda. Isso se chama crítica-sanduíche porque primeiro você *elogia* a pessoa por alguma coisa, então *faz a crítica*, e conclui com um *elogio* para fugir do assunto delicado. Eis aqui um exemplo com um chefe ou um superior, com as palavras-chave destacadas:

Você: Olá, Mara. Tem um minutinho?

Mara: Claro, o que há?

Você: *Antes, eu queria agradecer por* me ajudar com aquele problema com o cliente X [ou qualquer coisa]. *Fico muito agradecido* por você ter me mostrado como resolver aquele problema. *Você é realmente muito boa* com essas questões técnicas.

Mara: Não tem de quê.

Você: *A questão é:*[4] todo mundo está cheio de trabalho, e eu estou me sentindo[5] um pouco sobrecarregado. *Normalmente, as prioridades ficam muito claras para mim,*[6] mas ultimamente tenho tido dificuldades em saber que tarefas são prioritárias na lista. *Você poderia me ajudar* indicando quais são as coisas mais importantes quando houver um limite de tarefas? *Tenho certeza de que é alguma coisa comigo,*[7] *mas eu realmente ficaria feliz, e acho que ajudaria muito.*

Mara: Hãã... Vou ver o que posso fazer.

Você: *Isso significa muito para mim. Obrigado. Antes que eu esqueça,*[8] sua apresentação na semana passada foi excelente.

Mara: Você achou? Blá, blá, blá...

---

4. Não chame de problema se você puder evitar.
5. Ninguém pode discutir os seus sentimentos, então use essa expressão para evitar discutir sobre circunstâncias externas.
6. Perceba como eu tiro "você" da frase, para evitar apontar diretamente, ainda que esteja implícito. "Normalmente você deixa as prioridades claras" parece um insulto. Se você estiver falando com seu cônjuge, você pode pular essa formalidade, mas nunca use "você sempre faz X", que é apenas a ignição de uma briga.
7. Tire um pouco da tensão com isso. Você já atingiu o ponto.
8. "Antes que eu esqueça" é uma excelente transição para que você possa concluir o elogio e também é uma mudança de assunto que lhe permite sair do ponto sensível sem desconforto.

► PROJETO DE VIDA NA PRÁTICA

Os melhores horários para enviar um e-mail

Você sugeriu que as pessoas checassem seus e-mails somente algumas vezes por dia. Eis outra ideia: respondo os e-mails quando é conveniente, mas programo para que cheguem quando for conveniente para mim. No Outlook você pode retardar o envio dos e-mails para qualquer hora do dia. Por exemplo, posso responder o e-mail às três da tarde, mas não quero que minha equipe saia correndo para responder ou enviar esclarecimentos. (Isto também evita o bate-papo via e-mail.) Por isso respondo o e-mail, mas programo o envio para o final da tarde ou para às oito da manhã, quando meus funcionários chegam no dia seguinte. É assim que os e-mails deveriam funcionar! Trata-se de uma correspondência, e não serviço de bate-papo.

– Jim Larranaga

9

Receita em piloto automático I

Encontrar a musa

"Estabeleça e esqueça!"
RON POPEIL, fundador da RONCO;
responsável por mais de 1 bilhão de dólares em vendas de máquinas assadeiras de frango

"Métodos, pode haver milhões, mas princípios são poucos. O homem que se guia por seus princípios pode ter sucesso ao escolher seus métodos. O homem que tenta métodos, ignorando princípios, certamente encontrará problemas."
RALPH WALDO EMERSON, escritor, poeta e filósofo norte-americano

O minimalista da Renascença

Douglas Price acordava em outra bela manhã de verão em seu sobrado no Brooklyn. Primeira coisa: café. O *jet lag* tinha diminuído, considerando que ele tinha acabado de chegar de uma viagem de duas semanas pelas ilhas do litoral da Croácia, apenas um dos seis países que tinha visitado nos últimos doze meses. O Japão seria o próximo.

Com um sorriso no rosto e a caneca de café na mão, ele caminhou até o seu Mac para ver seus e-mails pessoais. Havia 32 mensagens novas e todas traziam boas notícias.

Um de seus amigos e sócios, também co-fundador do Limewire, tinha uma novidade: o Last Bamboo, projeto deles que ambicionava reinventar a tecnologia *peer-to-peer*, estava aproximando-se dos estágios finais de desenvolvimento. Poderia ser a galinha dos ovos bilionários, mas Doug preferia deixar os engenheiros trabalharem primeiro.

Samson Projects, uma das galerias de arte contemporânea mais importantes de Boston, tinha mandado elogios pelo último trabalho de Doug e um pedia envolvimento maior com novas exposições, como curador de som.

O último e-mail era de um fã, endereçado ao "Demon Doc", elogiando seu último disco de hip-hop instrumental, on-lines *v1.0.1.* Doug lançara o álbum dentro do que ele chamava de "música de código aberto" – qualquer um poderia baixar o álbum de graça e usar sons de qualquer uma das faixas em suas próprias composições.

Ele sorriu novamente, terminou seu café e abriu outra janela para ver, em seguida, seus e-mails profissionais. Isso levaria menos tempo. Na verdade, menos de meia hora por dia e de duas horas por semana.

Como as coisas mudam.

Dois anos antes, em junho de 2004, eu estava no apartamento de Doug checando e-mails pelo que esperava ser a última vez em bastante tempo. Iria em questão de horas para o Aeroporto JFK, em Nova York, preparado para uma viagem indefinida ao redor do mundo. Doug olhou-me com preocupação. Ele tinha planos similares e finalmente estava se desembaraçando de um arriscado projeto de internet que tinha sido uma grande oportunidade e uma grande paixão, mas agora era apenas um emprego. A euforia da era pontocom tinha acabado fazia muito, com as chances de vender o projeto ou lançar ações na bolsa.

Ele me desejou boa sorte e tomou uma decisão assim que o táxi partiu – chega de coisas complicadas. Era hora de voltar ao básico.

Prosoundeffects.com, lançado em janeiro de 2005, depois de uma semana de testes comerciais no eBay, estava voltado para fazer uma coisa: dar a Doug muito dinheiro com mínimo investimento de tempo.

Isso nos traz de volta à sua caixa de e-mails comerciais, em 2006.

Havia dez pedidos de coleções de som, CDs que produtores de cinema, músicos, *designers* de jogos e outros profissionais que trabalham com áudio usam para adicionar sons raros – seja o ronronar de um lêmure ou o som de algum instrumento exótico – a suas próprias criações. Esses são os produtos de Doug, mas ele não os possui, porque isso exigiria capital inicial e um estoque físico. Seu modelo de negócios é mais elegante do que isso. Aqui há apenas um fluxo financeiro:

1. Um cliente em potencial vê a propaganda *pay-per-click* (PPC) no Google ou em outro mecanismo de busca e clica para acessar o seu site, www.prosoundeffects.com.

2. O cliente pede um produto de 325 dólares (que é o preço médio dos pedidos, embora os preços variem de 29 a 7500 dólares) em um Cesto de Compras do Yahoo!, e um PDF com toda a informação de cobrança e remessa é automaticamente enviado para Doug por e-mail.

3. Três vezes por semana, Doug pressiona um botão na página de gerenciamento do Yahoo! para efetuar a cobrança no cartão de crédito de cada um de seus clientes e passar o dinheiro para sua conta bancária. Ele então salva os PDFs como planilhas de compra no Excel e manda os pedidos por e-mail para os fabricantes dos CDs. Essas empresas mandam os produtos direto para os clientes de Doug – isso é chamado de *drop-shipping* – e Doug paga aos fornecedores apenas 45% do preço no varejo, até noventa dias depois (a cada período de noventa dias).

Observemos a beleza matemática desse sistema para ter uma noção completa do efeito.

A cada pedido de 325 dólares, Doug fica com 55%, US$178,75. Se subtrairmos 1% do preço de venda (1% de US$325,00 = US$3,25), que é a taxa de transação do Yahoo! Store, e mais 2,5% da taxa do cartão de crédito (2,5% de US$325,00 = US$8,13), Doug fica com um lucro bruto – antes dos impostos – de US$167,38, por conta dessa única venda.

Multiplique isso por dez e teremos US$1673,80 de lucro por trinta minutos de trabalho. Doug ganha US$3347,60 por hora e não compra nenhum produto antecipadamente. Seus custos iniciais foram de 1200 dólares para o *design* de seu site, o que ele recuperou na primeira semana. Sua propaganda PPC custa aproximadamente 700 dólares por mês e ele paga ao Yahoo! 99 dólares por mês pela hospedagem e pelo cesto de compras.

Ele trabalha menos de duas horas por semana, frequentemente ganha mais de 10 mil dólares por mês e não há nenhum tipo de risco financeiro.

Agora, Doug gasta seu tempo fazendo músicas, viajando e explorando novos negócios apenas por diversão. Prosoundeffects.com não é a coisa mais importante e definitiva da sua vida, mas acabou com todas as suas preocupações financeiras e liberou sua mente para pensar em outras coisas.

O que você faria se não tivesse que se preocupar com dinheiro? Se seguir os conselhos deste capítulo, em breve terá que responder a esta pergunta.

Agora é hora de encontrar a sua musa.

Há mil e uma formas de se ganhar 1 milhão de dólares. De franqueamento a consultoria *freelance*, a lista é infinita. Felizmente, a maior parte das formas é inadequada aos nossos objetivos. Este capítulo não é para quem quer *gerir* um negócio, mas para quem quer *ter* um negócio e não gastar tempo com ele.

A resposta que ouço quando apresento este conceito é mais ou menos universal: Hã?

As pessoas não conseguem acreditar que a maior parte das empresas muito bem-sucedidas do mundo não produz os próprios produtos que vendem, não atende os próprios telefones, não embarca os próprios produtos ou atende seus próprios clientes. Há centenas de empresas que existem para trabalhar para outras empresas, desempenhando essas funções e alugando infraestruturas para qualquer um que saiba encontrá-las.

Você acha que a Microsoft fabrica o Xbox 360 ou que a Kodak desenvolve e distribui suas câmeras digitais? Adivinhe. A Flextronics, uma empresa de engenharia e manufatura baseada em Cingapura, estabelecida em trinta países e com uma receita anual de 15,3 bilhões de dólares, faz ambos. As marcas mais populares de bicicletas nos Estados Unidos são todas fabricadas nas mesmas três ou quatro fábricas na China. Em dúzias de *call centers*, pressiona-se um botão para atender a um telefonema em nome de uma JC Penneys da vida, outro botão para uma Dell Computadores da vida e outro botão ainda para atender a um telefonema em nome de algum Novo Rico como eu.

Tudo lindamente transparente e barato.

Antes de criarmos essa arquitetura virtual, no entanto, precisamos de um *produto* para vender. Se você trabalha com serviços, esta seção vai ajudá-lo a transformar sua experiência e conhecimento em um produto vendável, para escapar dos limites do modelo baseado em horas. Se for começar do zero, ignore a indústria de serviços por enquanto, uma vez que o contato constante com os clientes torna difícil uma ausência prolongada.[1]

Para estreitar ainda mais o campo, testar o nosso produto-alvo não pode custar mais do que 500 dólares, ele tem que se prestar à automação em *quatro semanas*, e – quando estiver a pleno vapor – não pode tomar mais de *um dia por semana* para sua administração.

Um negócio pode ser usado para mudar o mundo, como o *The Body Shop* ou o *Patagonia*? Sim, mas não é nosso objetivo.

Um negócio pode ser usado para gerar recursos através de uma venda ou da venda de ações em bolsa? Sim, mas também não é nosso objetivo.

Nosso objetivo é simples: criar um veículo automático de geração de renda sem consumir tempo. Só isso.[2] Chamarei esse veículo de "musa" sempre que for possível para separá-lo do conceito ambíguo de "negócio", que pode se referir a uma banca de limonada ou

---

1. Há algumas poucas exceções limitadas, como sites de associação on-line, que não requerem geração de conteúdo, mas, como regra geral, produtos demandam muito menos manutenção e o levarão aos seus objetivos muito mais rápido.
2. As musas fornecerão a liberdade de tempo e dinheiro para você realizar seus sonhos em tempo recorde, depois do qual se pode (e normalmente se faz) criar empresas adicionais para mudar o mundo ou para vender.

a um dos dez maiores conglomerados petrolíferos – nosso objetivo é mais limitado e por isso requer uma denominação mais precisa.

Em primeiro lugar as primeiras coisas: fluxo de renda e tempo. Com essas duas moedas, todas as outras coisas são possíveis. Sem elas, nada é possível.

Por que começar com o final em mente: uma história de alerta

Sarah está empolgada.

Havia duas semanas que sua linha de camisetas humorísticas para jogadores de golfe começara a ser oferecida na internet, e ela vendia em média cinco camisetas por dia a 15 dólares cada. Seu custo por unidade era de 5 dólares, então ela tinha um lucro de 50 dólares (menos 3% de taxa dos cartões de crédito) a cada 24 horas, uma vez que ela cobrava o frete dos clientes. Em breve recuperaria o custo de seu pedido inicial de trezentas camisetas (incluindo a preparação, os custos da gráfica etc.) – mas queria ganhar mais.

Era uma boa mudança na sorte, considerando o destino de seu primeiro produto. Ela tinha gasto 12 mil dólares para desenvolver, patentear e fabricar um carrinho de bebê de alta tecnologia, voltado para mamães de primeira viagem (ela nunca tinha sido mamãe), para descobrir depois que ninguém estava interessado.

As camisetas, por outro lado, estavam vendendo, mas as vendas começavam a diminuir.

Parecia que ela tinha alcançado o teto de vendas on-line, já que os concorrentes mal-educados e com muito dinheiro gastavam muito em propaganda, aumentando os custos. Isso a atingiu em cheio – varejo!

Sarah foi conversar com o gerente da loja de golfe local, Bill, que imediatamente demonstrou interesse em vender as camisetas. Ela ficou emocionada.

Bill pediu o desconto mínimo padrão de 40%, preço de atacado. Isso significa que o preço de venda seria de 9 dólares em vez de 15, e que seu lucro tinha caído de 10 dólares para 4. Sarah decide tentar e faz o mesmo acordo com outras três lojas em cidades próximas. As camisetas começam a sair das prateleiras, mas ela logo percebe que seu pequeno lucro está sendo devorado pelas horas extras em que passa manejando pedidos e com administração adicional.

Ela decide conversar com um distribuidor[3] para aliviar esse trabalho, uma empresa que trabalha como um grande depósito, que vende produtos de vários fabricantes para lojas de golfe em todo o país. O distribuidor está interessado e pede pelo preço normal – 70% de desconto, ou 4,50 dólares – o que deixaria Sarah com um prejuízo de 50 centavos por unidade. Ela recusa.

Para piorar, as quatro lojas da região começaram a oferecer descontos nas camisetas para competir entre si e começaram a destruir suas próprias margens de lucro. Duas semanas depois, desaparecem os novos pedidos. Sarah abandona o varejo e retorna desmoralizada ao website. As vendas on-line tinham despencado para praticamente zero com a nova competição. Ela não tinha recuperado seu investimento inicial e ainda tinha cinquenta camisetas em sua garagem.

Nada bom.

Tudo isso poderia ter sido evitado com os testes e planejamentos adequados.

Ed "Sr. Creatina" Byrd não é nenhuma Sarah. Ele não investe e fica torcendo para dar certo.

Sua empresa, MRI, sediada em São Francisco, tinha o suplemento esportivo mais vendido nos Estados Unidos entre 2002 e 2005, o NO_2. Ainda é um dos mais vendidos, a despeito de dúzias de imitações. Ele conseguiu isso através de testes inteligentes, posicionamento inteligente no mercado e distribuição brilhante.

Antes de fabricar o produto, a MRI ofereceu um livro de preço baixo sobre o NO_2, em anúncios de ¼ de página em revistas masculinas de saúde e ginástica. Uma vez que a demanda foi confirmada

3. Distribuidores também são conhecidos como "atacadistas".

com uma montanha de pedidos dos livros, ele estabeleceu o preço do NO_2 em escandalosos 79,95 dólares, posicionando-o como o produto premium no mercado, vendido exclusivamente nas lojas da GNC em todo o país. Ninguém mais podia vendê-lo.

Como pode fazer algum sentido recusar negócios? Há algumas poucas e boas razões.

Em primeiro lugar, quanto mais competitivos forem os revendedores, mais rápido seu produto será extinto. Esse foi um dos erros de Sarah.

Funciona assim: o revendedor A vende o produto pelo preço recomendado de 50 dólares, então o revendedor B vende por 45 para concorrer com o A, e daí o C vende por 40 dólares para concorrer com A e B. Muito em breve, ninguém lucrará nada com seu produto e os novos pedidos desaparecem. Clientes estarão acostumados com o preço baixo e esse processo é irreversível. O produto morre e você precisa criar outro produto. Essa é exatamente a razão pela qual tantas empresas precisam criar produto atrás de produto, mês após mês. É uma dor de cabeça.

Tenho vendido um único suplemento, BrainQUICKEN® (também vendido como BodyQUICK®, nos últimos seis anos, e mantido uma margem consistente de lucro limitando a distribuição, especialmente on-line, aos dois maiores revendedores, que podem movimentar quantidades maiores de produtos e concordam em manter um preço mínimo.[4] Se não, descontos criminosos no eBay e aventureiros independentes acabam levando você à falência.

Em segundo lugar, se você oferece exclusividade a alguém, o que a maior parte dos fabricantes tenta evitar, isso pode funcionar a seu favor. Uma vez que você oferece a uma única empresa 100% da distribuição do seu produto, é possível negociar margens maiores de lucro (oferecendo menos desconto sobre o preço final), melhor su-

4. É ilegal controlar por quanto alguém vende seu produto, mas você pode determinar por quanto ele será anunciado. Isso é feito através de um termo de Preço Mínimo de Propaganda (MAP, em inglês) incluído nos Termos e Condições Gerais (GTC, em inglês), um acordo implícito nos pedidos de compra para distribuição. Modelos de GTC e de pedidos de compra estão disponíveis em www.fourhourworkweek.com.

porte de marketing dentro da loja, pagamentos mais rápidos e outros tipos de tratamento preferencial.

É central você decidir como irá vender e distribuir seu produto antes que se comprometa com algum produto primário. Quanto mais intermediários estiverem envolvidos, maiores suas margens terão que ser para manter a lucratividade em todos os elos da corrente.

Ed Byrd entendeu essas questões e tornou-se um exemplo de como fazer o oposto do que a maioria faz pode reduzir riscos e aumentar lucros. Escolher a distribuição antes do produto é apenas um exemplo.

Ed dirige uma Lamborghini pela costa da Califórnia quando não está viajando ou quando não está em seu escritório com sua equipe pequena e focada e seus dois pastores australianos. Esse resultado não é acidental. Seus métodos de criação de produtos – e os dos Novos Ricos em geral – podem ser emulados.

Eis como você pode fazer isso com o menor número possível de passos.

Passo 1: Escolha um nicho de mercado alcançável

"Quando eu era mais nova... não queria ser classificada, categorizada...
Basicamente, agora você quer ser categorizada.
É o seu nicho."
JOAN CHEN, atriz; trabalhou em
O último imperador e *Twin Peaks*

Criar demanda é difícil. Aplacar a demanda é muito mais fácil. Não crie um produto antes de encontrar alguém que o procure. Encontre um mercado – defina seus clientes –, então tente encontrar ou desenvolver um produto para eles.

Já fui estudante e atleta, então desenvolvi produtos para esses dois mercados, focalizando o consumidor masculino quando possível. O *audiobook* que criei para conselheiros universitários foi um fracasso porque nunca fui conselheiro universitário. Então desenvolvi o seminário de leitura dinâmica, depois de perceber que tinha acesso livre aos estudantes, e o negócio deu certo porque – por eu ser um estudante – entendia as necessidades e os hábitos estudantis. Seja um membro do seu mercado-alvo e não especule o que os outros precisam ou o que desejarão comprar.

Comece pequeno, pense grande

> "Algumas pessoas estão apenas no pródigo negócio de entretenimento com anões."
>
> DANNY BLACK (1,27m), sócio do Shortdwarf.com[5]

Danny Black aluga anões para entretenimento por 149 dólares por hora. Que tal como nicho de mercado?

Diz-se que, se todo mundo é seu cliente, ninguém é seu cliente. Se você começa querendo vender um produto para cachorros – ou para amantes de carros, pare por aí. É muito caro fazer propaganda para um mercado tão extenso, e você competirá com muitos produtos e com muita informação livre. Se você se focar em como treinar pastores-alemães ou em um produto de restauração para Fords antigos, por outro lado, o mercado e a competição encolhem, tornando menos caro atingir seus consumidores e mais fácil conseguir um preço premium.

BrainQUICKEN foi inicialmente desenvolvido para estudantes, mas o mercado mostrou-se muito fracionado e difícil de atingir. Baseado em retornos positivos de atletas estudantes, relancei o produto como BodyQUICK e testei propaganda em revistas específicas para praticantes de artes marciais e halterofilistas. São mercados minúsculos comparados ao enorme mercado de estudantes, mas não são pequenos. O baixo custo de propaganda e a falta de competidores me permitiram dominar esses nichos com o primeiro "acelerador neural".[6] É mais lucrativo ser um peixe grande num lago peque-

5. *The Wall Street Journal*, 18 de julho de 2005 (http://www.technologyinvestor.com/).
6. Esta foi uma nova categoria de produtos que criei e defini para evitar e antecipar a concor-

no do que um pequeno peixe indefinido num lago enorme. Como você sabe se o mercado é grande o bastante para satisfazer sua meta? Para um exemplo detalhado e real de como determinei o tamanho do mercado de um produto recente, veja "Muse Math" ("Matemática da musa") no website deste livro.

Responda às seguintes perguntas para encontrar nichos lucrativos.

1. A que grupo profissional ou social você pertence, pertenceu, ou de que você entende, seja dentistas, engenheiros, alpinistas, ciclistas, restauradores de carros antigos, dançarinos ou outros?

Olhe criativamente para seu currículo, para sua experiência profissional, hábitos esportivos e *hobbies*. Compile uma lista de todos os grupos, no passado e no presente, aos quais você consegue se associar. Olhe para os produtos e livros que você possui, incluindo assinaturas on-line e off-line, e pergunte-se: "Que grupos de pessoas compram as mesmas coisas?". Que revistas, websites e informativos você lê regularmente?

2. Que grupos dos que você identificou possuem suas próprias revistas?

Visite uma grande livraria, como a Barnes & Noble, e vasculhe a estante de revistas em busca de revistas voltadas para públicos específicos, para ter ideias de nichos adicionais. Há literalmente milhares de revistas específicas de ocupações, *hobbies* e interesses para se escolher. Use o *Writer's Market* para identificar opções de revistas fora das bancas. Limite os grupos da questão um àqueles que podem ser alcançados através de uma ou duas pequenas revistas. Não é importante que todos esses grupos tenham muito dinheiro (por exemplo, golfistas) – apenas que eles gastem dinheiro em produtos de algum tipo (atletas amadores, pescadores etc.). Ligue para essas revistas, converse com os diretores de propaganda, diga a eles que

---

rência. Objetive ser o maior, melhor ou o primeiro em uma determinada categoria. Prefiro ser o primeiro.

você está cogitando anunciar; peça a eles que mandem por e-mail a tabela atual de preços de anúncios e peça para incluírem o número de leitores e alguns exemplares de edições antigas. Procure nas edições antigas por anúncios repetidos de empresas que vendem direto ao consumidor via telefones 0800 ou via websites – quanto mais anunciantes repetidos, e quanto mais frequentes os anúncios, mais lucrativa a revista é para eles... e será para nós.

Passo 2: Invente (não invista em) produtos

"Gênio é apenas um poder de visão superior."
JOHN RUSKIN, famoso crítico social e de arte

Pegue os dois mercados com os quais você é mais familiar e que tenham suas próprias revistas, em que anúncios de página inteira custem menos de 5 mil dólares.

Não deve haver menos de 15 mil leitores. Essa é a parte divertida. Agora vamos pensar para achar produtos com esses dois mercados em mente.

O objetivo é terminar com ideias bem-acabadas de produtos sem gastar nada; no passo três, criaremos anúncios para eles e testaremos respostas de consumidores reais antes de investir em sua fabricação. Há vários critérios que garantem que o produto final se encaixará em uma arquitetura automatizada.

O principal benefício deve estar contido em uma frase.

As pessoas podem não gostar de você – frequentemente você venderá mais ofendendo algumas pessoas –, mas elas nunca devem deixar de entendê-lo.

O principal benefício de seu produto deve ser explicável em uma única frase. Por que isso é diferente e por que devo comprá-lo? UMA frase, crianças. A Apple fez um excelente trabalho com o iPod. Em vez de usar o jargão normal da indústria, com gigabytes, largura de banda e por aí vai, eles simplesmente disseram "mil músicas em seu bolso". Feito. Seja simples e não vá em frente com um produto até que você possa fazê-lo sem confundir as pessoas.

Seu produto deve custar ao cliente entre 50 e 200 dólares.

O grosso das empresas estabelece preços em uma faixa média, e é exatamente aí onde há mais competição. Colocar um preço baixo é pouco sábio, porque sempre haverá alguém disposto a sacrificar a própria margem de lucro e arrastá-lo junto para a falência. Além do valor agregado, há três benefícios principais em se criar uma imagem premium e cobrar mais do que a concorrência.

1. Preço mais alto significa que podemos vender menos unidades – e portanto gerenciar menos clientes – para cumprir nossas metas. É mais rápido.
2. Preço mais alto atrai clientes que demandam menos manutenção (com mais créditos, menos dúvidas e assistências, menos devoluções etc.). Traz menos dor de cabeça. E isso é ÓTIMO.
3. Preço mais alto também gera margens maiores de lucro. É mais seguro.

Pessoalmente, ponho como meta um sistema de preços de 8-10x, o que significa que um produto de 100 dólares não pode me custar mais do que algo entre 10 e 12,50.[7] Se eu tivesse usado o sistema recomendado de 5x com o BrainQUICKEN, teria falido em seis meses, graças a fornecedores desonestos e a revistas atrasadas. A margem de lucro salvou o produto e, depois de doze meses, gerava até 80 mil dólares por mês.

No entanto, preço alto tem limite. Se o preço por unidade estiver acima de determinado ponto, clientes potenciais precisam falar com alguém ao telefone antes que fiquem confortáveis o bastante para efetuar a compra. Isso é contraindicado em nossa dieta de pouca informação.

7. Se você decidir revender algum produto de alto nível, como Doug, especialmente com *drop--shipping*, o risco é menor e por isso margens menores podem bastar.

Descobri que uma faixa de preço entre 50 e 200 dólares por venda produz o maior lucro para o menor trabalho de atendimento ao consumidor. Coloque um preço alto e depois justifique.

Seu produto não deve levar mais do que três ou quatro semanas para ser fabricado.

Isto é extremamente importante para manter os preços baixos e para adaptar-se à demanda de vendas sem precisar de estoques antecipados. Eu não almejaria trabalhar com qualquer produto que levasse mais de três ou quatro semanas para ser fabricado, e recomendo um prazo máximo de uma ou duas semanas do pedido à entrega ao consumidor.

Como saber quanto tempo leva a fabricação de um produto?

Contate fabricantes que sejam especializados no tipo de produto que você cogita vender: http://www.thomasnet.com/. Ligue para um fabricante da lista (por exemplo, cestas de lixo) se precisar de uma referência para um determinado fabricante que você não consegue definir (por exemplo, soluções para limpeza de banheiros). Ainda não deu certo? Busque no Google diferentes sinônimos para o seu produto com "organização" e "associação" para entrar em contato com as federações industriais corretas. Peça a eles referências para contratar fabricantes e também pelos nomes das revistas específicas da área, que frequentemente contêm anúncios desses fabricantes e outros prestadores de serviços na área, de que você precisará posteriormente em sua arquitetura virtual.

Peça orçamentos dos fabricantes para garantir que seu preço estipulado é viável. Determine o custo por unidade para 100, 500, 1000 e 5000 unidades.

Seu produto deve ser totalmente explicável em um bom FAQ[8] on-line.

Foi aqui onde mais me compliquei com minha escolha de produto pelo BrainQUICKEN.

---

8. Lembremos que FAQ é o acrônimo de "Frequent Asked Questions", em inglês, "Perguntas mais frequentes". (N. T.)

Ainda que produtos consumíveis tenham possibilitado minha vida de **NR**, eu não desejo isso para ninguém. Por que não? Você recebe mil perguntas de cada cliente: Posso comer bananas juntamente com seu produto? Ele me dará gases durante o jantar? E por aí vai, *ad nauseam*. Escolha um produto que seja totalmente explicável em um bom FAQ on-line. Senão, uma simples viagem em que você tente esquecer o trabalho se tornará bastante difícil, ou você gastará uma fortuna com *call centers*.

Compreendendo esses critérios, uma pergunta permanece: "Como alguém consegue um bom produto, uma 'musa', que satisfaça os clientes?". Há três opções, que serão descritas em ordem crescente de recomendação.

Opção 1: Revender um produto

Descobrir um produto existente para distribuir e revendê-lo é o caminho mais fácil e também o menos lucrativo. É o mais rápido para se começar, mas também o primeiro a se extinguir devido à concorrência com outros revendedores. A vida lucrativa de cada produto é curta, a menos que um acordo de exclusividade evite que outros também o vendam. Revender, no entanto, é uma excelente opção para produtos secundários, *back-end*,[9] que podem ser vendidos para consumidores existentes ou em venda cruzada[10] para novos consumidores via on-line ou via telefone. Para vender como distribuidor, siga estes passos:

1. Contate o fabricante e peça uma "lista de preços de atacado" (normalmente, 40% de desconto sobre o preço do varejo) e as condições.

9. Produtos *back-end* são produtos vendidos para clientes depois que o produto primário já foi vendido. Capas para iPod e GPS para carros são dois exemplos. Esses produtos possuem margens menores, porque não há custo de propaganda para alcançar o consumidor.
10. Venda cruzada é a venda de um produto para um consumidor enquanto ele ainda está na linha ou em uma cesta de compras on-line, depois que a venda do produto primário foi efetuada. Para um glossário completo de vendas ou de resposta direta, visite www.fourhourworkweek.com.

2. Se for preciso apresentar os números de registro de sua empresa, imprima os formulários no site da Secretaria da Fazenda local e faça o registro de uma microempresa, o que não é caro.

NÃO compre produto nenhum até que tenha completado o passo três deste capítulo. É o bastante para este ponto confirmar a margem de lucro e produzir fotos do produto e literatura de vendas. Isso é revenda. Nada muito além disso.

Opção 2: Licenciar um produto

"Eu não apenas uso o cérebro que tenho,
mas todos os que consigo tomar emprestado."
WOODROW WILSON, 28º presidente dos Estados Unidos da América

Algumas das marcas e produtos mais conhecidos do mundo foram adquiridas de alguém em algum outro lugar.

A base do energético Red Bull vem de um tônico tailandês e os Smurfs foram trazidos da Bélgica. Pokémon veio da terra da Honda. A banda KISS ganhou milhões com vendas de discos e shows, mas grande parte dos lucros que tiveram foi com licenciamento – dar a terceiros o direito de produzir centenas de produtos com seus nome e imagem, em troca de uma parte dos lucros.

Há duas partes envolvidas em um acordo de licenciamento, e um membro dos Novos Ricos pode ser um ou outro. Em primeiro lugar, há o inventor do produto,[11] chamado "licenciador", que pode vender a outros o direito de fabricar, usar ou vender o seu produto, normalmente em troca de algo entre 3 e 10% do preço de distribuição (normalmente com 40% de desconto sobre o preço do varejo) de cada unidade vendida. Invente, deixe alguém fazer o resto e conte os tostões. Nada mal.

O outro lado da equação é a pessoa interessada em fabricar e vender o produto de um inventor em troca de 90 a 97% do lucro: o

11. Isso também se aplica a detentores de marcas registradas ou direitos autorais.

licenciado. Isso é, para mim e para a maior parte dos **NR**, muito mais interessante.

O licenciamento é, no entanto, extremamente exigente para ambos os lados e, por si só, uma ciência. Uma negociação criativa de contratos é essencial e a maior parte dos leitores encontrará problemas em sua primeira experiência. Para estudos de casos reais, em ambos os lados, indo de Teddy Ruxpin a Tae-Bo, e modelos completos de acordos, com valores atualizados, visite www.fourhourworkweek.com. De como vender invenções sem protótipos ou patentes a como garantir seus direitos com produtos, sendo um iniciante sem renome, está tudo lá. A ciência econômica é fascinante e os lucros podem ser impressionantes.

Enquanto isso, focaremos na opção menos complicada e mais lucrativa disponível para todas as pessoas: a criação de produtos.

Opção 3: Criar um produto

"A criação é um meio melhor de autoexpressão do que a posse;
é através do criar, e não do ter,
que a vida se revela."

VIDA D. SCUDDER,
The life of the spirit in the modern english poets

Criar um produto não é complicado.

"Criar" parece envolver mais coisas do que realmente ocorre. Se a ideia for de um produto físico – uma invenção, é possível contratar engenheiros mecânicos ou *designers* industriais em www.elance.com para desenvolver um protótipo baseado em sua descrição de função e aparência, que será levado para o fabricante contratado. Se você encontrar um produto genérico e em estoque, produzido por um fabricante terceirizado, que possa ser redefinido ou reposicionado para um mercado especial, é ainda mais fácil: faça com que eles produzam e colem o seu rótulo no produto e pronto – produto novo. Esse segundo exemplo é normalmente chamado de "etiquetagem particular". Você já viu uma clínica de quiroprática com sua própria linha de vitaminas, ou a marca Kirkland no Costco? É a etiquetagem particular em ação.

É verdade que estaremos testando a resposta do mercado antes de fabricar, mas, se o teste for bem-sucedido, fabricar será o próximo passo. Isso significa que precisamos ter em mente os custos de preparação, custos por unidade e a menor quantidade possível em um pedido. Dispositivos e engenhocas inovadoras são ótimos, mas frequentemente precisarão de ferramentas específicas para serem fabricados, o que torna o custo de preparação alto demais para cumprir nossos critérios.

Deixando de lado artefatos mecânicos e esquecendo engenharias e soldas, há uma categoria de produtos que cumpre todos os nossos requisitos, possui um tempo de fabricação de menos de uma semana, em quantidades pequenas, e quase sempre permite não só um sistema de preços de 8-10x, mas um sistema de 20-50x.

Não, não é heroína nem trabalho escravo. Isso envolve muito suborno e muita interação humana.

Informação.

Produtos de informação são baratos, rápidos de serem fabricados e leva tempo para os concorrentes copiarem. Considere que os produtos que não são de informação que mais vendem em infomerciais – sejam suplementos alimentares ou equipamentos de ginástica – possuem uma vida útil de dois a quatro meses antes que os imitadores inundem o mercado. Estudei economia em Pequim por seis meses e observei em primeira mão como o último modelo de um tênis Nike ou um taco de golfe Callaway pode ser duplicado e disponibilizado no eBay uma semana depois de ter despontado nas prateleiras nos Estados Unidos. Isso não é exagero, e não estou falando de um produto parecido – estou falando de uma réplica exata por 1/20 do preço.

Informação, por outro lado, leva tempo demais para os "artistas" copiarem, quando há produtos muito mais fáceis de serem replicados. É mais fácil contornar uma patente do que parafrasear um livro inteiro para evitar infringir a propriedade intelectual. Três dos produtos mais bem-sucedidos na televisão em todos os tempos – todos eles passaram mais de trezentas semanas na lista dos dez infomerciais que mais vendem – refletem a vantagem em competitividade e em margem de lucro dos produtos de informação.

No Down Payment (Carlton Sheets)
Attacking Anxiety and Depression (Lucinda Bassett)
Personal Power (Tony Robbins)

Fiquei sabendo, por conversas com o principal dono de um dos produtos acima, que informações valendo mais de 65 milhões de dólares passaram por suas portas em 2002. Sua infraestrutura consistia em menos de 25 operadores, e o resto da infraestrutura, da compra de espaços em propaganda ao setor de embarques, era terceirizado.

Sua receita anual por empregado é superior a 2,7 milhões de dólares. Incrível.

No lado oposto do espectro de tamanho de mercado, conheço um homem que criou um DVD instrutivo, de baixo orçamento, por menos de 200 dólares, que vendeu para donos de depósitos que gostariam de instalar sistemas de segurança. É difícil conseguir um nicho mais específico. Em 2001, vendendo DVDs que custam 2 dólares para reproduzir e são vendidos por 95 dólares, ele ganhou centenas de milhares de dólares sem ter nenhum empregado.

Mas eu não sou *expert*!

Se você não é um *expert*, não fique ansioso.

Em primeiro lugar, "*expert*" no contexto de vender um produto significa que você sabe mais sobre o assunto do que o comprador. Nada além disso. Não é necessário ser o melhor – apenas melhor do que um pequeno número-alvo de clientes em potencial. Suponhamos que seu sonho atual – competir na corrida de 1150 milhas em trenós puxados por cães, em Iditarod, no Alasca – exija 5 mil dólares para ser realizado. Se houver 15 mil leitores e se pelo menos cinquenta (0,003%) puderem ser convencidos de seu conhecimento superior no assunto X e gastarem 100 dólares por um programa que os ensine, isso significa que você terá 5 mil dólares. Prepare os cães. Esses cinquenta clientes são o que chamo de "base mínima de clientes"– o menor número de clientes que você precisa convencer de sua *expertise* para atingir determinado objetivo.

Em segundo lugar, o *status* de *expert* pode ser criado em menos de quatro semanas se você entender os indicadores básicos de credibilidade e o que as pessoas estão condicionadas a aceitar como prova de conhecimentos superiores. Veja o quadro mais adiante neste capítulo para aprender como. O caminho para você conseguir seu *status* de *expert*, e o tamanho necessário desse *status*, depende de como você obterá seu conteúdo. Há três opções principais.

1. Crie você mesmo o conteúdo, frequentemente parafraseando e combinando pontos de vários livros sobre determinado assunto.
2. Adapte conteúdo em domínio público, e por isso não sujeito à proteção de direitos autorais, como documentos governamentais e materiais que sejam anteriores à lei moderna de direitos autorais.
3. Licencie conteúdo ou pague um *expert* para ajudá-lo a criar. Os pagamentos podem ser únicos e adiantados ou baseados em *royalties* (5-10% do lucro líquido, por exemplo).

Se você escolher a opção 1 ou 2, precisará de um *status* de *expert* diante de um mercado limitado.

Assumamos que você seja um corretor de imóveis e tenha determinado que, como você, a maior parte dos corretores deseja ter um site simples mas bom para divulgar-se e promover seus negócios. Se você ler e entender os três livros mais vendidos sobre *design* de *home pages*, saberá mais sobre o assunto do que 80% dos leitores de uma revista voltada para corretores. Se puder resumir o conteúdo e fazer recomendações específicas para o mercado de imóveis, um retorno de 0,5-1,5% de um anúncio colocado na revista não é absurdo de se esperar.

Use as perguntas a seguir para pensar em guias em potencial ou em produtos informativos que possam ser vendidos para os seus mercados utilizando a sua *expertise* ou uma *expertise* emprestada. Busque uma combinação de formatos que justifique um preço de 50 a 200 dólares, como uma combinação de dois CDs (trinta a noventa minutos cada), uma transcrição de quarenta páginas dos CDs e um Guia Rápido de dez páginas.

1. Como talhar uma habilidade geral para seu mercado – o que chamo de "*niching down*" – ou como adicionar algo ao que é vendido com sucesso nas suas revistas-alvo? Pense em restringir e aprofundar em vez de alargar o campo.
2. Em quais habilidades você está interessado e pelas quais você – e outros como você – pagaria para aprender? Torne-se um *expert* nessa habilidade e então crie um produto para ensiná-la. Se você precisar de ajuda ou quiser acelerar o processo, considere a próxima questão.
3. Que *experts* você poderia entrevistar e gravar para criar um CD de áudio vendável? Essas pessoas não precisam ser as melhores, apenas melhores do que a maioria. Ofereça a elas uma cópia digital da entrevista para fazerem o que quiserem (isso normalmente é o bastante) e/ou ofereça um pequeno adiantamento ou um pagamento baseado em *royalties*. Use Skype.com com o HotRecorder (mais dessas e outras ferramentas em "Truques e ferramentas") para gravar as conversas diretamente em seu PC e envie o arquivo mp3 para um serviço on-line de transcrição.
4. Você tem alguma história "do fracasso ao sucesso" que possa ser transformada em um produto informativo para outras pessoas? Considere os problemas que você superou em sua vida, sejam profissionais ou pessoais.

A construção de um *expert*: como se tornar um *expert* em quatro semanas

É hora de destruir o culto ao *expert*. E o mundo do RP que me despreze.

Antes de mais nada, há uma diferença entre *ser reconhecido* como um *expert* e ser um. No contexto dos negócios, o primeiro é o que vende produtos e o segundo, em relação à sua "base mínima de clientes", é o que cria bons produtos e evita devoluções.

Mesmo que você saiba tudo o que se pode saber sobre um assunto – medicina, por exemplo –, se você não tiver um "dr." antes de seu nome, poucos darão atenção. O "dr." é o que chamo de "indicador de credibilidade". O "*expert*" com mais indicadores de credibilidade é quem vende mais produtos, e não aquele com o maior conhecimento sobre determinado assunto.

Então como conseguimos adquirir indicadores de credibilidade no menor tempo possível?

Uma amiga minha levou apenas três semanas para se tornar "uma das maiores *experts* em relacionamentos que, como saiu na *Glamour* e em outras publicações nacionais, aconselhou executivos das quinhentas maiores empresas do país sobre como melhorar suas relações pessoais e profissionais em 24 horas ou menos". Como fez isso?

Ela seguiu alguns poucos passos simples que criaram um efeito de bola de neve em sua credibilidade. Eis aqui como você pode fazer o mesmo.

1. *Inscreva-se em duas ou três associações* ligadas à área que você deseja que tenham um nome que soe como oficial. No seu caso, ela escolheu a Associação para a Resolução de Conflitos (www.acrnet.org) e a Fundação Internacional para a Educação de Gênero (www.ifge.org). Isso pode ser feito em cinco minutos na internet com um cartão de crédito.

2. *Leia os três livros mais vendidos* sobre seu assunto de interesse (pesquise o histórico das listas de mais vendidos no site do *The New York Times*) e resuma cada um em uma página.

3. *Ministre um seminário gratuito de uma a três horas* em uma universidade renomada próxima, usando cartazes para divulgar. Em seguida, faça o mesmo em braços locais de duas empresas conhecidas (AT&T, IBM etc.). Diga à em-

presa que você ministrou seminários na Universidade X ou na Faculdade X e que é um membro dos grupos do passo 1. Enfatize que você está oferecendo esses seminários gratuitamente para adquirir mais experiência em falar em público fora do meio acadêmico e que não venderá produtos ou serviços. Grave os seminários de dois ângulos diferentes para poder usar as imagens em um futuro CD ou DVD.

4. *Opcional: Ofereça-se para escrever um ou dois artigos para revistas comerciais* ligadas à sua área, citando o que você fez nos passos 1 e 3, para ganhar credibilidade. Se recusarem, ofereça-se para entrevistar um especialista conhecido e escrever a matéria – isso fará com que seu nome seja listado pelo menos como colaborador.

5. *Entre para o ProfNet*, um serviço usado por jornalistas para encontrar *experts* para citar em matérias. Estabelecer RP é simples se você parar de gritar e começar a ouvir. Use os passos 1, 3 e 4 para demonstrar credibilidade e uma pesquisa on-line para responder a perguntas de jornalistas. Se feito corretamente, isso fará com que você apareça na mídia, de pequenos jornais locais ao *The New York Times* e *ABC News*.

Tornar-se um *expert* reconhecido não é difícil, de modo que quero eliminar as barreiras.

Não estou recomendando que alguém finja ser o que não é. Eu não poderia fazer isso! "*Expert*" é uma expressão midiática nebulosa e tão exageradamente usada quanto indefinível. Nos termos das modernas relações públicas, provas de *expertise* são afiliações em grupos, listas de clientes, créditos em textos e menções na mídia, e não pontos de QI ou ph.Ds.

Apresentar a verdade sob a melhor luz, mas não a fabricar, é o nome do jogo.

Te vejo na CNN.

• Perguntas e ações •

Para este capítulo prático, as perguntas e ações são simples.

Na verdade, é apenas uma pergunta: "Você leu o capítulo e seguiu as instruções?". Se não, faça isso. Em vez das perguntas e ações normais, o final deste capítulo e dos dois seguintes trarão mais recursos para realizar as ações descritas em detalhes no texto.

• Desafiando o conforto •

Encontrar Yoda (três dias)

Ligue para pelo menos um mentor que seja um *superstar* por dia, por três dias. Só mande e-mails depois de tentar ligar. Recomendo ligar antes de 8h30 ou depois de 18h para diminuir conversinhas com secretárias e outros guardiões. Tenha uma única pergunta na cabeça, uma que você pesquisou, mas não conseguiu responder sozinho. Tente figurões – CEOs, empresários muito bem-sucedidos, autores famosos etc. – e não tente figuras menores para ser menos assustador. Use www.contactanycelebrity.com se precisar e baseie seu roteiro no seguinte.

Atendente: Acme Inc. [ou "a empresa do Mentor X"], boa tarde.

Você: Oi, aqui é Tim Ferriss e eu gostaria, por favor, de falar com John Grisham.[12]

Atendente: Do que se trata?

Você: Isso pode parecer um pouco estranho,[13] mas eu sou um escritor de primeira viagem e acabei de ler sua entrevista no *Time Out New York*.[14] Sou um fã de longa data[15] e finalmente tive

12. Dito casualmente e com confiança, apenas isso já levará você adiante incrivelmente várias vezes. "Eu gostaria de falar com o sr./sra. X, por favor" é uma frase traidora, que revela que você não o conhece. Se você quiser aumentar as chances de conseguir falar, mas correndo o risco de parecer idiota se a secretária não cair no blefe, chame pelo primeiro nome do mentor alvo.
13. Sempre uso esse tipo de introdução quando vou pedir algo improvável de ser atendido. Isso deixa a pessoa mais maleável e curiosa o bastante para ouvir antes de cuspir um "não" automático.
14. Isso responde às perguntas que eles terão em mente: "Quem é você e por que está ligando?". Gosto de ser qualquer coisa "de primeira viagem" para usar isto como um simpático cartão de visitas, e sempre acho algum destaque recente na mídia para citar como motivador da ligação.
15. Ligo para pessoas que me são familiares. Se você não disser que é um fã de longa data, diga que tem acompanhado a carreira do mentor ou seus negócios durante um certo número de anos.

coragem[16] para ligar para ele em busca de um conselho específico. Não vou tomar mais do que dois minutos do tempo dele. Será que você poderia me ajudar de alguma forma a falar com ele?[17] Eu realmente ficaria muito grato pelo que você porventura possa fazer.

Atendente: Hmmm... Só um minuto. Deixe-me ver se ele pode atender. [Dois minutos depois.] Pronto. Boa sorte. [Transfere a chamada.]

John Grisham: John Grisham falando.

Você: Olá, sr. Grisham. Meu nome é Tim Ferriss. Sei que pode parecer um pouco estranho, mas sou um escritor de primeira viagem e um fã de longa data do seu trabalho. Acabei de ler sua entrevista no *Time Out New York* e finalmente criei coragem para ligar. Sempre quis lhe pedir um conselho específico, e isso não deve tomar mais do que dois minutos do seu tempo. Posso?[18]

John Grisham: Hã... Ok. Vá em frente. Eu tenho um compromisso em alguns minutos.

Você (ao final do telefonema)**:** Muito obrigado por ser tão generoso com seu tempo. Se tiver uma eventual dúvida – muito eventual – há alguma chance de eu manter contato via e-mail?[19]

► PROJETO DE VIDA NA PRÁTICA

Sobre a lua

Minha filha de 13 anos quer ser astronauta quando crescer. No ano passado ela teve de enfrentar um grande desafio. A frase "Fracasso não é uma opção", do filme *Apolo 13*, tornou-se uma espécie de lema para nós. Tive a ideia de entrar em contato com o comandante da Apolo 13, Jim Lovell. Não

---

16. Não finja ser forte. Deixe claro que você está nervoso e eles vão baixar a guarda. Eu faço isso frequentemente, mesmo quando não estou nervoso.
17. As palavras aqui são críticas. Peça para que o "ajudem" em algo.
18. Apenas retrabalhe o parágrafo usado com o atendente aqui, e não perca tempo – vá direta e rapidamente ao assunto e peça permissão para puxar o gatilho.
19. Encerre a conversa abrindo a porta para um futuro contato. Comece com e-mail e deixe a relação de mentor desenvolver-se a partir daí.

demorei muito a encontrá-lo e ele enviou uma carta maravilhosa para minha filha contanto todo o seu suplício só para entrar para o programa Apolo, sem falar das falhas da espaçonave. A carta foi muito importante para minha filha. Alguns meses depois fomos um pouco além e conseguimos acesso VIP para assistir ao lançamento de uma nave espacial.

– Rob

• Truques e ferramentas •

Para confirmar um tamanho suficiente do mercado

► Writer's Market (www.writersmarket.com)[20]
Aqui você encontrará uma lista de milhares de revistas específicas, incluindo as respectivas tiragens e telefones para assinatura. Eu prefiro a versão impressa.

► Spyfu (www.spyfu.com)
Para fazer o *download* dos gastos dos concorrentes com publicidade, palavras-chave e detalhes sobre as *adwords*. Gastos repetidos e consistentes geralmente indicam publicidade bem-sucedida e retorno do investimento.

► Standard Rate and Data Services (www.srds.com)
Confira esse recurso para listas anuais de revistas e empresas com *mailing lists* de clientes para alugar. Se você está cogitando criar um vídeo instrutivo sobre caça de patos, primeiro confira o tamanho das listas de assinantes das revistas sobre armas de caças e outras revistas relacionadas. Use a versão impressa nas bibliotecas em vez de pagar por um acesso on-line um tanto confuso.

20. Ao longo do livro, foram mantidas as indicações originais do autor, que muitas vezes não possuem correspondente direto no Brasil, mas podem dar ideia para a pesquisa.

Para encontrar fábricas ou produtos para revender

- Affiliate Networks: Clickbank (www.clickbank.com), Commission Junction (www.cj.com), Amazon Associates (www.amazon.com/associates)

Nada de estoque ou faturas. Experimentar produtos ou categorias por meio de redes de afiliadas como Clickbank ou Commission Junction, que pagam, entre 10% e 75% em cada compra, é um método rápido para testar um conceito usando produtos similares. Geralmente vale a pena criar contas em ambas só para ver como os itens mais vendidos estão sendo comercializados e promovidos. A média das comissões da Amazon Associates varia entre 7% e 10%, mas os livros mais vendidos são excelentes para testar os mercados para produtos informativos mais elaborados. Para todos os sites apresentados acima: não entre em guerra de preços contra outras afiliadas usando palavras-chave caras ou marcas superexpostas. Descubra um nicho ou vá à falência.

- Alibaba (www.alibaba.com)

Com sede na China, o Alibaba é o maior mercado empresarial do mundo. De MP3 por 9 dólares a vinhos tintos por 2 dólares a garrafa, esse site é a fonte. Se eles não fazem algo, provavelmente não pode ser feito por mais ninguém.

- Worldwide Brands (www.fourhourblog.com/wwb)

Oferece um extenso guia para encontrar fabricantes dispostos a enviar os produtos diretamente para seus clientes, permitindo que você economize com estoques adquiridos previamente. É aqui que usuários da Amazon e do eBay encontram não apenas fornecedores, mas também atacadistas e liquidatários. Shopster também é uma opção popular, com mais de um milhão de produtos para entrega via dropshipping.

- Thomas's Register of Manufacturers (www.thomasnet.com)

Esse é um banco de dados com serviço de busca de fabricantes de todos os produtos imagináveis, de roupas íntimas a alimentos, passando por peças de avião.

- Eletrônicos, DVDs e livros
  www.ingrambook.com, www.techdata.com

Veja esses dois sites se estiver em busca de eletrônicos, DVDs ou livros.

- Equipamentos e utensílios domésticos
  www.housewares.org, www.nationalhardwareshow.com

Sites de equipamentos e utensílios domésticos. Pense também em visitar feiras locais ou estaduais.

- Produtos vitamínicos e consumíveis
  www.expoeast.com, www.expowest.com

Veja esses sites se estiver em busca de produtos vitamínicos e consumíveis.

Para encontrar informação em domínio público para retrabalhar

Assegure-se de conversar com um advogado especializado em propriedade intelectual antes de usar material aparentemente em domínio público. Se alguém modificar 20% de um trabalho em domínio público (complementando com resumos ou notas, por exemplo), seu "novo" trabalho completo poderá ser protegido por direitos autorais. Usá-lo sem permissão poderia ser, então, uma infração punível. Os detalhes deixam qualquer um confuso. Faça a pesquisa você mesmo, mas peça o olhar de um profissional sobre seus achados antes de prosseguir com o desenvolvimento de um produto.

- Projeto Gutenberg (www.gutenberg.org)

O Projeto Gutenberg é uma biblioteca digital com mais de 15 mil peças de literatura consideradas em domínio público.

- LibriVox (www.librivox.org)

LibriVox é uma coleção de *audiobooks* em domínio público, disponíveis para *download* gratuito.

Para gravar entrevistas telefônicas com *experts* para produtos em CD

- HotRecorder (www.hotrecorder.com)

HotRecorder grava qualquer chamada telefônica originada ou recebida por um computador, e pode ser usado em conjunto ao Skype (www.skype.com) e com outros programas.

- NoCost Conference (www.nocostconference.com)

Oferece uma linha gratuita 0800, além de gravação e recuperação de arquivos. Telefones normais podem ser usados, por isso não há necessidade de computador ou conexão com a internet. Se você pretende se valer de um questionário, sugiro solicitar as perguntas com antecedências para os participantes para evitar problemas com emudecimento das linhas.

- Jing Project (www.jingproject.com)

Se quiser fazer gravações para tutoriais em vídeo, esse programa gratuito dá conta do recado. Se precisar de edição, o irmão mais velho do Jing, Camtasia, é o padrão da indústria (www.camtasia.com).

Para licenciar ideias para outros em troca de *royalties*

- InventRight (www.inventright.com) (800-701-7993)

Stephen Key é o inventor de sucesso mais consistente que já conheci, com milhões de dólares em *royalties* recebidos de empresas como Disney, Nestlé e Coca-Cola. Ele não trabalha com alta tecnologia, mas especializou-se em criar produtos simples sobre coisas já existentes e então licenciar (alugar) suas ideias para grandes empresas. Ele chega com a ideia, faz uma patente preventiva por menos de 200 dólares e deixa que outra empresa faça o trabalho enquanto ele conta o dinheiro que recebe. Esse site apresenta seu sistema à prova de falhas para fazer o mesmo. Suas técnicas para buscar inspiração são inestimáveis. Altamente recomendado.

Para transformar patentes de ideias inexploradas em produtos

- Escritório de Patentes e Marcas dos Estados Unidos
(www.uspto.gov)

- www.autm.net
Para tecnologias licenciáveis desenvolvidas em universidades, clique em "view all listings" no menu "Technology Transfer Offices".

- www.uiausa.org/
Associações e grupos de inventores, ligue e pergunte se os membros possuem algo para ser licenciado.

Para se tornar um *expert*

- ProfNet via PR Leads (www.prleads.com/discountpage) e HARO (www.helpareporterout.com)
Receba informativos diários de jornalistas procurando por *experts* para citar ou entrevistar para suas matérias, variando de jornais locais à CNN e ao *The New York Times.* Pare de nadar contra a corrente e comece a responder às histórias nas quais já há pessoas trabalhando. Mencione meu nome e ganhe dois meses pelo preço de um.

HARO oferece gratuitamente informativos selecionados.

- ExpertClick (www.expertclick.com)
Esse é outro segredo dos profissionais de RP. Crie um perfil de *expert* visível em um diretório de mídia, receba um banco de dados atualizado de contatos importantes na mídia e mande informativos para 12 mil jornalistas, tudo em um único site, com mais de 5 milhões de visitas por mês. Foi assim que cheguei à NBC e acabei desenvolvendo um programa de TV no horário nobre. Funciona. Mencione meu nome ao telefone, ou use "Tim Ferriss $100" on-line para ganhar um desconto de 100 dólares.

► PROJETO DE VIDA NA PRÁTICA

Bon Jour, Tim.

Eu estava na Barnes & Noble no último sábado, 25 de abril, esperando um funcionário me trazer um livro (*Trópico de Câncer*, caso queira saber). Enquanto esperava, vi um exemplar de *Trabalhe 4 horas por semana* em cima do balcão. Eu me aproximei do livro e comecei a ler. Como você pode imaginar, pedi ao funcionário que me trouxesse em exemplar do seu livro. Ainda não terminei de ler *Trópico de Câncer*, mas seu livro...

Na segunda-feira recebi "sim" como resposta quando perguntei ao meu chefe se poderia trabalhar remotamente duas vezes por semana. Começo na semana que vem. Também na segunda reservei o apartamento mais incrível de Paris para o mês de setembro, pela metade do aluguel que pago no sul da Califórnia. Planejo aumentar o tempo de trabalho remoto até agosto para poder me afastar em setembro sem problemas, mantendo o trabalho remoto. Se a resposta for não (algo que eu duvido), estou preparada para pedir demissão.

Agora estou trabalhando no meu projeto de Receita no piloto automático.

Tim: é incrível. Minha vida mudou em três dias. (Além disso, seu livro é divertido pra caramba.) Muito obrigada!!!

– Cindy Frankey

10
Receita em piloto automático II

Testar a musa

"Muitas dessas teorias foram eliminadas apenas quando algum experimento decisivo expôs suas incorreções. Portanto, o trabalho árduo em qualquer ciência... é feito pelo experimentalista, que deve manter os teóricos honestos."

MICHIO KAKU, físico teórico e co-criador da teoria dos campos e cordas, *Hiperespaço*

Menos de 5% dos 195 mil livros publicados a cada ano vendem mais de 5 mil cópias. Inúmeros editores com décadas de experiência falham mais vezes do que têm sucesso. O fundador da Border's Books perdeu 375 milhões de dólares de investidores com a WebVan,[1] um serviço nacional de entregas de compras em domicílio. O problema? Ninguém queria esse serviço.

A moral da história é que intuição e experiência são péssimos conselheiros sobre quais produtos e negócios serão lucrativos. Grupos de discussão são igualmente equivocados. Pergunte às pessoas se elas comprariam seu produto. Então responda aos que disserem "sim" que você tem dez unidades em seu carro e peça que comprem uma. As respostas inicialmente positivas, dadas por pessoas que querem que se goste delas e têm como objetivo agradar, tornam-se desculpas educadas assim que dinheiro real entra em jogo.

Para ter um indicador preciso da viabilidade comercial, não pergunte às pessoas se elas comprariam – peça que comprem. A resposta a esta segunda pergunta é a única que importa.

A abordagem dos **NR** reflete isto.

1. http://news.com.com/2100-1017-269594.html?legacy=cnet.

Passo 3: Microteste seus produtos

O microteste envolve o uso de anúncios baratos para testar a resposta do consumidor a um produto antes de fabricá-lo.[2]

Na era pré-internet, isso era feito através de pequenos classificados em jornais e revistas que levavam os clientes em potencial a ligar para um número e ouvir uma mensagem pré-gravada, pedindo que deixassem seu contato. Baseado no número de ligações recebidas ou de respostas a uma carta enviada em seguida à ligação, o produto seria abandonado ou fabricado.

Na era da internet, há ferramentas melhores, tanto mais baratas quanto mais rápidas. Testaremos as ideias de produtos do último capítulo com o Google Adwords – o maior e mais sofisticado mecanismo de Pay-per-Click (PPC) – durante cinco dias, por 500 dólares ou menos. PPC aqui se refere aos resultados da busca destacados, listados acima e à direita dos resultados normais de qualquer busca no Google. Anunciantes pagam para ter esses anúncios exibidos quando alguém pesquisa por um determinado termo relacionado com o produto do anunciante, como "suplemento cognitivo", e cobra-se uma pequena taxa de 5 centavos até mais de 1 dólar a cada vez que alguém acessa o site do anunciante clicando em um desses anúncios. Para exemplos expandidos das estratégias de PPC a seguir, incluindo um plano completo de marketing via PPC para noventa dias, visite www.fourhourworkweek.com.

O processo básico de teste consiste em três partes, todas elas descritas neste capítulo.

Supere: Olhe a concorrência e crie uma oferta de um produto mais atraente em um site de uma a três páginas (de uma a três horas).

---

2. Pode ser ilegal cobrar dos consumidores antes do embarque da mercadoria – então não vamos cobrar –, mas ainda assim é uma prática comum. Por que vários comerciais dizem "de três a quatro semanas de entrega" se uma encomenda leva de três a cinco dias de Nova York à Califórnia? Esse prazo dá às empresas tempo de fabricar o produto e usar o dinheiro dos pagamentos para financiá-lo. Esperto, mas frequentemente contra a lei.

Teste: Teste a oferta usando campanhas curtas de propaganda com o Google Adwords (três horas para configurar e cinco dias de observação passiva).

Eliminar e investir: Corte as perdas com os fracassados no teste e fabrique o(s) vencedor(es) para partir para a venda.

Vamos usar duas pessoas, Sherwood e Johanna, e suas duas ideias de produtos – camisetas francesas de marinheiro e um DVD de ioga para alpinistas – como estudos de caso sobre como são as etapas de teste e como você pode fazer o mesmo.

Sherwood comprou uma camiseta de marinheiro listrada na França, durante uma viagem em suas últimas férias, e, depois de voltar para Nova York, foi continuamente abordado na rua por homens de 20-30 anos querendo saber onde ele havia comprado a camiseta. Percebendo que havia ali uma oportunidade, ele solicitou edições antigas de revistas nova-iorquinas semanais voltadas para seu público-alvo e ligou para o fabricante das camisetas na França para pedir orçamento. Descobriu que podia comprar camisetas por 20 dólares, preço de distribuição, e vender por 100 dólares no varejo. Ele acrescenta 5 dólares por camiseta para custos de embarque para os Estados Unidos e chega a um custo final por camiseta de 25 dólares. Não é exatamente nosso multiplicador ideal (4x *vs.* 8-10x), mas ele quer testar o produto mesmo assim.

Johanna é uma professora de ioga que percebeu um número crescente de alpinistas entre seus alunos. Ela também é alpinista e cogita criar um DVD instrutivo de ioga voltada para o alpinismo, o que incluiria um manual encadernado de 20 páginas e custaria 80 dólares. Acredita que a produção de uma primeira edição com baixo orçamento do DVD não custaria mais do que uma câmera emprestada, uma fita digital de noventa minutos e o iMac emprestado de um amigo para uma edição simples. Ela pode queimar pequenas quantidades dos DVDs dessa primeira edição – sem menus, apenas o filme e alguns títulos – no seu *laptop* e criar etiquetas com programas gratuitos baixados no www.download.com. Ela entrou em contato com uma empresa de duplicação e descobriu que DVDs mais profissionais custariam de 3 a 5 dólares cada um para serem duplicados em pequenas quantidades (mínimo de 250), incluindo as caixinhas.

Agora que eles têm ideias estimativas dos custos iniciais, o que vem a seguir?

Superar a concorrência

Em primeiro lugar, cada produto precisa passar por um teste de competição. Como Sherwood e Johanna poderão vencer a concorrência e oferecer um produto ou garantia superior?

1. Sherwood e Johanna pesquisam no Google as palavras mais prováveis que deverão ser usadas na pesquisa para encontrar seus respectivos produtos. Para levantar uma lista de palavras relacionadas e termos derivados, ambos usam as ferramentas de sugestão de termos de busca.

- Google Adwords Keyword Tool
(https://adwords.google.com/select/KeywordToolExternal) Insira os termos de busca potenciais para encontrar o volume de buscas e os termos alternativos com mais tráfego de busca. Clique na coluna "Approx Avg Search Volume" para ordenar os resultados do mais procurado para o menos procurado.

- SEOBook Keyword Tool, SEO for Firefox Entension
(http://tools.seobook.com/) Esta página é fantástica, com pesquisas alimentadas pelo Wordtracker (www.wordtracker.com).

Então, ambos visitam os três sites que mais aparecem no topo das buscas e nas posições de PPC. Como Sherwood e Johanna podem se diferenciar?

- Usar mais indicadores de credibilidade? (Mídia, academia, associações e depoimentos.)
- Criar uma garantia melhor?

- Oferecer uma seleção melhor?[3]
- Frete grátis ou mais rápido?

Sherwood percebe que as camisetas são normalmente difíceis de encontrar nos sites da concorrência, que exibem dúzias de produtos ao mesmo tempo, e que as camisetas são ou feitas nos Estados Unidos (não são autênticas, portanto) ou vêm da França (os clientes precisam esperar de duas a quatro semanas). Johanna não conseguiu encontrar um DVD de ioga para alpinistas, então ela tem que começar do zero.

2. Sherwood e Johanna agora precisam criar um site de propaganda de apenas uma página (trezentas a seiscentas palavras), cheio de depoimentos, enfatizando as diferenças e os benefícios do produto usando textos e fotos próprios ou de arquivo. Ambos passaram duas semanas colecionando anúncios que os levaram a comprar produtos ou que chamaram sua atenção, fossem impressos ou on-line – que serviriam como modelos.[4] Johanna pede a seus alunos que escrevam pequenos depoimentos e Sherwood empresta camisetas para alguns amigos para conseguir depoimentos para sua página. Sherwood também solicita ao fabricante fotografias e amostras de anúncios.

Veja www.pxmethod.com para ver um bom exemplo de como criei uma página de teste usando depoimentos de pessoas que fizeram o curso. Seminários gratuitos, como foram recomendados em "A construção de um *expert*", são ideais para identificar pontos fortes do produto e conseguir depoimentos.

Testar a propaganda

Sherwood e Johanna precisam agora testar a resposta real dos consumidores a seus anúncios. Sherwood primeiro testa seu conceito em um leilão de 48 horas no eBay, que inclui seu texto de propaganda. Ele estabelece a "reserva" (o preço mínimo que aceitaria) por

3. Isso se aplica a Sherwood apenas.
4. Como criei o *slogan* mais bem-sucedido do BodyQUICK ("O jeito mais rápido e garantido de aumentar força e velocidade")? Tomei emprestado o *slogan* mais antigo, e por isso mais lucrativo, da Rosetta Stone: "O jeito mais rápido e garantido de aprender um idioma™". Reinventar a roda é caro – torne-se um observador atento do que já existe e funciona, e adapte-o.

uma camiseta em 50 dólares, e cancela o leilão no último minuto para evitar problemas legais, uma vez que não tem o produto para vender. Recebeu lances de até 75 dólares e decidiu passar para a próxima fase do teste. Johanna não se sente à vontade com a decepção aparente e pula esse teste preliminar.

Custo para Sherwood: menos de 5 dólares.

Ambos descobrem um provedor de baixo custo como www.bluehost.com para hospedar seus sites de uma página. Bluehost inclui um nome de domínio junto com a hospedagem. Sherwood e Johanna escolhem nomes relacionados a seus produtos. Para nomes adicionais de domínio, Johanna usa o barato registrador de domínios www.domainsinseconds.com.

Custo para ambos: menos de 20 dólares.

Sherwood usa o www.fourhourblog.com/weekly para criar seu site de publicidade de uma página e depois cria duas páginas adicionais usando o www.wufoo.com. Se alguém clicar no botão "comprar", na primeira página, é conduzido para uma segunda página, com preço, frete, instruções de pagamento[5] e um formulário de contato para preencher (incluindo e-mail e telefone). Se o visitante clicar em "prosseguir com o pedido", é levado para uma página que diz: "Infelizmente, este produto encontra-se indisponível, mas entraremos em contato assim que o tivermos em estoque. Obrigado por sua paciência". Esta estrutura lhe permite testar separadamente sua primeira página e sua página com o preço. Se alguém chegar à última página, isso é considerado um pedido.

Johanna não se sente à vontade com "teste seco" ("dry testing"), como esse tipo de teste feito por Sherwood é conhecido, ainda que seja legal, uma vez que a informação de cobrança não é registrada. Em vez disso, ela contrata um *designer* através do www.elance.com por 100 dólares, para criar uma página simples com seu anúncio e um e-mail onde os visitantes podem se inscrever para ganhar uma lista de "dez dicas" para usar a ioga no alpinismo. Ela considerará 60% das inscrições como pedidos hipotéticos.

5. Sherwood inclui informações de frete e de pagamento antes da página final de pedidos, para que as pessoas não precisem finalizar o pedido apenas para confirmar o preço total. Ele quer que seus "pedidos" reflitam pedidos reais, e não pesquisas de preços.

Custo de ambos: menos de 0 dólar.

Ambos estabeleceram campanhas simples no Google Adwords, com 50-100 termos de busca, para ao mesmo tempo testar *slogans* e direcionar tráfego para suas páginas. O limite máximo por dia de ambos foi estabelecido em 50 dólares. (Como daí em diante começa o teste de PPC, recomendo que você primeiro visite www.google.com/onlinebusiness, crie sua própria conta, o que deve levar dez minutos. Seria um desperdício de floresta tropical usar dez páginas para explicar termos que podem ser entendidos com uma olhadela on-line.)

Sherwood e Johanna decidem os melhores termos de busca usando as ferramentas de sugestão de termos já mencionadas. Ambos preferiram termos específicos quando possível ("camisetas francesas de marinheiro" *vs.* "camisetas francesas"; "ioga para esportes" *vs.* "ioga"), para uma taxa de conversão maior (a porcentagem de visitantes que realmente compra) e um custo-por-clique (CPC) menor. Eles também preferiram um posicionamento entre o segundo e o quarto, mas não mais do que 20 centavos de CPC.

Sherwood usará as ferramentas gratuitas de análise do Google para rastrear "pedidos" e taxas de abandono da página – que porcentagem de visitantes abandona o site e em que página. Johanna usará o www.wufoo.com para rastrear as inscrições de e-mails neste teste em pequena escala.

Custo para ambos: 0 dólares.

Johanna e Sherwood criaram propagandas no Adwords que mostraram suas diferenças. Cada anúncio no Google Adwords consiste em um título e duas linhas de descrição, nenhum dos quais podendo exceder 35 caracteres. Sherwood criou cinco grupos de dez itens de busca cada um. Dois de seus anúncios estão a seguir.

SAILOR SHIRTS FROM FRANCE
French quality, shipped from U.S.
Lifetime guarantee!*
www.shirtsfromfrance.com

REAL FRENCH SAILOR SHIRTS
French quality, shipped from U.S.
Lifetime guarantee!**
www.shirtsfromfrance.com

Johanna criou os mesmos cinco grupos de dez termos e testou um número de anúncios, inclusive estes:

YOGA FOR ROCK CLIMBERS	YOGA FOR ROCK CLIMBERS
DVD used by 5.12 climbers	DVD used by 5.12 climbers
Get flexible fast!***	Get flexible fast!
www.yogaforsports.com	www.yogaclimber.com

Note que estes anúncios podem ser usados não só para testar as chamadas, mas também garantias, nomes de produto e de domínio. Fazer isso é simples: criar vários anúncios, usados aleatoriamente pelo Google, que sejam idênticos exceto por uma única variável a ser testada. Como você acha eu que determinei o melhor título para este livro?

Tanto Sherwood como Johanna desativaram a opção no Google para mostrar só o anúncio de melhor desempenho. Isso é necessário para comparar as taxas de atração de cada anúncio e combinar os melhores elementos (título, nome do domínio e linhas de texto) em um anúncio final.

Por fim, mas não menos importante, garanta que os anúncios não levem os visitantes enganosamente a visitar o site. O produto oferecido deve ficar claro. Nosso objetivo é tráfego qualificado, de modo que não queremos oferecer algo "de graça" para não atrair olhadores de vitrinas ou curiosos que não pretendam comprar.

Custo para ambos: 50 dólares ou menos por dia x 5 dias = 250 dólares.[6]

---

* Legítimas camisetas francesas de marinheiro – Qualidade francesa, embarcadas dos Estados Unidos – Garantia por toda vida!

** Camisetas de marinheiro da França – Qualidade francesa, embarcadas dos Estados Unidos – Garantia por toda vida!

*** Ioga para alpinistas – DVD usado por alpinistas 5.12 – Fique flexível rapidamente!

6. Tenha em mente que cem termos específicos custando 10 centavos por clique trarão mais resultados do que dez termos abrangentes custando 1 dólar por clique, pois quanto mais você gastar, mais tráfego você dirige para seu site e mais estatisticamente válidos seus resultados serão. Se o orçamento permitir, aumente o número de palavras relacionadas e o gasto total diário, para que o teste de PPC custe entre 500 e 1000 dólares.

Eliminar ou investir

Cinco dias depois, é tempo de calcular os resultados.

O que podemos considerar uma "boa" quantidade de cliques e de taxa de conversão? É aqui que a matemática pode decepcionar. Se você está vendendo um casaco de abominável homem das neves por 10 mil dólares com 80% de margem de lucro, obviamente precisamos de uma taxa de conversão menor do que alguém que está vendendo um DVD por 50 dólares e margem de lucro de 70%. Para ferramentas sofisticadas e planilhas gratuitas que fazem todos os tipos de cálculos para você, visite www.fourhourworkweek.com.

Johanna e Sherwood decidem simplificar nessa hora: quanto gastaram com os anúncios PPC e quanto "venderam"?

Johanna foi muito bem. O tráfego não foi grande o bastante para fazer o teste valer por um escrutínio estatístico, mas ela gastou cerca de 200 dólares e conseguiu catorze inscrições para um relatório grátis com dez dicas. Se ela considerar que 60% comprariam, isso significaria 8,4 pessoas x 75 dólares de lucro por DVD = 630 dólares em lucro total hipotético. Isso também não leva em consideração o valor do potencial de continuidade de cada cliente.

Os resultados do pequeno teste que ela fez não são garantia de sucesso futuro, mas os indicadores são positivos o bastante para que ela decida criar um Yahoo! Store por 99 dólares mensais mais uma pequena taxa por transação. Seu crédito não é excelente, então ela optará por usar www.paypal.com para aceitar cartões de crédito on-line em vez de pedir a seu banco a abertura de uma conta comercial (Merchant account).[7] Ela envia os e-mails com as dez dicas para aqueles que se inscreveram e pede a eles um retorno, recomendações para o conteúdo do DVD. Dez dias depois, ela tem uma primeira versão do DVD pronta para vender e sua loja já está na internet. Suas vendas para os que se inscreveram originalmente cobre os custos de produção e ela vende respeitáveis dez DVDs por semana (750 dólares de lucro) via Google Adwords e Overture, o segundo maior mecanismo de PPC. Planeja testar anúncios impressos em

---

7. "Merchant account" é um tipo de conta corrente própria para receber pagamentos em cartões de crédito.

revistas da área e agora precisa criar uma arquitetura de automação para remover-se da equação.

Sherwood não foi tão bem, mas ainda vê potencial. Gastou 150 dólares em PPC e "vendeu" três camisetas, percebendo um lucro hipotético de 225 dólares. Teve tráfego mais do que suficiente, mas a maior parte dos visitantes saía do site na página do preço. Em vez de abaixar o preço, ele decidiu testar uma "garantia de 2x seu dinheiro de volta" na página do preço, que dará um reembolso de 200 dólares se a camiseta de 100 não for "a mais confortável que você já vestiu". Refaz o teste e "vende" sete camisetas por 525 dólares de lucro. Baseado nesses resultados, abre uma conta comercial em seu banco, para processar cartões de crédito, faz um pedido de uma dúzia de camisetas na França e vende todas elas em dez dias. Isso dá a ele lucro bastante para comprar um espaço publicitário com 50% de desconto (pedindo pelo "desconto de primeira vez de anunciante" e então citando uma revista concorrente para conseguir mais 20%) em uma revista de arte local, de edições semanais, na qual ele chama a camiseta de "Camisetas Jackson Pollock". Pede mais duas dúzias de camisetas, para pagar em trinta dias e coloca um número de ligação gratuita[8] nos anúncios que direcionam as chamadas para seu celular. Faz isso em vez de usar um website por duas razões: (1) quer determinar as perguntas mais comuns para criar um FAQ on-line, e (2) quer testar uma oferta de 100 dólares por uma camiseta (75 dólares de lucro) ou "compre duas, ganhe uma" (200 – 75 = 125 dólares de lucro).

Vende todas as 24 camisetas nos cinco primeiros dias de circulação da revista, especialmente através da oferta especial. Sucesso. Redesenha o anúncio impresso, colocando as respostas para as perguntas mais comuns no texto do anúncio, como forma de evitar ligações pedindo informação, e decide negociar um contrato de publicidade de prazo maior com a revista. Manda para o representante comercial da revista um cheque comprando anúncios em quatro edições a 30% do preço padrão. Liga para confirmar que receberam o cheque via FedEx e, com o cheque nas mãos e os prazos estourando, eles não recusam.

8. Veja como criar serviços como esse em detalhes no final deste capítulo e do próximo.

Sherwood quer ir a Berlim durante umas férias de duas semanas de seu trabalho, de que ele cogita se demitir. Como pode tocar seu sucesso e sair de sua própria empresa? Ele precisa criar a arquitetura e conseguir seu Gerenciamento pela Ausência Móvel.

E é aí que começa o próximo capítulo.

Revisitando os Novos Ricos: como Doug conseguiu

Lembra-se de Doug, da ProSoundEffects.com? Como ele testou a ideia e passou de 0 para 10 mil dólares por mês nesse processo? Ele seguiu os passos a seguir.

1. Seleção de mercado

Escolheu produtores de música e televisão como mercado, por ser ele próprio um músico e já ter usado esse tipo de produto.

2. Ideias de produtos

Escolheu os produtos mais populares disponíveis para revender dos maiores fabricantes de coleções de sons e conseguiu um contrato de distribuição e um acordo de *drop-ship* (remessa direta) com eles. Muitas dessas coleções custam bem acima de 300 dólares (até 7500 dólares), e é precisamente por isso que ele precisa responder mais questões de atendimento ao cliente do que alguém com um produto mais barato, entre 50 e 200 dólares.

3. Microteste

Doug fez um leilão dos produtos no eBay para testar a demanda (e o maior preço possível) antes de comprar um estoque. Fazia os pedidos aos fabricantes apenas quando recebia os pedidos dos clientes, e os produtos eram enviados direto dos estoques dos fabricantes. Baseado na demanda confirmada através do eBay, Doug criou um Yahoo! Store com esses produtos e começou a testar o Google Adwords e outros mecanismos de PPC.

4. Prosseguimento e automação

Depois desse teste e depois de gerar um fluxo de renda suficiente, Doug começou a experimentar anúncios impressos em revistas. Ao mesmo tempo, dinamizou e terceirizou operações para reduzir o tempo de que precisava dispor de duas horas diárias para duas horas semanais.

• Desafiando o conforto •

Rejeitar a primeira oferta e ir embora (três dias)

Antes de fazer este exercício, leia, se possível, o capítulo bônus "How to Get $ 700,000.00 of Advertising for $ 10,000.00" [Como conseguir 700 mil dólares de propaganda por 10 mil dólares] no site deste livro, e então disponibilize duas horas por dia em um sábado, domingo e segunda-feira consecutivos.

No sábado e no domingo, vá a uma feira ou a outro evento ao ar livre em que haja coisas sendo vendidas. Se isso não for possível, vá a um pequeno varejista independente (nada de cadeias ou grandes varejistas).

Estabeleça um orçamento de 100 dólares para sua aula de negociação e procure itens para comprar que custem, ao todo, pelo menos 150 dólares. Seu trabalho é conseguir que os vendedores reduzam o preço até 100 dólares pelo lote. É melhor praticar com muitos itens baratos do que com poucos itens grandes. Certifique-se de responder à primeira oferta deles com "que tipo de desconto você pode me oferecer?" para fazer com que eles negociem contra si próprios. Negocie até perto da hora de fechar, escolha seu preço objetivo, equipare preços e faça uma oferta firme em dinheiro para aquela quantidade.[9] Pratique ir embora se seu preço objetivo não for alcançado. Na segunda, ligue para duas revistas (talvez seja embaraçoso da primeira vez) e use o roteiro disponível no site do livro para negociar, exceto a oferta final. Faça-os reduzir o máximo que for possível e depois ligue de volta para dizer que sua

9. Veja o capítulo bônus em www.fourhourworkweek.com para entender todo o contexto.

proposta foi vetada por instâncias superiores (ou vetada de alguma outra forma).

Este é o equivalente em negociação ao "paper trading".[10] Acostume-se a recusar ofertas e a opor-se, pessoalmente e – mais importante – por telefone.

• Truques e ferramentas •

Criação de um website rápida e simples para os não familiarizados com tecnologia (e para os familiarizados)

► Weebly (https://www.weebly.com)

Graças ao Weebly, que a BBC chamou de "obrigatório", consegui criar o www.timothyferris.com em menos de duas horas e ele apareceu na primeira página do Google durante 48 horas em buscas por "timothy ferriss". Funciona como o Wordpress e foi criado para otimizar os mecanismos de buscas sem exigir conhecimento ou algum tipo de ação do usuário. Não é preciso ter expertise em internet ou HTML.

► WordPress.com (www.wordpress.com)

Usei o WordPress para criar o www.litliberation.org em um Café de Bratislava, Eslováquia, quando um designer dos Estados Unidos me deixou na mão. Levei menos de três horas para aprender a usar e criar o site para arrecadar fundos para um projeto educacional que acabou arrecadando 200% mais do que Stephen Colbert no mesmo período de tempo. Também uso a versão gratuita de código-fonte aberto (www.wordpress.org, que requer outra hospedagem) para administrar meu blog www.fourhourblog.com. Ele oferece mais personalização, mas requer mais conhecimento técnico e gerenciamento.

---

10. "Paper trading" é uma forma de criar um orçamento imaginário, "comprar" ações (escrevendo seus valores atuais em um pedaço de papel), e então traçar seu desempenho ao longo do tempo, para ver como teria sido seu investimento se fosse real. É um método sem riscos de afiar sua habilidade de investimento antes de colocar sua pele em jogo.

Tanto o Weebly quanto o WordPress podem hospedar seu site, por isso não há necessidade de configurar hospedagem adicional.

Se você preferir usar o www.wordpress.org (em vez de .com) para ter algo mais personalizado, sugiro usar um serviço de hospedagem com instalação simples como o www.fourhourblog.com/bluehost. Os plug-ins Shopp (http://shopplugin.net/) ou Market Theme poderão ser usados para acrescentar serviços de comércio eletrônico. O fourhourblog.com/shopify (que veremos depois) também é outra boa alternativa *all-in-one*.

Crie formulários em segundos para testar o fechamento da compra com ou sem pagamento

O Wufoo (www.wufoo.com) não oferece um carrinho de compras cheio de recursos, mas tem os formulários mais simples e fáceis de usar da internet. Crie uma página de fechamento da compra que se conecte com o PayPal e você poderá (1) criar um link para essa página de fechamento das compras do seu site no Weebly, WordPress.com ou qualquer outro, ou (2) baixar o código no seu próprio site e fazer a hospedagem aí mesmo. O Wufoo é útil para testar e vender produtos individuais, pois as pessoas não podem adicionar vários itens ao carrinho de compras ou personalizar o pedido à la Amazon. Para essas opções adicionais, que normalmente são desejáveis após os testes bem-sucedidos, você vai querer usar as "soluções de um site ponta-a-ponta" relacionados mais à frente.

Formação de empresa e registro de marca

- (LLC, C-Corp etc.)

  Apesar de eu também ter uma C-Corporation (muitas vezes usada para emitir ações comuns e preferenciais para os investidores), criada por meio da segunda opção a seguir, LLC e C-Corps são as preferidas de quem tem um pequeno negócio. Consulte seu contador para saber qual é a melhor maneira de constituir uma empresa.

- LegalZoom (www.legalzoom.com)
  Formação de empresas, registro de marcas e quase toda a documentação legal. Conheço uma pessoa que usou este serviço para incorporar sua startup de tecnologia, que agora vale mais de 200 milhões de dólares.

- Corporate Creations (www.corporatecreations.com)
  Formação de empresas domésticas e no exterior.

Serviços para venda de produtos que podem ser baixados (e-books, vídeos, áudio etc. em ordem decrescente na preferência dos leitores).

- E-Junkie (www.e-junkie.com)

- Lulu (www.fourhourblog.com/lulu)
  O Lulu também oferece impressão sob demanda e outras formas de produção. Como o Lightining Source (www.lightiningsource.com), oferece distribuição pela Amazon, Barnes & Noble on-line e outros pontos de venda importantes.

- CreateSpace (www.createspace.com)
  Subsidiária da Amazon que oferece distribuição de livros, CDs e DVDs sob demanda, sem necessidade de manter estoque, assim como downloads de vídeos pelo *Amazon Video on Demand*.

- Clickbank (www.clickbank.com)
  Oferece acesso integrado a afiliadas que se dispõem a vender seu produto por uma porcentagem das vendas.

Introdução à propaganda pay-per-click (PPC)

- Tutorial do Google Adwords
  (https://support.google.com/adwords/answer/4362159?hl=pt-BR)

Dimensionamento de mercado e ferramentas de sugestão de palavras-chave

Pense em termos de busca PPC adicionais e determine o número de pessoas que efetivamente buscam por eles.

- Google Adwords Keyword Tool
(https://adwords.google.com/select/KeywordToolExternal)
Entre com os potenciais termos de busca para saber qual é o volume das buscas e os termos alternativos com o maior tráfego de buscas. Clique na coluna "Approx Avg Search Volume" para obter os resultados dos mais procurados para os menos procurados.

- SEOBook Keyword Tool, SEO for Firefox Extension
(http://tools.seobook.com/) Excelente página de recursos com pesquisas alimentadas pelo Wordtracker (www.wordtracker.com).

Registro barato de domínios

- Domains in Seconds (www.domainsinseconds.com)
Eu tenho mais de 100 domínios com esse serviço.
- Joker (www.joker.com)
GoDaddy (www.fourhourblog.com/godaddy)

Serviços de hospedagem baratos mas confiáveis

- Go Daddy (www.godaddy.com)
- 1and1 (www.1and1.com)
- BlueHost (www.bluehost.com)
- RackSpace (www.rackspace.com; conhecido por seus servidores dedicados e gerenciados)
- Hosting.com (www.hosting.com; conhecido por seus servidores dedicados e gerenciados)

Soluções de hospedagem compartilhada, em que seu site é hospedado juntamente com outros sites em um único servidor, são tão baratas que recomendo usar dois provedores, um como primário e um como reserva. Ponha sua página em ambos e assine o www.no-ip.com, que pode redirecionar seu tráfego (DNS) para a página reserva em cinco minutos, em vez das 24-48 horas normais.

Imagens de arquivo pagas ou gratuitas

- Free Stock Photos (www.freestockphotos.com)
  Um dos vários bancos de imagens de arquivo disponíveis na internet. Há fotos disponíveis em categorias que vão de animais a ruínas antigas, tanto para uso pessoal quanto profissional.

- Getty Images (www.getty.com)
  É para onde vão os profissionais. Fotos e filmes de arquivo de qualquer coisa por um preço. Pago entre 150 e 400 dólares pela maior parte das imagens que uso em campanhas nacionais impressas e a qualidade é impressionante.

Rastreamento de inscrições por e-mail e autorrespostas programadas

- AWeber (www.aweber.com)
- MailChimp (www.mailchimp.com)

Soluções comerciais para sites com processamento de pagamentos

- Shopify (www.fourhourblog.com/shopify)
  É um dos favoritos dos leitores; além de ter um belo design, oferece otimização do mecanismo de buscas (em inglês, SEO – *search-engine optimization*), função arrastar e soltar, estatísticas, garantia do produto por meio de um de seus parceiros certificados como o "Fulfillment by Amazon.com". Seus clientes vão desde donos de pequenos negócios até Tesla Motors. Ao contrário do Yahoo e do eBay, no entanto, você precisará criar um serviço de processamento de pagamentos para aceitar o pagamento de seus clientes. (Veja abaixo – o PayPal é o mais fácil de integrar.)

- Yahoo! Store (http://smallbusiness.yahoo.com/ecommerce) (866-781-9246)

Este foi o que Doug usou. Por apenas 40 dólares por mês, mais 1,5% por transação. O suporte em tempo integral é excelente.

- eBay Store (http://pages.ebay.com/storefronts/start.html

Preços variam de 15 a 500 dólares por mês, mais as taxas do eBay.

Processamento simples de pagamentos, para páginas de testes

- PayPal Cart (www.paypal.com; veja "merchant")

Aceita pagamentos em cartão de crédito em minutos. Não há tarifas mensais.

- Authorize.net (www.fourhourblog.com/authorize)

O Authorize.net Payment Gateway pode ajudar você a acertar pagamentos com cartão de crédito e débito de forma rápida e acessível. Mais de 230 mil comerciantes confiam no Authorize.net para administrar suas transações, ajudar a evitar fraudes e aumentar os negócios. As taxas por transação são inferiores as do PayPal, mas você precisa configurar uma conta de comerciante, que veremos no próximo capítulo, e outros aplicativos demorados. Sugiro configurar o Authorize.net apenas depois que o produto tiver sido testado com sucesso em uma das outras opções acima.

Programas para compreender o tráfego na *web* (Análise da *Web*)

- Google Analytics (www.google.com/analytics)
- Crazy Egg (www.crazyegg.com)

Uso o Crazy Egg para ver exatamente onde as pessoas estão clicando mais e menos nas páginas iniciais dos sites. É particularmente útil para reposicionar os links ou buttons mais importantes para ajudar a levar os visitantes a realizar ações específicas. Não tente adivinhar o que funciona ou não – meça.

- Clicktracks (www.clicktracks.com)

- WebTrends (www.webtrends.com)

  Como as pessoas encontram, navegam e deixam sua página? Quantos clientes em potencial são atraídos por cada anúncio PPC e que páginas são mais populares? Estes programas respondem a tudo isso e muito mais. O Google é gratuito para a maior parte das páginas com pequeno volume – e melhor do que a maioria dos programas pagos – e os outros custam a partir de 30 dólares por mês.

Programas de testes A/B

Testar é, como você sabe, o nome do jogo, mas testar todas as variáveis pode se tornar confuso. Como saber que combinação de títulos, texto e imagens em sua página resultará em mais vendas? Em vez de usar uma versão por um período e depois trocar, o que leva muito tempo, use um programa que exibe diferentes versões da sua página para possíveis clientes aleatoriamente e faz toda a matemática para você.

- Google Website Optimizer (WO) (http://www.google.com/websiteoptimizer)

  Esta é uma ferramenta gratuita que, como o Google Analytics, é melhor do que muitos serviços pagos. Usei o Google WO para testar três possíveis homepages para o www.dailyburn.com e aumentei os registros em 19%, e depois em mais de 16%.
- Offermatica (www.offermatica.com)
- Vertster.com (www.vertster.com)
- Optimost (www.optimost.com)

Conferir o tráfego do site da concorrência

Veja quanto é e de onde vem o tráfego de seus concorrentes.

- Compete (www.compete.com)
- Quantcast (www.quantas.com)
- Alexa (www.alexa.com)

Programadores e *designers freelancer*

- 99Designs (www.fourhourblog.com/99designs) e Crowdspring (www.crowdspring.com)

  Usei o 99Designs para conseguir, em 24 horas, um excelente logo para o www.litliberation.org por menos de 150 dólares. Apresentei o conceito, mais de cinquenta designers de todo o mundo transferiram os arquivos com suas ideias para que eu pudesse navegar e escolher o melhor depois de sugerir algumas mudanças. Do site do Crowdspring: "Diga seu preço, diga seu prazo, veja as inserções em horas e tudo estará concluído em poucos dias. Um projeto médio recebe cerca de 98 inserções. Se não tiver pelo menos 25 inserções, você receberá seu dinheiro de volta."
- Upwork (www.upwork.com)
- CraigsList (www.craigslist.org)

► PROJETO DE VIDA NA PRÁTICA

Sou cidadão norte-americano e meus amigos e parentes não conseguiam me localizar por telefone. Entre no Skype In. Não é novo, mas permite que você alugue um número de telefone fixo nos Estados Unidos (ou em outro país) que faz a transferência para sua conta do Skype. Por cerca de 60 dólares/ano. Com o Skype você pode configurar as chamadas para que toquem no seu número local. Você paga a taxa como se estivesse ligando dos Estados Unidos para onde quer que você esteja. Usei isso em 40 países e funcionou perfeitamente. A qualidade da chamada geralmente é boa e a conveniência é incrível. http://www.skype.com/allfeatures/onlinenumber/. Uma ressalva é sempre, SEMPRE obter um cartão SIM local para seu celular GSM desbloqueado. Roaming é para amadores. Com o SIM local você também pode ter o GPRS ou 3G e às vezes até Wi-fi grátis. Viva!

– Ty Kroll

. . .

Basicamente, procuro preservar todas as minha ferramentas de internet pois se por acaso meu laptop for roubado posso comprar outro e ter tudo rodando novamente em 24 horas. Aqui estão algumas das ferramentas que uso regularmente:

Remember the Milk (www.remeberthemilk) tem sido fundamental para que eu cuide das minhas tarefas diárias.
www.freshbooks.com para faturas on-line.
Highrise (www.highrisehq.com/) para a gestão de relações com clientes.
Dropbox (www.tdropbox.com) para arquivar/compartilhar arquivos ou para fazer o backup de arquivos importantes quando estou na estrada.
PBworks (www.pbworks.com) me ajuda a não esquecer as ideias e notas que vou fazendo ao longo da vida.
O Fog Creek (www.fogcreek.com) é um "bug tracker" para empresas de desenvolvimento de software, mas eu uso todos os dias, tanto para tarefas pessoais quanto profissionais. Funciona quase como um AV pois você pode encaminhar seus e-mails por ele, e então os e-mails serão classificados e acompanhados. Ele tem grandes recursos para rastrear e-mails e possui uma versão gratuita para dois usuários (eu + AV!).

– RB Carter

. . .

Um serviço realmente útil é o Amazon Mechanical Turk (www.mturk.com). Com um pequeno investimento de tempo ou dinheiro um negócio que requer centenas de pessoas executando tarefas muito específicas torna-se possível com custos extraordinariamente baixos de mão de obra por unidade. Exemplos incluem a busca por Steve Fosset (milhares de pessoas viram fotos que teriam impressionado agências de busca e salvamento) e uma empresa de gestão de problemas que utiliza mão de obra qualificada em todo o mundo (veja Amazon.com/webservices). Não sou um dos proprietários nem tenho ações da Amazon, mas usei os serviços deles e alguns são transformadores quando se fala em criação de musa.

– J.Marymee

. . .

Rápido para o mercado

A forma mais rápida de levar a ideia de um produto para o mercado é: Registera.com. Obtenha a hospedagem no dathorn.com [uma conta de revenda barata, como o www.domainsinseconds.com]. Com dois cliques configure um blog wordpress. Use um tema. Acrescente seu conteúdo e um botão "compre agora". O botão de "compre agora" leva para uma página que pede que você entre com o endereço de e-mail, número de telefone etc. O usuário então clica um botão "continue to PayPal". Isso envia automaticamente os e-mails com os detalhes para mim, mas envia ao usuário uma mensagem informando que o PayPal está temporariamente fora do ar. Como isso posso saber quantas vendas eu teria feito. Uso os anúncios do Google para direcionar o tráfego... Calculo teoricamente o retorno do investimento (de preferência usando o Google Analytics). Se depois de uma ou duas semanas vejo um retorno positivo que compensa meu esforço crio ou terceirizo a criação do produto (emag, pdf, não importa). Configuro tudo com um link para o PayPal e então envio e-mails para os usuários que já tentaram comprar. Normalmente, em poucas horas recebo todo o meu investimento de volta e o dinheiro começa a rolar. Grande obra do *Trabalhe 4 horas por dia*... Aguardando a próxima edição.

– Atenciosamente, Matt Schmidt

11

Receita em piloto automático III

GPA – Gerenciamento pela Ausência[1]

"A fábrica do futuro terá apenas dois empregados: um homem e um cachorro. O homem estará lá para alimentar o cachorro. O cachorro estará lá para evitar que o homem encoste nas máquinas."
WARREN G. BENNIS, professor de administração de empresas na University of Southern California; conselheiro de Ronald Reagan e John F. Kennedy

A maior parte dos empreendedores não começa com a automação como um objetivo. Isso os deixa à mercê de uma confusão em massa em um mundo em que cada guru dos negócios contradiz o próximo. Considere o seguinte:

"Uma empresa é forte se seu vínculo for o amor em vez do medo... Se os funcionários vierem primeiro, então estarão felizes."
HERB KELLEHER, co-fundador da Southwest Airlines

"Olha aqui, criança. Construí esta empresa sendo um filho da puta. Eu a dirijo sendo um filho da puta. Sempre serei um filho da puta, e você nunca mais tente me mudar."[2]
CHARLES REVSON, fundador da Revlon, para um executivo sênior de sua empresa

Hmmm... quem seguir? Se você for rápido no gatilho, já terá percebido que acabei de oferecer opções excludentes. A boa notícia é que, como quase sempre, há uma terceira opção.

---

1. O autor faz um trocadilho entre MBA – Management By Absence (Gerenciamento pela Ausência) e o nome do popular curso entre executivos (Mastery in Business Administration – Mestrado em Administração de Negócios), algo que, se perde na tradução para o português. (N. T.)
2. Tedlow, R. *Giants of enterprise: seven business innovators and the empires they built*. Nova York: HarperBusiness, 2003.

Os conselhos contraditórios que você encontra em livros de gerenciamento e em todo lugar estão ligados a como gerenciar empregados – como administrar o elemento humano. Herb diz para você dar-lhes um abraço, Revson diz para dar-lhes um chute nas bolas e eu digo para você resolver o problema eliminando tudo junto: remova o elemento humano.

O CEO controle remoto

"O poder de nos esconder uns dos outros
nos é dado piedosamente, porque os homens
são bestas selvagens e se devorariam uns aos outros
se não fosse essa proteção."
HENRY WARD BEECHER, abolicionista e religioso americano,
Proverbs From Plymouth Pulpit

Pensilvânia rural

Em um casarão de pedra, de 200 anos de idade, uma silenciosa "experiência de liderança no século XXI" está correndo exatamente como planejada.[3]

Stephen McDonnell está no andar de cima, de pijama, olhando uma planilha no computador. Sua empresa cresce a uma taxa anual de 30%, todos os anos desde que foi fundada, e ele pode passar mais tempo com suas três filhas do que jamais imaginou ser possível.

A experiência? Como CEO da Applegate Farms, ele insiste em passar apenas um dia por semana na sede da empresa, em Brigdewater, Nova Jersey. Ele não é o único CEO que passa bastante tempo em casa, é claro – há centenas de executivos que tiveram ataques do coração ou síncopes nervosas e precisam de tempo para se recuperar –, mas há uma diferença enorme. McDonnell faz isso há mais de 17 anos. Mais raro ainda, ele começou a fazer isso apenas seis meses depois de fundar a empresa.

3. Adaptado de "The Remote Control CEO", revista *Inc.*, outubro de 2005.

A ausência intencional permitiu que ele criasse um negócio dirigido pelos processos em vez de um negócio dirigido pelo fundador. Limitar o contato com os gerentes força o empreendedor a desenvolver regras operacionais que permitam aos outros lidar com problemas eles mesmos, em vez de ligar pedindo ajuda.

Isso não é apenas para operações pequenas. A Applegate Farms vende mais de 120 produtos de carne orgânica e natural para varejistas de ponta e gera mais de 35 milhões de dólares de renda por ano.

E tudo isso é possível porque McDonnell começou com o final na cabeça.

Bastidores: a arquitetura da musa

"As ordens são que ninguém possa ver o Grande Oz.
Ninguém, de forma nenhuma."
GUARDIÃO DOS PORTÕES DA CIDADE DE ESMERALDA, *O mágico de Oz*

Começar com o final na cabeça – um mapa organizacional de como o negócio será no final – não é novidade.

O infame negociante Wayne Huizenga copiou a estrutura organizacional para transformar a Blockbuster num monstro bilionário, e dúzias de titãs fizeram a mesma coisa. No nosso caso, o "final na cabeça" é que é diferente. Nosso objetivo não é criar um negócio que seja tão grande quanto possível, mas, em vez disso, criar um negócio que nos incomode o menos possível. A arquitetura deve nos colocar fora do fluxo de informação em vez de nos colocar no topo dela.

Não consegui fazer isso direito da primeira vez que tentei.

Em 2003, fui entrevistado em meu escritório em casa para um documentário chamado *As Seen on TV* [Como visto na TV]. Éramos interrompidos a cada 20-30 segundos com notificação de e-mails, mensagens instantâneas e telefones tocando. Eu não podia deixar de respondê-los, porque dúzias de decisões dependiam de mim. Se eu não garantisse que os trens estavam no horário e se não apagasse os incêndios, ninguém o faria.

Anatomia da automação

A ARQUITETURA VIRTUAL DE QUATRO HORAS POR SEMANA

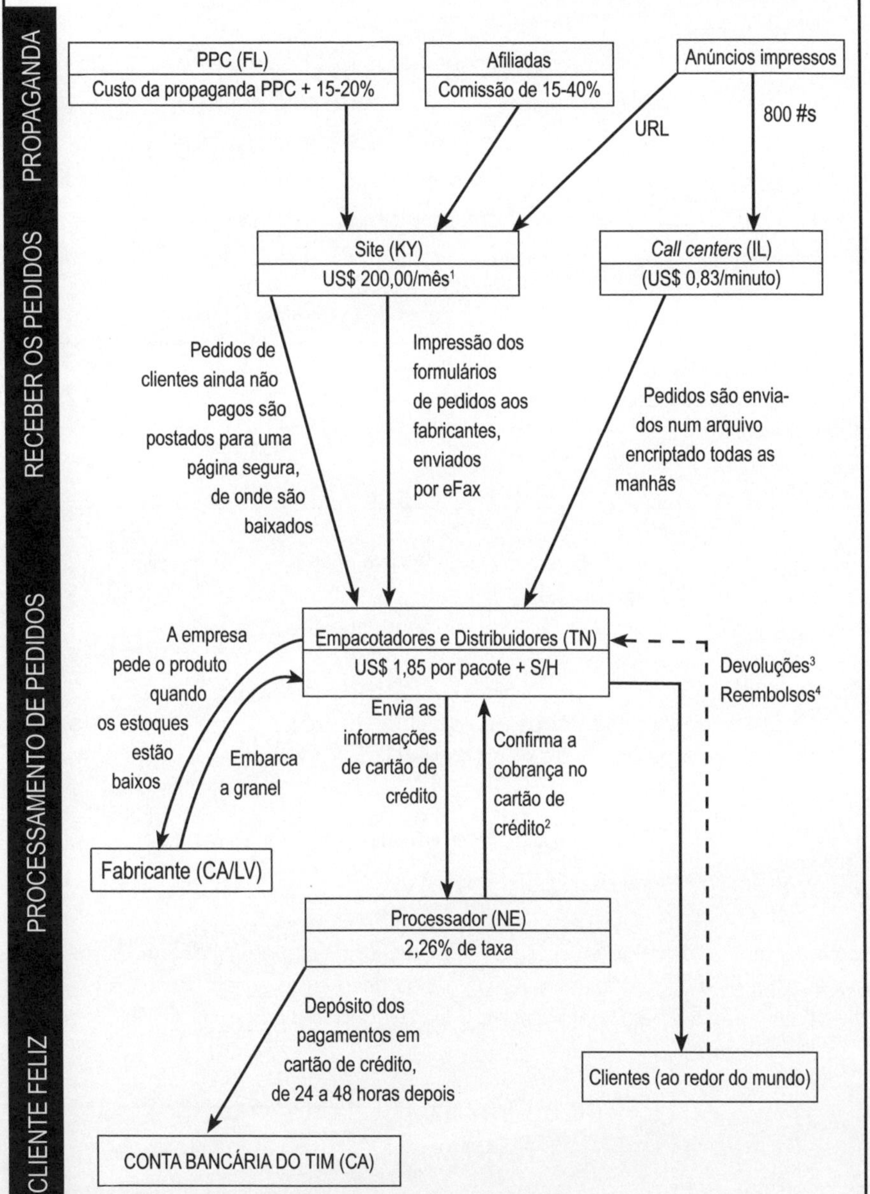

1. Este custo inclui o preço de um programador/*webmaster*.
2. Cartões de crédito recusados são comunicados para a empresa para que o cliente seja contatado.
3. As restituições são feitas através do processador.
4. Reembolsos são cobranças em cartão de crédito em discussão.

Partir o bolo: a economia da terceirização

Cada terceirizado fica com um pedaço do bolo das receitas. Eis aqui como seria uma tabela de perdas e ganhos para um produto hipotético vendido por telefone, por 80 dólares, desenvolvido com a ajuda de um *expert* a quem se pagam *royalties*. Recomendo o cálculo de margens de lucro usando despesas maiores do que as previstas, o que cobrirá custos imprevistos (leiam-se: problemas) e taxas variadas como relatórios mensais etc.

RECEITAS	
Custo do produto	US$ 80,00
Embarque/processamento	US$ 12,95
Receita total	US$ 92,95

DESPESAS	
Fabricação do produto	US$ 10,00
Call center (US$ 0,83/minuto, média de 4 minutos)	US$ 3,32
Embarque	US$ 5,80
Empacotamento (US$ 1,85 por embalagem + US$ 0,50 por caixa)	US$ 2,35
Processamento de cartão de crédito (2,75% de US$ 92,95)	US$ 2,56
Devoluções + cartões recusados (6% de US$ 92,95)	US$ 5,58
Royalties (5% do preço de distribuição de US$ 48,00 [US$ 80,00 x 0,6])	US$ 2,40
Despesa total	US$ 32,01

LUCRO (receita menos despesa)	US$ 60,94

Como computar o custo de propaganda? Se um anúncio de mil dólares ou a mesma quantia em PPC produz cinquenta vendas, meu custo de propaganda por pedido (CPP) é de 20 dólares. Isso deixa o lucro real por unidade em 40,94 dólares.

Estabeleci um novo objetivo depois daquela experiência, e quando fui entrevistado seis meses depois, como seguimento, uma mudança chamou mais a atenção do que todas as outras: o silêncio. Eu tinha redesenhado minha empresa de cima a baixo de modo que não tivesse que atender ao telefone nem responder a nenhum e-mail.

Frequentemente me perguntam o tamanho de minha empresa – quantas pessoas emprego em período integral. A resposta é: uma. A maior parte das pessoas perde o interesse nesse ponto. Se alguém me perguntasse quantas pessoas dirigem a BrainQUICKEN LLC, por outro lado, a resposta seria diferente: entre duzentas e trezentas. Eu sou o fantasma na máquina.

De anúncios – grave este exemplo – a depósitos em minha conta bancária, o diagrama na página 223 é uma versão simplificada de como é a minha arquitetura, incluindo alguns custos de exemplo. Se você desenvolveu um produto baseado nas diretrizes dos últimos dois capítulos, ele caberá nessa estrutura como uma mão numa luva.

Onde estou eu no diagrama? Em lugar nenhum.

Não sou uma oficina pela qual tudo precise passar. Sou mais como um policial na beira de estrada que pode entrar nela se for preciso, e uso relatórios detalhados dos terceirizados para garantir que as engrenagens estão funcionando apropriadamente. Checo os relatórios todas as segundas e os relatórios mensais na primeira segunda-feira de cada mês. Esses relatórios incluem os pedidos recebidos pelo *call center*, que posso comparar com as contas do *call center* para aferir o lucro. Por outro lado, checo as contas bancárias via internet apenas no primeiro e no décimo quinto dia de cada mês, para conferir se há deduções estranhas ou imprevistas. Se encontrar alguma coisa, um e-mail vai corrigi-la, e, se não houver nada errado, volto para o *kendo*, para a pintura, ciclismo, ou o que quer que esteja fazendo então.

Removendo-se da equação: quando e como

"O sistema é a solução."
AT&T, companhia americana de telecomunicações

O diagrama na página 223 deve ser seu rascunho para desenhar uma arquitetura virtual autossustentável. Pode haver diferenças – mais ou menos elementos –, mas os princípios básicos são os mesmos.

1. Contrate empresas terceirizadas que sejam especializadas em uma função em vez de *freelancers* sempre que possível, de modo que, se alguém for demitido, demitir-se ou não tiver um bom desempenho, você possa substituí-lo sem interromper seu negócio. Contrate grupos de pessoas treinadas que podem fornecer relatórios detalhados e substituir uns aos outros quando necessário.
2. Garanta que todos os terceirizados se comuniquem entre si para resolver problemas, e *dê-lhes permissão por escrito para tomar a maior parte das decisões baratas sem consultá-lo* (comecei com decisões inferiores a 100 dólares e passei para 400 dólares dois meses depois).

Como chegar lá? Ajuda olhar para onde os empreendedores tipicamente perdem o ímpeto e se atolam permanentemente.

A maior parte dos empreendedores começa com as ferramentas mais baratas disponíveis, esforçando-se e fazendo as coisas sozinhos para levantar-se e começar a caminhar com pouco dinheiro. Esse não é o problema. Na verdade, é até necessário para que os empreendedores possam treinar os terceirizados posteriormente. O problema é que esses mesmos empreendedores não sabem quando e como substituir a si mesmos ou sua infraestrutura doméstica por algo mais *dimensionável*.

Com "dimensionável", quero dizer uma arquitetura de negócios que possa lidar com dez mil pedidos por semana com tanta facilidade quanto com dez pedidos por semana. Para isso, é preciso minimizar sua responsabilidade em tomar decisões, o que atinge nosso objetivo de liberdade de tempo ao mesmo tempo que cria as condições para dobrar e triplicar a renda sem mudanças no número de horas trabalhadas.

Planeje e orce apropriadamente para incrementar sua infraestrutura, usando a seguinte progressão, medida pelo número de unidades embarcadas:

Fase 1: 0-50 unidades do produto embarcadas ao todo

Faça tudo você mesmo. Coloque seu número de telefone no site tanto para perguntas gerais quanto para pedidos – isso é importante no começo – e use as ligações de clientes para definir quais são as questões mais comuns que você deverá responder no FAQ on-line. Esse FAQ também será o principal material de treinamento para os operadores telefônicos e para desenvolver roteiros de vendas.

O PPC, a propaganda off-line ou o seu site são vagos ou inconclusivos demais, e por isso atraem clientes desqualificados ou que demandam muito tempo? Se sim, mude-os para responder às perguntas frequentes e torne os benefícios do produto (incluindo o que ele não é ou o que ele não faz) mais claros.

Responda a todos os e-mails e salve suas respostas em uma pasta chamada "Perguntas de clientes". Mande todas as mensagens com cópia para você e escreva a natureza da pergunta do cliente no campo "assunto" para poder indexar futuramente. Empacote e embarque pessoalmente todos os produtos para determinar as opções mais baratas para ambos. Investigue a possibilidade de abrir uma conta comercial em seu banco local para depois terceirizar o processamento de cartões de crédito.

Fase 2: menos de dez unidades embarcadas por semana

Acrescente o FAQ ao seu site e continue a adicionar respostas para questões comuns conforme as for recebendo. Encontre empresas locais de empacotamento nas páginas amarelas. Se não puder encontrar uma lá, ligue para gráficas locais e peça recomendações. Estreite o campo àqueles (normalmente os menores) que concordarem em não cobrar taxas de preparação e valores mínimos mensais.

Se não for possível, peça pelo menos 50% de desconto em ambos e peça que a taxa de preparação seja um adiantamento dos serviços ou de outras taxas.

Limite os candidatos àqueles que possam atender a solicitações de verificação de pedidos feitos pelos clientes via e-mail (ideal) ou telefone. Os e-mails de sua pasta de "atendimento ao cliente" servirão como modelos de resposta, especialmente aqueles relacionados à verificação da situação dos pedidos ou então de pedidos de reembolsos.[4]

Para diminuir ou eliminar taxas variadas, explique que você está começando e que seu orçamento é pequeno. Diga que precisa do dinheiro para propaganda, o que trará mais embarques. Se for necessário, cite empresas concorrentes com quem você está negociando e jogue uns contra os outros, usando preços mais baixos ou outras concessões, para conseguir descontos maiores ou bônus dos outros.

Antes de fazer sua escolha, peça pelo menos três referências para clientes e use o seguinte roteiro para evocar os pontos negativos: "Entendo que eles são competentes, mas todo mundo tem pontos negativos. Se tivesse que indicar algo com que teve problemas e em que não sejam os melhores, o que diria? Você poderia descrever um incidente ou desacordo ocorrido? Espero isso com todas as empresas, então não tem nada de mais, além de ser, é claro, confidencial".

Peça um prazo de trinta dias – pagar pelos serviços trinta dias depois que forem realizados – após um mês de pagamento à vista. É mais fácil negociar tudo isso com empresas pequenas, que precisam dos negócios. Faça com que seu fabricante envie diretamente à empresa de empacotamento assim que você tiver escolhido uma delas e coloque o e-mail (você pode criar um e-mail em seu domínio para isso e encaminhá-lo) e o telefone dela na sua página de "obrigado", a fim de que seus clientes possam contatá-la para saber sobre o *status* dos pedidos.

---

4. Exemplos de respostas sobre empacotamento e embarque via e-mail podem ser encontrados em www.fourhourworweek.com.

Fase 3: menos de vinte unidades embarcadas por semana

Agora que você tem fluxo de dinheiro para bancar as taxas de preparação e os mínimos mensais que aumentam, terceirizados mais sofisticados serão necessários. Ligue para empresas de empacotamento que fazem a operação inteira – de pedidos a devoluções e reembolsos. Entreviste-os sobre custos e peça-lhes referências de *call centers* e de processadores de cartão de crédito com quem já trabalharam, para troca de arquivos e resolução de problemas. Não monte uma arquitetura de estranhos – haverá custos e erros de programação, e ambos serão caros.

Abra primeiro uma conta com o processador de cartão de crédito, para a qual você precisará de uma conta comercial sua. Isto é importantíssimo, uma vez que a empresa de empacotamento só poderá lidar com reembolsos e com cartões recusados em transações que eles tenham processado através de um operador de cartão de crédito terceirizado.

Opcionalmente, contrate um dos *call centers* que sua nova empresa de empacotamento recomenda. Eles frequentemente terão números de ligação gratuita que você poderá usar, em vez de comprar os seus próprios. Observe a quantidade de pedidos on-line e de pedidos por telefone durante os testes e pense cuidadosamente se os custos extras dos pedidos por telefone valem o trabalho. Os que ligam para fazer pedidos geralmente farão on-line se não tiverem opção.

Antes de assinar com um *call center*, pegue vários números 0800 que eles administram para outros clientes e ligue para testar, falando de dificuldades relacionadas aos produtos e avalie o poder de venda. Ligue para cada um dos números pelo menos três vezes (manhã, tarde e noite) e tome nota do fator de decisão: o tempo de espera. O telefone deve ser atendido depois de três ou quatro toques e, se você for posto em espera, quanto mais curta, melhor. Mais de quinze segundos resultará em muitas ligações abandonadas e em dólares de propaganda desperdiçados.

A arte da não decisão: menos opções = mais receita

"Empresas perdem negócios quando tomam decisões erradas ou, tão importante quanto, quando tomam muitas decisões. Isso cria complexidade."

MIKE MAPLES, co-fundador da Motive Communications (capital aberto em bolsa por 260 milhões de dólares), executivo fundador da Tivoli (vendida à IBM por 750 milhões de dólares) e investidor em empresas como a Digg.com

Joseph Sugarman é o gênio do marketing por trás de dúzias de sucessos de vendas, incluindo o fenômeno dos óculos de sol BluBlocker. Antes de sua série de *home runs* na televisão (ele vendeu mais de 20 mil pares de BluBlockers em quinze minutos em sua primeira aparição na QVC), seu domínio era a mídia impressa, onde ganhou milhões e criou um império chamado JS&A Group. Certa vez foi contratado para desenvolver um anúncio para uma fábrica de relógios. O fabricante queria colocar nove relógios diferentes no anúncio e Joe recomendou estampar somente um. O cliente insistiu e Joe ofereceu fazer ambos e testá-los na mesma edição do *The Wall Street Journal*. O resultado? O anúncio de um relógio vendeu seis vezes mais do que o de nove relógios.[5]

Henry Ford disse, certa vez, referindo-se ao Modelo T, o carro mais vendido de todos os tempos,[6] que "o cliente pode comprar da cor que quiser, contanto que seja preto". Ele havia compreendido, então, algo que os homens de negócio parecem ter esquecido: atender o cliente ("atendimento ao cliente") não é se tornar um *concierge* e garçom pessoal para fazer-lhe todos os caprichos e vontades. Atender o cliente é fornecer um produto excelente a um preço aceitável e resolver problemas legítimos (remessas perdidas, substituições, reembolsos etc.) da maneira mais rápida possível. É isso.

5. Sugarman, J. *Advertising secrets of the written word*. Las Vegas: DelStar Books, 1998.
6. Dependendo do método de cálculo adotado (número de carros vs. receita total de vendas), algumas pessoas alegam que o Volkswagen Fusca original detém o recorde.

Quanto mais opções você oferecer ao cliente, mais indecisão cria e menos pedidos recebe – é um desserviço para todos os lados. Além disso, quanto mais opções você oferecer ao cliente, mais trabalho para fabricá-las e para oferecer suporte você gera para si.

A arte da "não decisão" refere-se a minimizar o número de decisões que seus clientes podem ou precisam tomar. Apresento alguns poucos métodos que eu e outros **NR** usamos para reduzir a quantidade de trabalho de 20 a 80%:

1. Ofereça uma ou duas opções de compra ("básico" e "premium", por exemplo) e nada mais.
2. Não ofereça múltiplas opções de envio. Ofereça um método rápido e cobre por um método premium.
3. Não ofereça opção de envio urgente ou expresso *(é possível indicar os clientes a um revendedor que os ofereça, assim como todos os outros pontos desta lista)*, porque esse tipo de método de envio vai produzir centenas de telefonemas ansiosos.
4. Elimine completamente pedidos por telefone e direcione todos os clientes para o pedido on-line. Isso parecerá escandaloso até que você perceba que histórias de sucesso como a da Amazon.com dependeram disso como um corte de custos fundamental para sobreviver e crescer.
5. Não ofereça envios internacionais. Gastar dez minutos por pedido preenchendo formulários alfandegários e depois lidar com reclamações de clientes quando o produto custa 20-100% mais por causa de tarifas e impostos é tão divertido quanto dar cabeçadas no meio-fio. E tão lucrativo quanto, também.

Algumas dessas políticas indicam o que talvez seja a maior economia de tempo possível: filtragem de clientes.

Nem todos os clientes são criados da mesma forma

Uma vez que você alcançou a Fase 3 e tem algum fluxo financeiro, é hora de reavaliar seus clientes e diminuir o rebanho. Há versões boas e ruins de todas as coisas: comidas boas, comidas ruins; filmes bons, filmes ruins; sexo bom, sexo ruim; e, naturalmente, clientes bons e clientes ruins.

Decida agora fazer negócios com os primeiros e evitar os segundos. Recomendo encarar o cliente como um parceiro comercial, não como um ser humano abençoado que deve ser agradado a qualquer custo. Se você oferecer um produto excelente a um preço aceitável, isso é uma troca justa e não uma sessão de imploração entre um subordinado (você) e um superior (o cliente). Seja profissional, mas nunca com pessoas pouco razoáveis.

Em vez de lidar com clientes problemáticos, recomendo que você evite que eles façam o primeiro pedido.

Conheço dúzias de **NR** que não aceitam Western Union ou cheques como pagamento. Alguns diriam, "você está desistindo de 10--15% de suas vendas!". O **NR**, por sua vez, responderia: "sim, é verdade, mas também estou evitando os 10-15% dos clientes que geram 40% das despesas e consomem 40% do meu tempo". É um 80/20 clássico.

Aqueles que gastam o mínimo possível e aqueles que perguntam o máximo antes de comprar farão a mesma coisa depois da compra. Cortar ambos é uma boa decisão em termos financeiros e de estilo de vida. Clientes pouco lucrativos e com alto custo de manutenção gostam de ligar para os operadores telefônicos e gastar até trinta minutos fazendo perguntas desimportantes ou que estão respondidas na internet, gerando um custo – no meu caso – de 24,90 dólares (30 x 0,83 dólar) a cada incidente de trinta minutos, eliminando o minúsculo lucro que eles trazem.

Aqueles que mais gastam são os que menos reclamam. Além da nossa política de preços premium, entre 50 e 200 dólares, eis aqui algumas políticas adicionais que atraem os clientes lucrativos e de baixa manutenção que desejamos:

1. Não aceite pagamentos via Western Union, cheques ou ordens de pagamento.

2. Suba as quantidades mínimas de compra para 12-100 unidades e peça o CNPJ, de modo a qualificar revendedores que são empresários reais e não novatos gastando o tempo dos outros. Não dirija uma escola de negócios, e sim uma empresa.

3. Dirija todos os revendedores em potencial para um formulário de pedido on-line, que deve ser impresso, preenchido e enviado por fax. Nunca negocie preços ou aprove uma redução no preço para pedidos de grande escala. Mencione "políticas da empresa" devido a ter tido problemas com isso no passado.

4. Ofereça produtos mais baratos (tal qual o livro NO_2 da MRI) em vez de produtos gratuitos, para registrar as informações de contato de seus clientes, para vendas posteriores. Oferecer algo gratuitamente é o jeito mais fácil de atrair devoradores de tempo e gastar dinheiro com pessoas pouco dispostas a retribuir o favor.

5. Ofereça uma **garantia de satisfação** (veja o quadro a seguir) em vez de amostras gratuitas.

6. Não aceite pedidos de países em que são comuns fraudes desse tipo, como a Nigéria.

Faça de sua base de clientes um clube exclusivo e trate bem os membros depois que eles forem aceitos.

Garantia de satisfação – como vender qualquer coisa para qualquer um

"Se você quer garantia, compre uma torradeira."
CLINT EASTWOOD, ator, cineasta e produtor norte-americano

A garantia de trinta dias ou seu dinheiro de volta está morta. Ela simplesmente não tem mais o apelo que já teve. Se um produto não funciona, eu fui enganado e terei que passar uma tarde na agência dos correios para devolvê-lo. Isso me custa mais do que o preço pago pelo produto, tanto em tempo quanto em postagem. Eliminação de risco não é o bastante.

É aí que adentramos o reino negligenciado das garantias de satisfação e da reversão de risco. Os **NR** usam aquilo que a maioria considera ultrapassado – a garantia – como uma ferramenta central de vendas.

Os **NR** objetivam tornar o produto lucrativo para o cliente, mesmo que ele venha a falhar. As garantias de satisfação não só eliminam o risco dos consumidores mas também colocam a empresa em risco financeiro.

Entregamos em menos de trinta minutos, ou então é de graça!
(A Domino's Pizza construiu seu negócio em cima desta garantia.)

Estamos tão confiantes de que você gostará de CIALIS que, se não gostar, nós lhe compraremos uma outra marca que prefira.
(O "Programa de Promessa CIALIS®" oferece uma amostra grátis de CIALIS e então se oferece para pagar por produtos da concorrência se CIALIS não, digamos, aumentar seu ânimo.)

Se seu carro for roubado, nós pagamos 500 dólares da franquia de seu seguro.
(Essa garantia ajudou o **THE CLUB** a tornar-se o dispositivo mecânico antifurto mais vendido do mundo.)

110% de garantia de funcionar em até sessenta minutos após a primeira dose.
(Esta foi criada para a BodyQUICK e a primeira entre suplementos esportivos. Ofereci não apenas reembolsar o consumidor do preço do produto caso ele não funcionasse em sessenta minutos a partir da **primeira dose**, mas também enviar-lhe um cheque com o valor do produto acrescido de 10%.)

A garantia de satisfação pode parecer um grande risco, especialmente quando alguém pode abusar dela por vantagens financeiras, como no caso do BodyQUICK, mas não é... **se** o seu produto funcionar. A maior parte das pessoas é honesta.

Analisemos alguns números atuais.

As devoluções do BodyQUICK, mesmo com um período de devolução de sessenta dias (e parcialmente por causa disso),[7] são inferiores a 3%, quando a média da indústria é de 12-15% para um período normal de trinta dias com garantia total. As vendas aumentaram mais de 300% em quatro semanas quando introduzi a garantia de 110%, e ainda por cima as devoluções caíram.

Johanna adotou essa garantia de satisfação e veio com "Aumente 40% em sua flexibilidade em duas semanas ou nos mande de volta para ter um reembolso total (incluindo despesas de envio) e fique com o DVD bônus de vinte minutos como um presente nosso".

Sherwood também descobriu sua forma de garantia: "Se estas camisetas não forem as mais confortáveis que você já usou, devolva-as e receba seu dinheiro em dobro. As camisetas também têm garantia eterna – se ficarem puídas, mande-nos a camiseta que nós a substituiremos gratuitamente".

Ambos aumentaram suas vendas em mais de 200% nos primeiros dois meses. O percentual de devoluções ficou estável, no caso de Johanna, e aumentou 50% no de Sherwood, de 2% para 3%. Desastre? Longe disso. Em vez de vender cinquenta e ter uma devolvida, com uma garantia de 100% [(50 x US$ 100,00) – US$ 100,00 = US$ 4.900,00 de receita], ele vendeu duzentas e teve seis devolvidas, com a garantia de 300% [(200x US$ 100,00) – (6 x US$ 200,00) = US$ 18.800 de receita]. Eu fico com o segundo caso.

A garantia de satisfação é a nova forma de satisfazer. Sobressaia-se e colha as recompensas.

7. Para o benefício do consumidor e para lucrar em cima da preguiça universal (em que eu me incluo), ofereça tanto tempo quanto for possível para considerar ou esquecer o produto. As Facas Ginsu ofereceram cinquenta anos de garantia. Você pode oferecer sessenta, noventa ou até mesmo 365 dias de garantia? Meça a taxa média de devoluções com garantias de trinta e sessenta dias (para cálculo de orçamentos e projeções de fluxo de caixa) e então estenda-a.

Pequena *blue chip*: como parecer uma das quinhentas maiores empresas em 45 minutos

"Cansado de levar areia na cara? Eu prometo novos músculos para você em questão de dias!"
CHARLES ATLAS, musculoso que vendeu mais de 30 milhões de dólares em cursos de musculação de "tensão dinâmica" anunciadas em revistas de quadrinhos

Ao aproximar-se de parceiros comerciais em potencial ou de grandes revendedores, o pequeno tamanho de sua empresa pode ser um obstáculo. Essa discriminação é normalmente tão insuperável quanto infundada. Felizmente, alguns simples passos podem melhorar sua imagem de *Fortune 500* e tirar a sua musa da mesa do *coffee shop* para a sala do conselho em 45 minutos ou menos.

1. Não seja o CEO ou o fundador.

Ser o "CEO" ou o "fundador" apavora nos primeiros contatos. Dê-se um título intermediário como "vice-presidente" (VP), "diretor" ou algo similar que possa ser complementado dependendo da ocasião (diretor de vendas, diretor de desenvolvimento de negócios etc.). Para fins de negociação, lembre-se de que é melhor ***não*** aparecer como quem toma a decisão final.

2. Ponha vários e-mails e telefones de contato no site.

Ponha vários e-mails na página "Fale conosco", para diferentes departamentos, como "recursos humanos", "vendas", "dúvidas", "vendas atacado", "mídia/RP", "investidores", "comentários", "status de pedidos" e por aí vai. No começo, todos eles serão encaminhados para o seu e-mail, mas, na Fase 3, a maior parte será encaminhada para os terceirizados apropriados. Múltiplos telefones de ligação gratuita podem ser usados da mesma maneira.

3. Configure uma secretária eletrônica com resposta interativa de voz (IVR).

É possível parecer uma *blue chip* por menos de 30 dólares. Em menos de dez minutos, em um site como www.genesys.com, que atende a clientes como a Reebok e a Kellog's, é possível criar um número 0800 com uma saudação mais ou menos assim: "Obrigado por ligar para a [nome da empresa]. Por favor, diga o nome da pessoa ou do departamento com quem você deseja falar, ou aguarde na linha para um menu de opções". Depois de falar o seu nome ou selecionar o departamento apropriado, quem ligou é encaminhado para o telefone que você indicou ou para o terceirizado apropriado – com direito a música de espera e tudo o mais.

4. Não use endereço residencial.

Não use seu endereço residencial ou você terá visitas. Antes de conseguir uma empresa de empacotamento e distribuição que aceite cheques e ordens de pagamento – se você decidir aceitá-los –, use uma caixa postal dos correios, mas retire o "caixa postal" e inclua o endereço da agência dos correios. Dessa forma, "Caixa Postal 555, Cidade, 11936, Estados Unidos" viraria "Sala 555, Rua, nº 1234, Cidade, 11936, Estados Unidos".

Siga adiante e projete profissionalismo com uma imagem bem desenhada. Tamanho *demonstrado* é documento.

• Desafiando o conforto •

Relaxar em público (dois dias)

Este é o último "Desafiando o conforto", colocado antes de um capítulo que ataca o menos confortável dos pontos de virada para a maior parte dos que trabalham em escritório: negociar um acordo de trabalho remoto. Pretende-se que esse desafio seja divertido ao mesmo tempo que mostra – sem meias palavras – que as regras que a maioria segue são nada mais do que convenções sociais. Não há limites legais que impeçam você de criar uma vida ideal para si... ou apenas de se divertir e causar confusão generalizada.

Bem, relaxar em público. Parece fácil, não? Sou famoso, de certa forma, por relaxar de um jeito que arranca gargalhadas de meus amigos. Eis aqui o ponto, e não me importa se você é homem ou mulher, se tem 20 ou 60 anos, se é mongol ou marciano. Chamo esse estilo a seguir de "*time-out*".

Uma vez por dia, durante dois dias, simplesmente deite no chão no meio de um lugar cheio de gente. A hora do almoço é perfeita para isso. Pode ser na calçada de uma rua movimentada, no meio de um Starbucks ou de um bar bem frequentado. Não há nenhuma técnica real envolvida. Apenas deite-se no chão e fique em silêncio no chão por mais ou menos dez segundos, depois dos quais você se levanta e continua o que quer que estivesse fazendo antes. Eu costumava fazer isso em danceterias para abrir espaço para os círculos de dança *break*. Ninguém atendia aos pedidos, mas ficar catatônico no chão resolvia a questão.

Nunca se explique. Se alguém perguntar depois que você fizer isso (eles estarão muito confusos para perguntar durante os dez segundos em que você estiver no chão), apenas responda: "Eu apenas quis me deitar um pouquinho". Quanto menos você disser, mais divertido e mais gratificante será. Faça isso em missões solo pelos primeiros dias e depois sinta-se livre para fazer quando estiver com um grupo de amigos.

Trata-se de um protesto. Pensar na contracorrente não é o bastante. Pensar é passivo. Acostume-se a agir na contracorrente.

• Truques e ferramentas •

Para parecer enorme – Recepcionista Virtual e IVR

- Genesys (www.genesys.com)
  Consiga um número 0800 com um menu profissional de voz (reconhecimento de voz, extensões etc.) em cinco minutos. Incrível.

- Ring Central (www.ringcentral.com)
  Oferece números de telefone de ligação gratuita, visualização e encaminhamento de chamadas, recepção e envio de faxes, alertas de mensagens, tudo isso on-line.

Duplicação, impressão e embalagem de CDs e DVDs

- AVC Corporation (www.avccorp.com)
- SF Video (www.sfvideo.com)

Empacotamento local (menos de vinte unidades enviadas por semana)

- Mailing Fulfillment Service Association (www.mfsanet.org)

Empresas de empacotamento de ponta-a-ponta (mais de vinte unidades enviadas por semana; 500 dólares ou mais de taxa de preparação)

- Motivational Fulfillment (www.mfpsinc.com)

A infra-estrutura secreta por trás de empresas como HBO, PBS, Comic Relief, Body by Jane e outras.

- Innotrac (www.innotrac.com)

Atualmente, é uma das maiores empresas de e-commerce do mundo.

- Moulton Fulfillment (www.moultonfulfillment.com)

Instalações gigantescas que oferecem relatórios de estoque on-line em tempo real.

Call centers (preços por minuto e/ou por venda)

Em geral, existem duas categorias de call centers: receptores de pedidos e representantes comissionados. Faça entrevistas com cada um eles para entender as opções e os custos envolvidos.

A primeira categoria é uma boa opção caso você coloque o preço do produto no anúncio (*hard offer*), caso esteja oferecendo informações gratuitas (geração de *leads*) ou se não precisar de uma equipe de vendas treinada, capaz de superar objeções. Em outras palavras, se o seu anúncio ou site são prospectos pré-qualificadores.

A segunda categoria deveria na verdade ser chamada de "centros de vendas". Os operadores são pessoas treinadas e comissionadas cujo único objetivo é converter os interessados em compradores. As chamadas geralmente são feitas para atender pedidos de informações em resposta a anúncios que não apresentam preço (*soft offers*). Conte com custos mais elevados por venda.

- LiveOps (www.liveops.com)
  Pioneiro no trabalho com representantes em suas casas, o que geralmente garante maior número de chamadas atendidas. Oferece amplo serviço com agentes, sistema interativo de resposta de voz em espanhol. Usado geralmente para pedidos com uma etapa em vez de soft orders.

- West Teleservices (www.west.com)
  Com 29 mil funcionários em todo o mundo, processa bilhões de minutos por ano. Usado por todas as empresas com grande volume e preços baixos para produtos baratos ou top de linha, com amostras grátis e parcelamentos.

- NexRep (www.nexrep.com)
  Agentes de vendas altamente qualificados, que trabalham em casa, especializados em comércio B2C (*Business to Commerce*) e B2B (*Business to Business*), *inbound* e *outbound* marketing. Se performance, velocidade de resposta, integração com internet e experiência com clientes de qualidade são suas prioridades, esta é uma opção a ser considerada seriamente.

- Triton (www.tritontechnology.com)
  Centro de vendas que trabalha apenas com comissão por vendas, conhecido por suas habilidades incríveis de venda (veja o filme *Boiler room* e o personagem de Alec Baldwin em *Sucesso a qualquer preço*). Nem ligue se o seu produto não custar pelo menos 100 dólares.

- CenterPoint Teleservices (http://www.centerpointllc.com)
  Tem experiência para converter em vendas *hard offers*, *soft offers*, e múltiplas ofertas (vendendo produtos adicionais depois que o

comprador concorda em comprar o produto anunciado) originárias de rádio, TV, mídia impressa ou internet.

- Stewart Response Group (www.stewartresponsegroup.com)
  Call Center impulsionado por vendas, aproveitando o modelo dos vendedores trabalhando em casa, com programas de *inbound* e *outbound marketing*. Outro Call Center butique altamente personalizado.

Processadores de cartão de crédito

Estas empresas, ao contrário das opções no último capítulo, especializam-se não apenas em processar as transações de cartões de crédito, mas também em interagir com as empresas de empacotamento e distribuição em seu nome, removendo você do fluxograma.

- TransFirst Payment Processing (www.transfirst.com)

- Chase Paymentech (www.paymentech.com)

- Trust Commerce (www.trustcommerce.com)

- PowerPay (www.fourhourblog.com/powerpay)
  Uma das empresas com maior crescimento segundo a revista Inc. 500. Processa cartões de crédito a partir do iPhone e outros.

***Software* de programa de afiliados**

- My Affiliate Program (www.myaffiliateprogram.com)

Agências de compra de espaço em mídia com desconto

Se você for a uma revista, uma estação de rádio ou a um canal de TV e pagar o preço de tabela – o primeiro preço dado, de "varejo" –, nunca vai crescer. Evite muita dor de cabeça e muitos gastos – pense em usar agências de publicidade que negociam descontos de até 90% na mídia escolhida.

- Manhattan Media (Impressa) (www.manhmedia.com)
Ótima agência com resultados rápidos. Trabalho com eles desde o começo.

- Novus Media (Impressa) (www.novusprintmedia.com)
Possui relações estabelecidas com mais de 1400 editoras de revistas e jornais e oferece um desconto médio de 80% sobre a tabela. Entre seus clientes estão a Sharper Image e o Office Depot.

- Mercury Media (TV) (www.mercurymedia.com)
A maior agência de mídia *direct response* privada nos Estados Unidos, especializou-se em TV, mas também pode trabalhar com rádio e mídia impressa. Oferece acompanhamento e relatórios completos para determinar o retorno sobre o investimento.

- RevShare (TV) (www.revshare.com)
"Pague por resultados, não por tempo" é o mote deles. A RevShare permite que você partilhe lucros dos pedidos com as estações de TV em vez de comprar tempo adiantado. Isso é conhecido como "*per inquiry*" ("por pesquisa"), ou "PI", em TV e outras mídias off-line.

- Marketing Architects (Rádio) (www.marketingarchitects.com)
Os verdadeiros líderes na propaganda radiofônica, mas com um pé no lado caro. Quase todos os produtos de DR (*direct response*) que mais fizeram sucesso – Carlton Sheets (No Money Down), Tony Robbins etc. – usaram este serviço.

- Radio Direct Response (Rádio) (www.radiodirect.com)
Mark Lipsky criou uma grande empresa, com clientes que vão de pequenas empresas de marketing direto ao Travel Channel e à Wells Fargo.

- Euro RSCG (Cross Media) (http://www.eurorscgedge.com/)
Uma das líderes mundiais em mídia DRTV em todas as plataformas.

- Canella Media Response Television (TV) (http://www.drtv.com)
  Para fazer a compensação utiliza o inovador modelo "por consulta", em que você divide os lucros dos pedidos em vez de pagar adiantado pelo tempo. Fica mais caro por pedido se você tiver uma campanha bem-sucedida, mas reduz o investimento inicial em mídia.

Marketing on-line e empresas de pesquisa (gerenciamento de campanhas PPC etc.)

Comece pequeno, encontre uma pessoa em sua região para ajudá-lo.

- SEMPO (www.sempo.org; veja a lista de membros)
  Excelentes empresas de tamanho médio.

- Clicks 2 Customers (www.clicks2customers.com)

- Working Planet (www.workingplanet.com)
  As campanhas profissionais altamente eficientes começam com alguns poucos milhares de dólares.

- Marketing Experiments (www.marketingexperiments.com)
  (A minha equipe.)

- Did It (www.did-it.com)

- ROIRevolution (www.roirevolution.com)
  O custo é determinado por uma porcentagem acima do gasto mensal PPC

- iProspect (www.iprospect.com)

Produtores de infomerciais

Estas são as empresas que transformaram em nomes conhecidos marcas como Oreck Direct, Nutrisystem, Nordic-Track e Hooked on Phonics. A primeira possui um excelente glossário de DRTV, e ambos os sites oferecem excelentes recursos. Não ligue a menos que você tenha orçamento para pelo menos 15 mil dólares por um comercial curto ou mais de 50 mil dólares para um infomercial longo.

- Cesari Direct (http://www.cesaridirect.com/)

- Hawthorne Direct (www.hawthornedirect.com)

- Script-to-Screen (www.scripttoscreen.com)

Distribuição de produtos – internacional e varejo

Quer colocar seus produtos nas prateleiras do Wal-Mart, Costco, Nordstrom, ou na principal loja de departamentos do Japão? Às vezes vale a pena ter especialistas com contatos que possam colocá-lo aí.

- BJ Direct (International) (www.bjgd.com)

- Tristar Products (http://www.tristarproductsinc.com)
  Está por trás do PowerJuicer e de outros sucessos. A Tristar também tem seu próprio estúdio de produção e por isso pode oferecer serviços de ponta-a-ponta além da distribuição no varejo.

Representantes de celebridades

Quer que uma celebridade endosse seu produto ou seja seu porta-voz? Isso pode custar muito menos do que você imagina, se fizer do jeito certo. Sei de um acordo de endosso para uma marca de roupas com o melhor apanhador da Liga Profissional de Baseball que custa apenas 20 mil dólares por ano. Aqui estão os representantes que podem viabilizar isto.

- Celeb Brokers (www.celebbrokers.com)
  O presidente Jack King foi a primeira pessoa que me chamou a atenção para este fascinante mundo. Ele sabe tudo sobre isso, por dentro e por fora.

- Celebrity Endorsement Network (www.celebrityendorsement.com)

Para encontrar celebridades

- Contact Any Celebrity (www.contactanycelebrity.com)

É possível fazer você mesmo, como eu já fiz várias vezes. Esse diretório on-line e sua útil equipe ajudam você a encontrar qualquer celebridade no mundo.

PROJETO DE VIDA NA PRÁTICA

Depois de ler o capítulo sobre terceirização, pensei que aquilo soava como uma ideia nova, mas que jamais funcionaria para mim. Porém, como o resto do livro acertava em cheio, decidi experimentar. Em vez de mandar meu dinheiro para o exterior decidi mantê-lo nos Estados Unidos e usar minha sobrinha que estava na faculdade, e que conhece computadores de uma forma que não consigo sequer imaginar, para testar a teoria. O resultado foi uma ótima experiência e uma grande economia de tempo para mim, além de uma fonte de renda para ela. Parece que fiquei com todos os aspectos positivos da terceirização e nenhum dos aborrecimentos com línguas e coisas do tipo... Poder moldar a mente de uma jovem para o melhor é algo que casa perfeitamente com o resto do seu livro.

– Ken D.

. . .

Oi, Tim. Você mencionou www.weebly.com alguns meses atrás e é o que estou usando para construir todos os meus sites e tem sido ótimo. Além disso, os grupos do Facebook têm (quase) todos os nichos imagináveis. O que eu consegui fazer: (1) encontrar um grupo que comprasse minha inspiração; (2) enviar uma mensagem a cada administrador dizendo como minha inspiração ajudaria cada um dos membros do grupo. Depois pedi gentilmente que colocassem uma sinopse na seção de notícias do grupo. Isso o torna mais confiável do que uma publicação no mural e fica lá (publicidade gratuita) até ser retirado pelo administrador. Cem vezes melhor do que uma publicação no mural. Em um caso, o administrador comprou minha inspiração, postou minha nota na seção de notícias do grupo e depois enviou um e-mail para todos os membros do grupo dizendo que deveriam dar uma olhada no meu site.

– Gavin

PASSO 4

L de Liberação

"É muito melhor para um homem dar errado em liberdade do que dar certo acorrentado."

THOMAS H. HUXLEY, biólogo inglês;
conhecido como "o buldogue de Darwin"

12

Ato de desaparecimento

Como escapar do escritório

"Trabalhando com fé e dedicação durante oito horas por dia, eventualmente você poderá se tornar chefe e trabalhar doze horas por dia."
ROBERT FROST, poeta americano, quatro vezes vencedor do Prêmio Pulitzer

"Neste caminho, o que conta é o primeiro passo."
SÃO JOÃO MARIA VIANNEY, Santo Cura D´Ars, Patrono dos Párocos

PALO ALTO, CALIFÓRNIA

"Não vamos ficar gastando telefone."

"Não estou pedindo isso."

Silêncio. Então ouviu-se um murmúrio de aceitação, uma risada e um suspiro de resignação.

"Ok, então – está bem."

E foi dessa maneira, simples assim. Dave Camarillo, 44 anos, funcionário de carreira, quebrou o código e começou sua segunda vida.

Ele não tinha sido demitido; também não havia levado uma bronca. Seu chefe parecia lidar muito bem com a situação toda. Garantidamente, Dave cumpriu o prometido no trabalho, e não foi como se estivesse fazendo anjos nus de neve em reuniões com clientes, mas ainda assim ele tinha acabado de passar trinta dias na China sem falar para ninguém.

"A dificuldade não foi nem metade da que eu imaginava."

Dave trabalha entre os mais de dez mil funcionários na Hewlett--Packard (HP), e – contrariando todas as expectativas – ele realmente gosta. Não tem vontade nenhuma de fundar sua própria empresa e passou os últimos sete anos dando suporte técnico para clientes em 45 estados americanos e 22 países. Seis meses atrás, no entanto, ele teve um pequeno problema.

Ela tinha 1,58 m e 50 kg.

Seria ele, como a maior parte dos homens, temeroso de um relacionamento, ou pouco disposto a parar de correr ao redor da casa vestindo fantasias de Homem-Aranha, ou inseparável do último refúgio de qualquer homem que se respeita, o Playstation? Não, ele já tinha superado tudo isso. Na verdade, Dave estava absolutamente pronto, à beira de fazer a grande pergunta, mas tinha poucos dias de férias e sua namorada morava longe da cidade. Beeeeeem longe da cidade – a 9460 quilômetros dali.

Ele a tinha conhecido ao visitar um cliente em Shenzen, na China, e agora era hora de conhecer os pais dela, a logística que se danasse.

Apenas recentemente Dave tinha começado a receber ligações técnicas em casa, e, bem, "casa" não é onde está o coração? Uma passagem de avião e um celular GSM tribanda depois, ele estava em algum lugar sobre o oceano Pacífico, a caminho de sua primeira experiência de sete dias. Doze fusos horários depois, ele pediu, ela aceitou e ninguém foi o lado mais sábio.

A segunda viagem foi um *tour* de trinta dias de família e culinária chinesa (bochechas de porco, servidos?), terminando com Shumei Wu tornando-se Shumei Camarillo. De volta a Palo Alto, a HP continuava sua missão de dominar o mundo, sem saber nem se importar onde Dave estava. Suas chamadas eram encaminhadas automaticamente para o celular de sua nova mulher e tudo estava dando certo no mundo.

Quando voltou aos Estados Unidos, esperando pelo melhor e preparando-se para o pior, Dave tinha ganhado a medalha Eagle Scout de mobilidade. O futuro parecia flexível, mesmo. Ele vai tentar passar dois meses na China a cada verão e então mudar o destino para Austrália e Europa, em busca do tempo perdido, com o apoio total de seu chefe.

A chave para cortar as correntes foi simples – ele pediu perdão em vez de pedir permissão.

"Eu não viajei durante trinta anos da minha vida – então por que não?"

. . .

E é precisamente isso o que todo mundo deveria se perguntar – por que diabos não?

De patrícios e párias

Os velhos ricaços, a classe alta de outrora, com castelos, mordomos e pequenos cães irritantes, foram caracterizados por estarem bem estabelecidos em um lugar. Os Scharzes de Nantucket e os McDonnells de Charlottesville. Eca. Passar os verões em Hamptons é tããããão "década de 1990".

Mudanças estão ocorrendo. Estar ligado a um lugar será a característica que definirá a classe média. Os Novos Ricos são definidos por um poder mais misterioso do que o dinheiro – mobilidade irrestrita. Esse *jet-setting* não se limita aos proprietários de negócios ou aos *freelancers*. Funcionários também podem dispor disso.[1]

Não só podem dispor, como cada vez mais e mais empresas querem que eles disponham. BestBuy, o gigante dos eletrodomésticos, manda atualmente milhares de funcionários para casa, em vez de ficarem em seu quartel-general em Minesotta, alegando não apenas custos menores, mas também um aumento de 10-20% nos resultados. O novo mantra é: trabalhe onde e quando você quiser, mas faça seu trabalho.

No Japão, um zumbi de três peças que entra na engrenagem do sistema de 9h às 17h é chamado de *sarari-man* – homem-salário – e, nos últimos anos, um novo verbo tem surgido: *datsu-sara suru*, escapar (*datsu*) do estilo de vida do homem-salário (*sara*).

É hora de você aprender a dança *datsu-sara*.[2]

---

1. Se você for proprietário de seu negócio, não pule este capítulo. Esta introdução às ferramentas e táticas de trabalho remoto é parte fundamental das peças internacionais do quebra-cabeça a seguir.
2. Esse verbo também é usado por mulheres japonesas, ainda que as trabalhadoras no Japão sejam chamadas de "OL" – Office Ladies ("senhoritas de escritório").

Trocando o chefe por cerveja: um estudo de caso da Oktoberfest

Para criar a alavanca necessária para se libertar, faremos duas coisas: demonstrar os benefícios financeiros do trabalho remoto e tornar muito caro ou difícil recusar um pedido.

Lembra-se do Sherwood?

Suas camisetas francesas estão começando a dar certo e ele está sentindo um comichão para percorrer o mundo. Já tem dinheiro mais do que suficiente para isso, mas precisa escapar da constante supervisão no escritório antes que possa implementar todas as ferramentas de economia de tempo da **Liberação** e viajar. Ele é engenheiro mecânico e anda produzindo o dobro de projetos em metade do tempo desde que começou a eliminar 90% das inutilidades e das interrupções. O salto em seu desempenho foi percebido por seus superiores e seu valor para a empresa aumentou, tornando mais caro perdê-lo. Mais valor significa mais peso nas negociações. Sherwood assegurou-se de guardar um pouco de sua produtividade e eficiência, de modo que possa aumentar ainda mais, em um salto súbito, durante um período de testes de trabalho remoto.

Depois de eliminar suas reuniões e discussões, ele naturalmente moveu 80% de seu contato com chefes e colegas para o e-mail e os 20% restantes para o telefone. Não apenas isso, mas usou dicas do capítulo 7, "Interrompendo a interrupção e a arte da recusa", para cortar o volume de e-mails desimportantes e repetitivos pela metade. Isso fará com que sua ida para um sistema de trabalho remoto seja menos perceptível, se perceptível, sob um ponto de vista gerencial. Sherwood está melhorando cada vez mais com menos supervisão.

Sherwood implementa sua libertação em cinco passos, começando em 12 de julho, durante a temporada de baixos negócios e durando dois meses, terminando com uma viagem para a Oktoberfest, em Munique, Alemanha, por duas semanas, como um teste final antes de planos maiores e mais grandiosos de vagabundagem.

Passo 1: Aumentar o investimento

Em primeiro lugar, ele fala com seu chefe no dia **12 de julho** sobre um treinamento adicional eventualmente disponível para funcionários. Propõe que a empresa pague por um curso de quatro semanas de *design* industrial para ajudá-lo a ter um melhor contato com clientes, assegurando-se de mencionar os benefícios para o chefe e para a empresa (por exemplo, fará reduzir as idas e vindas intradepartamentais e aumentará tanto os resultados do cliente quanto o tempo a ser cobrado). Sherwood quer fazer a empresa investir nele tanto quanto for possível de modo que a perda seja maior caso ele saia.

Passo 2: Provar o aumento dos resultados remotos

Segundo, ele liga na terça e na quarta-feira seguintes alegando estar doente, **18** e **19 de julho,** para poder demonstrar sua produtividade remota.[3] Decidiu "adoentar-se" entre terça e quinta por duas razões: parece menos uma mentira para um fim de semana prolongado e também porque lhe permite ver como ele funciona em isolamento social sem o adiamento iminente do fim de semana. Ele garante dobrar seus resultados de trabalho em ambos os dias, manda um e-mail com algum tipo de satisfação para seu chefe e mantém um registro do que fez nesses dias para usar como referência em negociações futuras. Uma vez que usa um programa de CAD caro, cuja licença vale apenas para seu computador no escritório, Sherwood instala uma versão gratuita do GoToMyPC, um programa de acesso remoto a computadores, de modo que possa operar seu computador do escritório a partir de casa.

Passo 3: Prepare os benefícios empresariais quantificáveis

Em seguida, Sherwood cria uma lista mostrando o quanto mais ele produziu fora do escritório, com explicações. Entende que precisa apresentar o trabalho remoto como uma boa decisão gerencial, e não como uma vontade pessoal. O resultado final quantificável foi

3. Qualquer razão para ficar em casa servirá (instalação de cabos ou de telefone, reformas etc.) ou, se você preferir não usar nenhuma artimanha, trabalhe um fim de semana ou tire dois dias de férias.

de três projetos por dia a mais do que sua média normal, e três horas a mais que poderiam ser cobradas do cliente. Para explicar, ele identifica como causa a eliminação da ida até a empresa e menos distrações provocadas pelo barulho no escritório.

Passo 4: Propor um período revogável de testes

Em quarto lugar, tendo completado os desafios do conforto dos capítulos anteriores, Sherwood propõe confidencialmente um inocente período de testes de duas semanas de trabalho remoto uma vez por semana. Tem todo um roteiro planejado com antecedência, mas não faz disso uma apresentação do PowerPoint nem dá a isso um ar de algo sério e irreversível.[4]

Sherwood bate à porta de seu chefe por volta de três da tarde em uma quinta-feira relativamente relaxada, **27 de julho**, na semana seguinte após a sua falta e seu roteiro é mais ou menos o seguinte, com as frases-chave destacadas e as notas explicando os pontos de negociação.

Sherwood: Ei, Bill. *Tem um minuto?*

Bill: Claro, o que há?

Sherwood: *Eu apenas queria lhe dar uma ideia que tem estado em minha cabeça. Dois minutos devem bastar.*

Bill: Ok, manda.

Sherwood: Semana passada, como você sabe, eu fiquei doente. Para encurtar uma história comprida, decidi trabalhar em casa apesar de me sentir mal. Eis a parte curiosa. Pensei que não ia render nada, mas acabei concluindo três projetos a mais do que faço em dias normais. Além disso, consegui três horas a mais a serem cobradas do cliente sem ter que perder o tempo da viagem até aqui, sem me distrair com os barulhos do escritório e com outras distrações etc. Ok, eis o que quero dizer. *Apenas como um teste*, *gostaria de propor* que eu trabalhasse em casa às segundas e terças por apenas duas semanas. *Você pode vetar isso quando quiser*, e eu virei para cá se preciso, para reu-

4. Reveja a Aproximação do Cachorrinho de Estimação em "Receita em piloto automático II: testar a musa".

niões, mas eu gostaria de tentar isso por duas semanas para ver os resultados. Estou 100% certo de que vou render o dobro. *Parece razoável?*

Bill: Hmmm… e se precisarmos trocar ideias sobre um projeto?

Sherwood: Há um programa chamado GoToMyPC, que usei para acessar o meu computador do escritório quando estava doente. Posso ver tudo de casa, e tem o meu celular ligado 24 horas por dia. *Entããããão... O que você acha? Vamos testar na próxima segunda e ver o que eu consigo fazer?*[5]

Bill: Hmmm... Ok, tudo bem. Mas é só um teste. Tenho uma reunião em cinco minutos e tenho que correr, mas vamos continuar esse assunto depois.

Sherwood: Ótimo, obrigado pelo tempo. Vou mantê-lo a par de tudo. Tenho certeza de que você terá uma ótima surpresa.

Sherwood não esperava ter dois dias por semana aprovados. Pediu dois dias exatamente para que, caso seu chefe recusasse, ele pudesse pedir um só, como uma posição de retirada. Por que Sherwood não pediu logo cinco dias por semana? Por duas razões: a primeira, porque é bem difícil para os gerentes aceitarem o fato. É preciso pedir um centímetro e transformá-lo em um metro, sem disparar os mecanismos de alarme. Segundo, é uma boa ideia afiar suas habilidades de trabalho remoto – ensaiar um pouco – antes de trabalhar remotamente a maior parte do tempo, já que isso diminui a probabilidade das crises e situações que poderão fazer o acordo de trabalho remoto ser revogado.

Passo 5: Aumentar o tempo remoto

Sherwood garante que seus dias longe do escritório sejam os mais produtivos até hoje, até mesmo reduzindo minimamente a produtividade no escritório para aumentar o contraste. Marca uma reunião para **15 de agosto** com seu chefe e prepara um relatório detalhando o aumento de resultado e dos itens realizados, comparando-os com o tempo passado no escritório. Sugere aumentar o tempo de tra-

5. Não desvie de seu objetivo. Uma vez que encaminhou uma objeção ou preocupação, vá direto ao ponto.

balho remoto para quatro dias por semana, durante novo período de testes de duas semanas, totalmente preparado para ceder para três dias se fosse preciso.

Sherwood: Realmente funcionou melhor do que eu esperava. Se você olhar os números com atenção, faz muito sentido do ponto de vista empresarial, e eu me sinto muito mais feliz com o trabalho. Bem, estamos aqui. Gostaria de sugerir, se você achar que faz sentido, que eu tente quatro dias por semana em outro teste de duas semanas. Acho que, se eu viesse ao escritório às sextas,[6] isso faria mais sentido porque prepararia a semana seguinte, mas podemos fazer isso no dia que você preferir.

Bill: Sherwood, não tenho certeza se podemos fazer isso.

Sherwood: *Qual o problema que você vê?*[7]

Bill: Parece que você está a caminho da saída. Quero dizer, você está pensando em pedir demissão? Além disso, e se todo mundo quiser fazer o mesmo?

Sherwood: *Justo. Boas perguntas.*[8] *Em primeiro lugar, para ser honesto, antes eu estava bem perto de pedir demissão, com todas as interrupções, as trocas, e sei lá mais o quê, mas atualmente estou me sentindo muito bem com essa mudança na rotina.*[9] Estou muito mais produtivo e me sentindo muito mais relaxado com a mudança. Em segundo lugar, ninguém deve ter autorização para trabalhar remotamente a menos que demonstre aumento de produtividade, e eu sou a prova disso. Se demonstrarem, no entanto, por que não deixá-los trabalhar remotamente em caráter experimental? Isso diminui os custos do escritório, aumenta a produtividade e deixa o funcionário mais feliz. *Então, o que me diz?*

---

6. Sexta-feira é o melhor dia para estar no escritório. As pessoas estão mais relaxadas e tendem a ir embora mais cedo.
7. Não aceite uma recusa vaga. Especificar o problema principal e detalhá-lo permite que você argumente contra ele.
8. Não fique na defensiva depois de uma objeção. Reconheça a validade das preocupações de seu chefe para prevenir uma disputa de vontades e egos.
9. Note essa ameaça indireta disfarçada de confissão. Ela fará o seu chefe pensar duas vezes antes de recusar, mas ao mesmo tempo evita o resultado típico (um perde, outro ganha) de um ultimato.

Posso testar por duas semanas e vir às sextas para cuidar dos assuntos do escritório? Eu ainda documento tudo, e *você, é claro, tem o direito de mudar de ideia quando quiser.*

Bill: Cara, você é insistente. Ok, vamos tentar, mas não fique espalhando isso.

Sherwood: É claro. Obrigado, Bill. Agradeço a confiança. A gente se fala em breve.

Sherwood continua a ser produtivo em casa e mantém seu desempenho inferior no escritório. Ele repassa os resultados com seu chefe depois de duas semanas e continua com quatro dias por semana de trabalho remoto por mais duas semanas, até terça-feira, **19 de setembro**, quando pede um período de testes de duas semanas em trabalho remoto em tempo integral, quando vai visitar alguns parentes fora do estado.[10] A equipe de Sherwood está no meio de um projeto que precisa de sua experiência, e ele está preparado para pedir demissão se seu chefe recusar. Percebeu que, assim como a negociação do preço de anúncios perto dos prazos das revistas, conseguir o que você quer normalmente depende mais de *quando* pede do que *como* pede. Ainda que preferisse não pedir demissão, sua renda proveniente das camisetas era mais do que suficiente para financiar seu sonho de ir para a Oktoberfest.

Seu chefe concorda e Sherwood não precisa usar a ameaça da demissão. Ele vai para Munique naquela mesma noite e compra um pacote de Munique para a Oktoberfest por 524 dólares, menos do que a renda semanal da venda de camisetas.

Agora pode implementar todos os mecanismos de economia de tempo possíveis e eliminar o que não é essencial. Em algum lugar entre beber cerveja de trigo e dançar, Sherwood fará o seu trabalho todo de maneira excelente, fazendo com que a companhia tenha um resultado melhor do que antes do 80/20 e ele tenha todo o tempo do mundo.

10. Isso elimina a possibilidade de o chefe chamá-lo ao escritório. É um passo crítico para poder dar o primeiro passo para fora do país.

Mas espere aí... e se seu chefe recusar? Hmmm... então eles forçam a sua mão. Se seus superiores não virem a luz, você terá que usar o próximo capítulo para iluminar seus traseiros.

Uma altenativa: O método da ampulheta

Pode ser eficaz para conseguir um período de ausência maior utilizar o que alguns **NR** chamaram de método da "ampulheta", apelidado assim porque você usa uma extensa prova de conceito para conseguir um curto acordo de trabalho remoto e só depois negocia ficar o tempo integral longe do escritório. É mais ou menos assim:

1. Use um projeto ou uma emergência previamente planejado (um problema familiar ou pessoal, uma mudança, reformas em casa, qualquer coisa) que requeira que você fique uma ou duas semanas fora do escritório.
2. Diga que reconhece que não pode ficar sem trabalhar e que preferiria trabalhar em vez de tirar esses dias de férias.
3. Proponha uma forma de trabalhar remotamente e ofereça, se necessário, algum desconto em seu pagamento por aquele período (e apenas por aquele período) se seu desempenho for prejudicado.
4. Permita que o chefe colabore no método de trabalho remoto, para que ele se integre ao projeto.
5. Faça dessas duas semanas "fora" o período mais produtivo que você já teve no trabalho.
6. Mostre a seu chefe os resultados quantificáveis assim que retornar, e diga e ele que – sem as distrações, interrupções etc. – você pode render o dobro. Sugira dois ou três dias em casa por semana, numa experiência de duas semanas.
7. Seja ultraprodutivo nos dias de trabalho remoto.
8. Sugira apenas um ou dois dias no escritório por semana.
9. Seja menos produtivo nesses dias.
10. Sugira uma mobilidade completa – o chefe aceitará.

• Perguntas e ações •

"Recentemente, me perguntaram se eu demitiria um funcionário que cometeu um erro que custou à empresa 600 mil dólares. Não, respondi, acabei de gastar 600 mil dólares para treiná-lo."
THOMAS J. WATSON, fundador da IBM

"Liberdade significa responsabilidade.
É por isso que a maior parte dos homens a teme."
GEORGE BERNARD SHAW, dramaturgo, romancista, e jornalista irlandês, foi cofundador da London School of Economic

Enquanto a maior parte dos empreendedores tem vários problemas com a **Automação**, porque temem perder o controle, os empregados ficam presos na **Liberação**, porque temem tomar o controle. Decida tomar as rédeas – o resto de sua vida depende disso. As perguntas e ações a seguir o ajudarão a substituir o trabalho baseado na presença pela liberdade baseada no desempenho.

1. Se você tivesse um ataque cardíaco, e assumindo que seu chefe fosse um sujeito simpático, como poderia trabalhar remotamente por quatro semanas?

Se você chegar a uma tarefa que não pareça ser compatível com o trabalho remoto ou se você previr alguma resistência da parte de seu chefe, pergunte-se o seguinte:

- O que você realiza com essa tarefa – qual é o objetivo?
- Se você *tivesse* que encontrar outras formas de realizar a mesma coisa – se sua vida dependesse disso –, como você a faria? Videoconferência? Teleconferência? GoToMeeting, GoToMyPC, ou alguma outra coisa do gênero?
- Por que o seu chefe resiste ao trabalho remoto? Qual é o efeito negativo imediato que ele teria na empresa e o que você pode fazer para preveni-lo ou minimizá-lo?

2. Coloque-se no lugar de seu chefe. Baseado em sua história de trabalho, você acreditaria se você pedisse para trabalhar fora do escritório?

Se não, releia **Eliminação** para aumentar a produtividade e considere a alternativa da ampulheta.

3. Pratique a produtividade independentemente do meio.

Tente trabalhar por duas ou três horas em um café ou em casa durante dois sábados antes de propor um período de testes de trabalho remoto. Se você malha em uma academia, tente se exercitar em casa, ou de qualquer outro modo fora do ambiente da academia, durante duas semanas. O objetivo é separar suas atividades de um único ambiente e garantir que você tenha a disciplina para trabalhar sozinho.

4. Quantifique a sua produtividade atual.

Se você aplicou o Princípio de 80/20, estabeleceu regras para interromper a interrupção e completou o trabalho de base, seu desempenho deve estar no ponto mais alto de todos os tempos, em termos quantificáveis, sejam clientes atendidos, renda gerada, páginas produzidas etc. Documente isso.

5. Crie uma oportunidade de demonstrar produtividade em trabalho remoto antes de pedir que isso vire uma política.

Isto é para testar sua habilidade de trabalhar fora do ambiente de escritório e levantar algumas provas de que você pode se dar bem sem constante supervisão.

6. Pratique a arte de passar pelo "não" antes de propor.

Vá a uma feira para negociar preços, peça *upgrades* gratuitos, peça compensações se o serviço em um restaurante não foi adequado, e peça coisas a todo o mundo de várias formas, e pratique as frases mágicas a seguir quando as pessoas recusarem seus pedidos.

"O que preciso fazer para conseguir [o resultado almejado]?"
"Sob quais circunstâncias você [resultado desejado]?"

"Alguma vez você já abriu uma exceção?"
"Tenho certeza que você já abriu exceção antes, não?"
(Se responderem "não" nas duas últimas, pergunte: "Por que não?". Se responderem sim, pergunte: "Por quê?".)

7. Coloque seu patrão em um treinamento de trabalho remoto – proponha segunda-feira ou sexta-feira em casa.
Pense em fazer isto, ou o próximo passo, durante um período em que seria muito danoso demiti-lo, mesmo se você for menos produtivo enquanto estiver trabalhando remotamente.

Se seu patrão negar, é hora de arrumar um novo patrão ou se tornar um empresário ou autônomo. O emprego nunca lhe dará a liberdade de tempo necessária. Se você decidir abandonar o navio, pense em fazer com que eles o façam caminhar na prancha – pedir demissão é menos interessante do que ser inteligentemente demitido e usar a indenização ou o seguro-desemprego para fazer uma viagem.

8. Aumente cada período de teste bem-sucedido até conseguir o trabalho remoto em tempo integral ou ao nível de mobilidade que você deseja.
Não subestime o quanto a sua empresa precisa de você. Trabalhe bem e peça o que você quer. Se não conseguir, peça demissão. O mundo é grande demais para você passar a maior parte da sua vida num cubículo.

► PROJETO DE VIDA NA PRÁTICA

Considere experimentar o *Earth Class Mail*, um serviço para o qual você pode redirecionar toda a sua correspondência; eles escaneiam e enviam tudo por e-mail dando-lhe a opção de ler o conteúdo, reciclar/destruir o lixo, receber determinados itens ou enviá-los a quem você designar. Eu ainda não usei (mas pretendo testá-lo este mês, como parte dos preparativos para uma viagem que farei em maio), mas um amigo de Portland que é escritor e conhece o CEO jura que eles são muito bons. Tudo indica que foram elogiados pela imprensa e a ideia parece bem melhor do que confiar em amigos/família que, se forem como os meus amigos/família... certamente deixarão a peteca cair em algum momento :-).

– Nathalie

. . .

Também uso o GreenByPhone para processar eletronicamente os cheques que chegam pela conta do *Earth Class Mail* – eles cobram 5 dólares por cheque, mas eu moro em San Diego, meu endereço no *Earth Class Mail* fica em Seattle e meu banco em Ohio. Funciona maravilhosamente!

– Andrew

. . .

Fazendo um acréscimo à sua ótima lista (viajamos assim por vários anos!), gostaria de mostrar as modificações que fiz como mulher e mãe de primeira viagem (tenho um bebê de 16 meses). Favoritos para uso pessoal: (1) A Athleta oferece roupas excelentes, leves, fáceis de secar, muito boas para a prática de esportes, mas com um ar bem moderno. Os *skorts* são obrigatórios para fazer caminhadas e escaladas mantendo uma aparência feminina. Uma pequena observação: em muitos países é bom que sejam mais compridos, assim como as regatas e os maiôs com sainha. (2) A escova de dentes Fresh & Go é simples de usar. (3) O aparelho de som Marsona para abafar ruídos estranhos é obrigatório (também deve ser usado regularmente em casas com bebês pois ao ouvirem o som eles saberão que está na hora de dormir!) Esse aparelho salvou nossas vidas em muitas viagens e agora usamos em casa para dormir melhor. Já não precisamos mais mudar de hotel no meio da viagem por causa do barulho. Sei que devemos levar pouca bagagem nas viagens, mas quando se tem um bebê algumas coisas são imprescindíveis. Para uma viagem de barco mais tranquila: (1) Porta-bebê *sling* de lã preto – é mais confortável que o de algodão e você pode tirar e colocar o bebê onde estiver, do nascimento até quinze quilos. Nunca tiro o meu, já faz parte do meu visual. (2) Tenda portátil Peapod Plus – é aí que o bebê dorme em casa e quando viajamos, assim ele dorme sempre no mesmo lugar e as abas proporcionam total privacidade. É ótimo para desde bebês pequenos até crianças de 5 anos. Além disso, posso colocar a tenda em um carrinho e enfiar algumas roupinhas em volta. (3) Go Go Kidz TravelMate (ótimo para carregar o bebê no embarque e usar como assento no avião). (4) O assento de carro Britax Diplomat é pequeno, mas pode ser usado desde o nascimento até aproximadamente 4 anos.

Verifique se a mala de rodinhas é menor do que o espaço para bagagem de mão do avião para não ter problemas caso o voo esteja lotado. Você sempre pode argumentar que colocará a mala debaixo dos pés. Além disso, é bom dar alguma coisa para o bebê tomar ou comer durante a decolagem e o pouso para ele não chorar e incomodar os tímpanos alheios. Boas viagens!

– Karyl

. . .

Pré-esvaziando o chefe: preocupações comuns em relação ao trabalho remoto

Neste artigo, a Cisco reconhece que o trabalho remoto "veio para ficar", mas relaciona uma série de problemas de segurança. Sugerimos pesquisar soluções preventivamente para estar armado e preparado caso seu empregador manifeste estas preocupações. http://newsroom.cisco.com/dlls/2008/prod_020508.html.

– Contribuição de Raina

13

Irremediável

Acabando com seu emprego

"Todos os caminhos da ação são arriscados, então a prudência não está em evitar o perigo (o que é impossível), mas em calcular o risco e agir decisivamente. Cometa erros de ambição, e não erros de preguiça. Desenvolva a força para fazer coisas fortes, não a força para sofrer."

NICOLAU MAQUIAVEL, *O Príncipe*

Pedidos existenciais e resoluções malucas por Ed Murray

Caro ______________ (sua divindade preferida),

Percebi algo muito ______________ (adjetivo), hoje, quando dava um banho em meu ______________ (animal), e esse algo que descobri é: Você é um ______________ (adjetivo) cruel e ______________ (expressão expletiva pessoal).

Ontem à noite, depois de beber várias doses de ______________ (bebida forte que você menos gosta) e cheirar ______________ (droga) suficiente para fazer ______________ (político) ficar ruborizado, tudo ficou claro para mim. O problema é com eles, não comigo.

Sou o único completamente ____________________ (estado de absoluta desesperança) quando isso atinge os relacionamentos pessoais mais ______________ (cor favorita) da minha vida, e mais, não divido meus ______________ (tipo de doce) mais íntimos neste planeta ______________ (adjetivo)... porque são todos uns ______________ (adjetivo de insulto) ______________ (animal extinto).

Eu _____________ (verbo de emoção) todos eles, e espero que tenham uma morte _____________ (adjetivo) quando estiverem comendo uma porção de _____________ (aperitivos do Applebee's).

Essa catarse _____________ (adjetivo) me fez sentir ao mesmo tempo _____________ (emoção) e estranhamente sozinho. Como posso me conectar com esses _____________ (animais de rebanho) pelos quais fico diariamente rodeado? Estou tão cansado de _____________ (sinônimo de "chorar") na _____________ (parte de sua casa) todos os dias... Talvez ajudasse se eu enfiasse um punhado de _____________ (legumes) em meu _____________ (orifício corporal). Meu coração _____________ (verbo) quando eu vejo a derrota nos _____________ (parte do corpo) de meus pais, e fica claro para mim que eles amam mais o _____________ (tipo de carro) do que _____________ (nome de um dos irmãos)... Talvez eu devesse amputar meu ____________________ (genitália) com uma _____________ (objeto afiado).

Hoje, decidi comprar um _____________ (substantivo), que servirá como uma _____________ (metáfora) e como um símbolo _____________ (adjetivo atemporal) para a _____________ (expletiva) servidão que se impõe sobre mim nesta vida... não estou mais no controle do que o mais _____________ (adjetivo) dos _____________ (animais de fazenda). Estou tentando desesperadamente ____________________ (escapar) dos _____________ (ato de violência ativa) de meus colegas de trabalho... exceto da _____________ (pessoa na sala). Sempre quis _____________ (ato sexual forçado) ela. Eu não pedi para ser _____________ (verbo).

Se reencarnação existir de fato, por favor me deixe fora dessa.

Alguns empregos são simplesmente irremediáveis.

Tentar melhorá-los é como colocar cortinas modernas na janela de uma cela de prisão: fica melhor, mas longe de ficar bom. No contexto deste capítulo, "emprego" se refere tanto a uma empresa que você possui quanto a um emprego normal, se você tiver um.

Algumas recomendações são limitadas a apenas uma das categorias, mas a maior parte é relevante para ambas. Vamos lá.

Eu pedi demissão de três empregos e fui demitido do resto. Ser demitido, apesar de algumas vezes ser uma surpresa e de deixá-lo precisando se reerguer, normalmente é uma dádiva divina: alguém tomou uma decisão por você, tornando impossível ficar no emprego errado a vida inteira. A maioria das pessoas não tem sorte o bastante para ser demitida e morre uma morte espiritual e lenta depois de trinta ou quarenta anos tolerando a mediocridade.

Orgulho e castigo

"Se você precisa jogar, decida três coisas antes de começar: as regras do jogo, os limites e a hora de parar."

PROVÉRBIO CHINÊS

Apenas porque deu muito trabalho ou levou muito tempo, não significa que foi algo produtivo ou que valeu a pena.

Apenas porque você está envergonhado de assumir que ainda vive as consequências de decisões erradas tomadas cinco, dez ou vinte anos atrás, isso não significa que não deva tomar boas decisões agora. Se deixar o orgulho parar suas ações, odiará sua vida daqui a cinco, dez ou vinte anos pelas mesmas razões. Odeio estar errado e entrei em uma trajetória impossível com minha empresa até que fui forçado a mudar o rumo das coisas ou encarar uma falência total – eu sei como é difícil.

Agora que estamos todos no mesmo jogo: o orgulho é uma estupidez.

Estar apto a desistir de coisas que não funcionam é fundamental para ser um vencedor. Assumir um projeto ou emprego sem definir quando o que vale a pena se torna desperdício é como ir a um cassino sem definir um valor máximo de quanto você vai gastar: perigoso e idiota.

"Mas você não entende minha situação. É complicado!" Mas é mesmo? Não confunda complexidade com dificuldade. A maior parte das situações é simples – muitas são apenas emocionalmente difíceis de agir contra. O problema e a solução são, em geral, óbvios e simples. Não que você não saiba o que fazer. É claro que você sabe. Você apenas tem medo de ficar pior do que já está.

Vou lhe contar uma coisa: se já chegou a esse ponto, não vai ficar pior. Revisite a criação de medos e corte as amarras.

Como arrancar um bandeide: mais fácil e menos doloroso do que você achava

"O homem médio é um conformista, aceita misérias e desastres com o estoicismo de uma vaca na chuva."

COLIN WILSON, autor inglês neoexistencialista de *The Outsider*

Há vários medos principais que mantêm as pessoas em navios que estão naufragando, e refutações simples para todos eles.

1. A demissão é permanente.

Longe disso. Use as perguntas e ações deste e do capítulo 3 (Como controlar o medo) para examinar como você pode retomar sua carreira ou começar outra empresa posteriormente. Nunca vi um exemplo de uma mudança de direção que não fosse de alguma forma reversível.

2. Não conseguirei pagar as contas.

É claro que você conseguirá. Em primeiro lugar, o objetivo será ter um novo emprego ou uma fonte de renda antes de sair de seu emprego atual. Problema resolvido.

Se você pular do barco ou se for demitido, não é difícil eliminar temporariamente a maior parte das despesas e viver economizando por um curto período. De alugar sua casa a refinanciá-la ou vendê-la, há opções. Sempre há opções.

Pode ser emocionalmente difícil, mas você não vai passar fome. Pare seu carro na garagem e cancele o seguro por alguns meses.

Peça carona ou ande de ônibus até se restabelecer. Use seus cartões de crédito e cozinhe em casa em vez de comer fora. Venda todas as quinquilharias em que você gastou centenas ou milhares de dólares e nunca usou.

Faça uma relação completa de seu patrimônio, reservas financeiras, dívidas e despesas mensais. Quanto tempo você sobrevive com seus recursos atuais ou se você vendesse algumas coisas?

Verifique suas despesas e se pergunte: "Se eu *tivesse* que eliminar coisas por precisar de um rim extra, como eu faria?". Não seja melodramático quando não houver necessidade – poucas coisas são tão importantes, particularmente para as pessoas espertas. Se você já fez isso em sua vida, perder um emprego ou trocá-lo será apenas um pouco mais do que algumas semanas de férias (a menos que você queira mais) antes de algo melhor.

3. Plano de saúde e previdência privada desaparecem se eu pedir demissão.

Mentira.

Eu tinha medo de ambas as coisas quando fui demitido da TrueSAN. Tinha alucinações com dentes apodrecidos e com ter de trabalhar no Wal-Mart para sobreviver.

Depois de pesquisar os fatos e explorar opções, percebi que poderia ter uma cobertura médica e odontológica idêntica – mesmo plano, mesma rede – por algo entre 300 e 500 dólares por mês. Para transferir minha conta para outra empresa (escolhi a Fidelity Investments) foi ainda mais fácil: levou menos de trinta minutos no telefone e não me custou nada.

Resolver ambos os problemas leva menos tempo do que ligar para um serviço de atendimento ao cliente para resolver um problema com sua conta de luz.

4. Isso vai acabar com meu currículo.

Adoro não ficção criativa.

Não é difícil varrer as falhas para debaixo do tapete e fazer das coisas incomuns os itens que conquistarão os entrevistadores numa seleção para emprego. Como? Faça algo interessante e deixe-os com inveja. Se você sair do emprego e sentar sua bunda, eu também não o contrataria.

Por outro lado, se você tem uma viagem de um ou dois anos, de navio, ao redor do mundo em seu currículo, ou se treinou com times profissionais de futebol na Europa em seus créditos, duas coisas interessantes acontecem depois de voltar ao mundo profissional. Primeiro, você conseguirá mais entrevistas porque se destacará. Segundo, entrevistadores entediados em seus empregos passarão a entrevista inteira querendo saber como você fez para conseguir isso.

Se houver alguma pergunta sobre por que você fez uma pausa ou saiu de seu antigo emprego, há uma resposta que não pode ser recusada: "Eu tive uma chance única na vida de fazer [a experiência exótica e causadora de inveja] e não podia recusar. Percebi que, com mais [20-40] anos de trabalho pela frente, qual a pressa?".

O fator *cheesecake*

"Você gostaria que eu lhe desse uma fórmula para o sucesso? Na verdade, é bem simples. Dobre sua taxa de erros."
THOMAS J. WATSON, fundador da IBM

Verão de 1999

Mesmo antes de experimentar, eu sabia que alguma coisa não estava muito bem. Depois de oito horas na geladeira, esse *cheesecake* ainda não tinha ficado pronto. Ele balançava na forma como uma sopa viscosa, com uns pedaços grossos se mexendo e algumas bolhas saindo, as quais pude ver quando fui inspecionar de perto. Devia ter havido um erro em algum lugar. Poderia ter ocorrido em qualquer um dos ingredientes:

Três pacotes de Philly Cream Cheese
Ovos
Estévia
Gelatina incolor
Essência de baunilha
Creme de leite

Nesse caso, foi provavelmente uma combinação de coisas e a falta de alguns poucos ingredientes que geralmente dão a um *cheesecake* a forma de uma torta.

Eu fazia uma dieta pobre em carboidratos e já tinha usado essa receita antes. Tinha ficado tão deliciosa que meus colegas de quarto queriam um pedaço grande e insistiram em uma tentativa de fazê-la em série. A partir daí começaram os problemas e trapalhadas matemáticas.

Antes que surgissem a Splenda® e outros milagres de imitação do açúcar, os mais radicais usavam estévia, uma erva 300 vezes mais edulcorante do que o açúcar. Uma gota equivalia a 300 envelopes de açúcar. Era uma ferramenta delicada e eu não era um cozinheiro delicado. Fiz uma vez uma pequena porção de biscoitos usando fermento líquido em vez de fermento em pó, e isso foi o bastante para fazer meus colegas de quarto vomitarem bastante. Minha nova obra-prima fez os biscoitos parecerem um jantar fino: parecia *cream cheese* líquido misturado com água fria e seiscentos envelopes de açúcar.

Fiz então o que qualquer pessoa normal e racional faria: peguei uma colher de sopa e, com um suspiro, sentei-me de frente para a TV para encarar meu castigo. Eu tinha gasto um domingo inteiro e uma grande quantidade de ingredientes – era hora de colher o que eu havia plantado.

Uma hora e 20 colheradas depois, não havia nenhuma diferença na quantidade de *cheesecake*, mas eu estava arriado. Não apenas não conseguiria comer nada além de sopa por dois dias, como não poderia sequer olhar para um *cheesecake*, antes minha sobremesa favorita, por mais de quatro anos.

Estúpido? É claro. É quase tão estúpido quanto alguém pode ser. Esse é um exemplo ridículo e pequeno do que as pessoas fazem o tempo todo em larga escala com seus empregos. A questão real é – para quê?

Há dois tipos de erros: erros de ambição e erros de preguiça.

O primeiro é o resultado de uma decisão de agir – fazer algo. Esse tipo de erro é cometido por causa de informações incompletas, uma vez que é impossível ter todos os dados de antemão. A sorte favorece os fortes.

O segundo é o resultado de uma decisão de preguiça – não fazer algo –, em que recusamos mudar uma situação ruim por medo, apesar de ter todos os fatos. Isso é como experiências de aprendizado se tornam castigos terminais, relacionamentos ruins se tornam casamentos ruins e escolhas ruins de empregos se tornam sentenças de prisão perpétua.

"Sim, mas e se eu estiver numa área em que trocar de emprego não é bem--visto? Mal estou neste emprego há um ano, e um possível empregador vai pensar que..."

Vai pensar? Teste suas certezas antes de se condenar a mais miséria. Tenho visto apenas um fator de atração determinante para bons empregadores: desempenho. Se você é uma estrela do *rock* quando se fala de resultados, não importa se você pulou do navio de uma empresa ruim depois de apenas três semanas. Por outro lado, se tolerar um ambiente de trabalho ruim por anos a fio é um pré-requisito para promoção na sua área, não seria o caso de dizer que você está em um jogo que não vale a pena ganhar?

As consequências de decisões ruins não melhoram com o tempo.

Que *cheesecake* você está comendo?

• Perguntas e ações •

"Só não cometem erros aqueles que estão dormindo."
INGVAR KAMPRAD, fundador da IKEA, maior marca de mobília do mundo

Dezenas de milhares de pessoas, a maior parte delas menos capaz do que você, deixam seus empregos diariamente. Não é incomum, tampouco fatal. Eis aqui alguns exercícios para ajudá-lo a entender o quão naturais são mudanças de emprego e o quão simples as transições podem ser.

1. Em primeiro lugar, uma checagem familiar de realidade: é mais provável que você encontre o que procura em seu emprego atual ou em algum outro lugar?

2. Se você fosse demitido de seu emprego hoje, o que faria para manter as coisas sob controle do ponto de vista financeiro?

3. Tire um dia de folga – alegue estar doente – e coloque seu currículo nos maiores sites de emprego.

Mesmo que você não tenha planos imediatos de largar seu emprego, coloque seu currículo em sites como www.monster.com e www.careerbuilder.com, usando um pseudônimo, se preferir. Isso lhe mostrará que há opções além do seu trabalho atual. Ligue para *headhunters*, se o seu nível profissional permitir um contato desse tipo, e mande um pequeno e-mail como este a seguir para seus amigos e contatos não profissionais:

> Caros amigos,
>
> Penso em fazer uma mudança em minha carreira e estou interessado em todas as oportunidades que possam aparecer. Nada está fora de cogitação nem é ultrajante demais. [Se você sabe o que quer ou o que não quer em determinado nível, sinta-se à vontade para acrescentar "estou particularmente interessado em..." ou "eu gostaria de evitar..."]
>
> Por favor, me avisem se tiverem algo em mente!
>
> Tim

Alegue estar doente ou tire um dia de férias para completar esses exercícios durante um dia normal, em horário comercial. Isso simulará uma situação de desemprego e reduzirá o fator medo do limbo que é não ir para o escritório.

No mundo de ação e negociação, há um princípio que governa todos os outros: quem tem mais opções tem mais poder. Não espere precisar ter opções para começar a procurá-las. Dê agora uma olhadela de soslaio para o futuro e isso tornará mais fácil tanto tomar ações quanto ser assertivo.

4. Se você possui sua própria empresa, imagine que foi processado e que precisa declarar falência. A empresa está insolvente e você precisa fechar as portas. Isso é algo que precisa fazer *legalmente*, e não há recursos financeiros para viabilizar outras opções. Como vai sobreviver?

• Truques e ferramentas •

Para tomar decisões e puxar o gatilho

- I-Resign (www.i-resign.com)

  Este site fornece tudo de aconselhamento sobre procura de novos empregos até, o meu favorito, exemplos de cartas de demissão. Não deixe de ver os utilíssimos fóruns de discussão e a histérica carta do "consultor *web* de Londres".

Para abrir contas de previdência privada

Se você quer um consultor e não se importa em pagar por isso, considere os sites a seguir.

- Franklin-Templeton (www.franklintempleton.com)

- American Funds (www.americanfunds.com)

  Se você quer fazer seus próprios investimentos e não pagar encargos, procure estas empresas.

- Fidelity Investments (www.fidelity.com)

- Vanguard (www.vanguard.com)

Planos de saúde para autônomos ou desempregados

Mais opções e recomendações podem ser encontradas em www.fourhourworkweek.com.

- Ehealthinsurance (www.ehealthinsurance.com)

- AETNA (www.aetna.com)

- Kaiser Permanente (www.kaiserpermanente.org)

- American Community Mutual (www.american-comunity.com)

14

Miniaposentadorias

Adotando a mobilidade como estilo de vida

"Antes do desenvolvimento do turismo,
viajar era concebido como um estudo, e seus frutos eram a ornamentação
da mente e a formação do julgamento."
PAUL FUSSEL, *Abroad*

"A simples vontade de improvisar é mais vital,
no longo prazo, do que a pesquisa."
ROLF POTTS, *Vagabonding*

Depois que Sherwood voltou da Oktoberfest, atordoado de tanto matar neurônios, mas feliz como não se sentira nos últimos quatro anos, o período de testes se transformou em uma política e Sherwood foi apresentado ao mundo dos Novos Ricos. Tudo o que ele precisa agora é uma ideia de como explorar essa liberdade e as ferramentas para dar a seu dinheiro limitado as possibilidades de resultado de um estilo de vida com recursos quase infinitos.

Se você cumpriu os passos anteriores, eliminando, automatizando e destruindo as amarras que o prendem a um único lugar, é hora de realizar algumas fantasias e explorar o mundo.

Mesmo que você não tenha muita vontade de fazer viagens longas, ou acha que é impossível – seja por causa do casamento, das prestações ou daquelas pequenas coisas chamadas crianças –, este capítulo ainda assim é o próximo passo. Há mudanças fundamentais que eu e a maior parte dos outros adiamos até que a ausência (ou a preparação para ela) as force. Este capítulo é a prova final no desenvolvimento de sua musa.

A transformação começa em um pequeno vilarejo mexicano.

Fábulas e caçadores de fortunas

Um executivo americano tirou férias e foi para uma pequena vila de pescadores no litoral do México, por ordens médicas. Sem conseguir voltar a dormir por causa de uma ligação urgente do escritório, na primeira manhã ele saiu para dar uma volta no píer, para esfriar a cabeça. Um pequeno barco com um único pescador atracava, e dentro do barco havia vários atuns robustos. O americano cumprimentou o mexicano pela qualidade dos peixes.

"Quanto tempo levou para pescá-los?", perguntou o americano.

"Apenas um pouquinho", o mexicano respondeu em inglês surpreendentemente bom.

"Por que você não ficou mais tempo para pescar ainda mais peixes?", o americano tornou a perguntar.

"Eu tenho o bastante para sustentar minha família e dar um pouco para os meus amigos", disse o mexicano enquanto tirava os peixes do barco e os colocava em uma cesta.

"Mas... o que você faz com o resto do seu tempo?"

O mexicano olhou para ele e sorriu. "Eu acordo tarde, pesco um pouco, brinco com meus filhos, tiro uma sesta com minha esposa, Julia, e dou uma volta pela vila à noitinha, para beber vinho e tocar violão com meus amigos. Tenho uma vida completa e bastante cheia, *señor.*"

O americano deu uma gargalhada e se empertigou. "Senhor, eu tenho um MBA em Harvard e posso ajudá-lo. Você deveria passar mais tempo pescando e, com os lucros maiores, comprar um barco maior. Em pouco tempo, você poderia comprar vários barcos com o aumento em seus rendimentos. Finalmente, poderá ter uma frota de barcos de pesca."

Ele prosseguiu: "Em vez de vender sua pesca para um intermediário, poderia vender diretamente para os consumidores, finalmente abrindo sua própria fábrica de enlatados. Você controlaria a produção, o processamento e a distribuição. Teria que sair deste pequeno vilarejo de pescadores, é claro, e mudar-se para a Cidade do México, depois para Los Angeles e finalmente para Nova York, de onde poderia gerir seu império em expansão com a administração adequada".

O pescador mexicano perguntou: "Mas, *senõr*, quanto tempo isso vai levar?".

Rapidamente, o americano respondeu: "Quinze a vinte anos, vinte e cinco no máximo".

"Mas e aí, *senõr*?"

O americano riu e respondeu: "Essa é a melhor parte. Quando for a hora certa, você poderá vender ações de sua empresa na bolsa e se tornar muito rico. Você poderia ganhar milhões".

"Milhões, *señor*? Mas e aí?"

"Aí você poderia se aposentar, mudar-se para um pequeno vilarejo na praia, onde você poderá acordar tarde, pescar um pouco, brincar com seus filhos, tirar a sesta com sua esposa e passear na vila à noitinha para beber vinho e tocar violão com seus amigos..."

Recentemente, almocei, em San Francisco, com um grande amigo e ex-colega de quarto da época da faculdade. Em breve, ele se formará em uma importante escola de negócios e voltará ao mercado dos investimentos bancários. Detesta chegar em casa do escritório à meia-noite, mas explicou-me que, se ele trabalhar oitenta horas por semana durante nove anos, poderá se tornar diretor administrativo e ganhar ótimos 3 a 10 milhões de dólares por ano. Aí ele seria um homem de sucesso.

"Mas, cara, o que você vai fazer neste mundo com 3 a 10 milhões por ano?", perguntei. Sua resposta? "Vou fazer uma longa viagem pela Tailândia."

Isso traduz claramente uma das maiores autodecepções da era moderna: viagens longas pelo mundo como exclusivas dos ultra-ricos. Também já ouvi coisas assim:

"Vou trabalhar nesta empresa por quinze anos. Aí eu me tornarei sócio e poderei diminuir o número de horas trabalhadas por semana. Assim que tiver 1 milhão no banco, vou aplicar em algum investimento seguro, tirar 80 mil dólares por ano de rendimento e me aposentar para velejar no Caribe".

"Só vou trabalhar como consultor até os 35 anos, depois vou me aposentar e viajar de moto pela China".

Veja só, se seu sonho – o pote de ouro no final do arco-íris da carreira – é passar bastante tempo na Tailândia, velejar no Caribe ou percorrer a China de moto, tudo isso pode ser feito com menos de 3 mil dólares. Eu já fiz as três coisas. Eis aqui apenas dois exemplos do quão longe se pode ir com pouco dinheiro.[1]

250 dólares Cinco dias em uma ilha tropical de pesquisa com três pescadores locais, que pescavam e preparavam todas as minhas refeições e ainda me levavam para os melhores locais escondidos de mergulho no Panamá.

150 dólares Três dias alugando um avião particular em Mendoza, região vinícola da Argentina, e sobrevoando os mais belos vinhedos ao redor dos Andes, totalmente nevados, com um guia particular.

Pergunta: Em que você gastou os seus últimos 400 dólares? Isso equivale a dois ou três fins de semana de agitação *non-sense* para esquecer a semana árdua de trabalho, na maior parte das cidades americanas. Quatrocentos dólares não são nada para um período completo de oito dias de experiências para mudar sua vida. Mas oito dias não é o que eu recomendo. São apenas interlúdios para uma produção muito maior. Proponho mais, muito mais.

1. O valor do dólar descrito neste capítulo é de um período imediatamente seguinte à reeleição do presidente Bush em 2004, que corresponde ao menor valor do dólar nos últimos vinte anos.

O nascimento das miniaposentadorias e a morte das férias

"Há mais na vida do que apenas acelerá-la."
MOHANDAS GANDHI, fundador do moderno Estado indiano

Em fevereiro de 2004, eu estava péssimo e assoberbado de trabalho.

Meu sonho de viagem começou como um plano para visitar a Costa Rica em março de 2004, para quatro semanas de espanhol e de descanso. Eu precisava de um descanso e quatro semanas me pareciam um tempo "razoável" por qualquer parâmetro esdrúxulo que se use para medir essas coisas.

Um amigo, que conhece bem a América Central, diligentemente me disse que nunca iria dar certo, porque iria começar a temporada de chuvas na Costa Rica. Tempestades torrenciais não eram exatamente o clima revigorante de que eu precisava, de modo que mudei meu foco para quatro semanas na Espanha. No entanto, era uma viagem longa sobre o Atlântico e a Espanha fica próxima a países que eu sempre quis visitar. Perdi o conceito de "razoável" em algum lugar logo depois disso e decidi que eu merecia três meses para explorar minhas raízes nos países escandinavos depois das quatro semanas na Espanha.

Se houvesse alguma bomba-relógio ou algum desastre pendente em minha vida, certamente seriam detonados nas primeiras quatro semanas, então *não havia risco adicional em esticar minha viagem em três meses.* Três meses seriam algo excelente.

Esses três meses viraram quinze, e eu comecei a me perguntar: "Por que não pegar os vinte a trinta anos normais de aposentadoria e redistribuí-los ao longo da vida, em vez de guardar tudo para o final?".

A alternativa às viagens aceleradas

"Graças ao Sistema de Rodovias Interestaduais, agora é possível viajar de costa a costa sem ver absolutamente nada."
CHARLES KURALT, repórter da CBS

Se você está acostumado a trabalhar cinquenta semanas por ano, a tendência, mesmo depois de gerar a mobilidade necessária para viagens longas, será ficar louco e visitar dez países em catorze dias e terminar arruinado. É como levar um cachorro faminto para um bufê à vontade. Ele vai comer até morrer.

Eu fiz isso durante três dos quinze meses da minha viagem visionária, visitando sete países e passando por pelo menos vinte *check-ins* e *check-outs* com um amigo que tirou três semanas de férias. A viagem foi uma explosão de adrenalina, mas foi como assistir à vida em *fast-forward.* Foi difícil para nós lembrar o que aconteceu em cada país (exceto em Amsterdã),[2] ficamos ambos cansados a maior parte do tempo e bastante irritados por ter que partir de alguns lugares apenas porque nossos voos pré-marcados nos obrigavam.

Recomendo fazer exatamente o oposto.

A alternativa às viagens aceleradas – as miniaposentadorias – pressupõe que você vá de lugar a lugar durante seis meses, antes de voltar para casa ou se mudar para outro lugar. São as antiférias, no sentido mais positivo. Ainda que possa ser relaxante, a miniaposentadoria não é uma escapada da vida, mas um reexame dela – a criação de uma ficha em branco. Se seguirmos a eliminação e a automação, do que estaremos escapando? Em vez de buscar *ver* o mundo, procuramos *experimentá-lo* em uma velocidade que permita que ele mexa conosco.

Isso também é diferente de um ano sabático. Anos sabáticos são frequentemente vistos como aposentadorias: um evento único. Aproveite agora enquanto você pode. A miniaposentadoria é definida como recorrente – é um *estilo de vida.* Atualmente tiro três

2. Refiro-me, evidentemente, às incríveis oportunidades de andar de bicicleta e às famosas pastelarias.

ou quatro miniaposentadorias por ano e sei de dúzias de pessoas que fazem a mesma coisa.

Purgando os demônios: liberdade emocional

"A verdadeira perfeição de um homem
é descobrir sua própria imperfeição."
SANTO AGOSTINHO (354-430 d.C.), um dos mais importantes teólogos e
filósofos dos primeiros anos do cristianismo

A verdadeira liberdade é mais do que apenas ter tempo e dinheiro bastantes para fazer o que você quiser. É perfeitamente possível – na verdade, é mais a regra do que a exceção – ter liberdade de tempo e dinheiro, mas ainda assim ser pego nas agruras da peleja diária. Ninguém pode estar livre dos estresses de uma cultura obcecada pelo tamanho e pela velocidade até que esteja livre de vícios materiais, mentalidade dominada pela falta de tempo e impulsos comparativos que criaram esta cultura.

Isso leva tempo. O efeito não é cumulativo, e não há número de viagens turísticas de duas semanas (também chamadas de "fracas demais")[3] que possam substituir uma boa viagem como as que descrevemos.[4]

Pela experiência daqueles que entrevistei, leva de dois a três meses para se desligar das rotinas obsoletas e se ligar no quanto nós nos distraímos com o movimento constante. Você consegue sentar-se para jantar durante duas horas com seus amigos espanhóis sem ficar ansioso? Você consegue se acostumar com uma cidade pequena em que todo o comércio faz a sesta durante duas horas, na tarde, e então fecha às quatro horas? Se não, você precisa se perguntar "Por quê?".

3. O autor cita um trocadilho, criado por Joel Stein, do *LA Times*, entre *two-week* (duas semanas) e *too-weak* (fracas demais), com pronúncias semelhantes em inglês. (N. T.)

4. Em todos os sentidos, vá em frente e faça uma viagem de celebração da era pós-escritório, pire por algumas semanas. Eu sei, eu fiz. Faça também. Ibiza, lá vou eu. Beba um pouco de absinto e muita água. Depois disso, sente-se e planeje uma miniaposentadoria.

Aprenda a reduzir o ritmo. Fique perdido intencionalmente. Observe como você se julga e como julga os outros ao seu redor. O provável é que já faça algum tempo. Tire pelo menos dois meses para desincorporar velhos hábitos e redescubra-se sem a lembrança de um iminente voo de volta.

Realidades financeiras: as coisas só melhoram

O argumento econômico a favor das miniaposentadorias é a cereja do bolo. Quatro dias em um hotel decente, ou uma semana para dois em um hotel legal custam a mesma coisa que o aluguel de um mês de um bom apartamento. Se você relocar o seu apartamento, suas despesas em viagem começam a substituir – normalmente a um custo muito menor – contas que você pode a partir daí cancelar. Eis aqui alguns relatos de viagens recentes. Destaques tanto da América do Sul quanto da Europa são postos lado a lado para provar que o luxo é limitado pela sua criatividade e pela sua familiaridade com o local, não com a diferença cambial para os países do Terceiro Mundo. É óbvio que não vivi a pão e água, nem esmolando – vivi como uma estrela de *rock* – e ambas as experiências podem ser feitas com menos de 50% do que eu gastei. Meu objetivo era curtir, e não ter uma vida austera.

Passagem aérea

- Gratuita, cortesia do cartão de crédito AMEX Gold e do Mastercard Chase Continental Airlines.[5]

5. As musas são de baixo custo de manutenção, mas são frequentemente caras em uma ou duas áreas táticas: fabricação e propaganda. Procure fornecedores de ambos que aceitam pagamentos com cartão de crédito, e negocie isso antecipadamente, se necessário, dizendo: "Em vez de tentar negociar uma redução de preço, apenas peço que você aceite pagamento com cartão de crédito. Se você puder fazer isso, fecho com você em vez de fechar com o concorrente X". Isso é outro exemplo de "oferta firme", e não uma pergunta, que o põe em uma posição mais forte para negociar. Para uma explicação detalhada de como multipliquei pontos de milhagem usando conceitos como "reciclagem" e "aproveitamento de esforço alheio", acesse www.fourhourworkweek.com.

Hospedagem

- Apartamento de cobertura em Buenos Aires equivalente aos da Quinta Avenida em Nova York, incluindo faxineiras, segurança, telefone, luz e internet banda larga: 550 dólares por mês.
- Apartamento enorme no charmoso (como o SoHo) distrito de Prenzlauerberg, em Berlim, incluindo telefone e luz: 300 dólares por mês.

Refeições

- Restaurante de quatro ou cinco estrelas em Buenos Aires, duas refeições por dia: 10 dólares (300 dólares por mês).
- Berlim: 18 dólares (540 dólares por mês).

Entretenimento

- Mesa VIP e champagne à vontade para oito pessoas na melhor casa noturna de Buenos Aires, Opera Bay: 150 dólares (18,75 dólares por pessoa x quatro visitas por mês = 75 dólares por mês por pessoa).
- Entrada e bebidas nas melhores casas noturnas de Berlim Ocidental: 20 dólares por pessoa por noite x 4 = 80 dólares por mês.

Educação

- Duas horas diárias de aulas particulares de espanhol, em Buenos Aires, cinco vezes por semana: 5 dólares por hora x 40 horas por mês = 200 dólares por mês.
- Duas horas de aulas particulares de tango com dois professores dançarinos de nível internacional: 8,33 dólares por hora x 40 horas por mês = 333,20 dólares por mês.
- Quatro horas diárias de instrução em alemão em uma das melhores escolas do mundo, a Nollendorfplatz, em Berlim: 175 dólares por mês, que teriam pagado a si mesmas ainda que eu não tivesse ido às aulas, porque o cartão de estudante me dava 40% de desconto em todos os meios de transporte.
- Seis horas por semana de treinamento em MMA (*mixed martial arts*, artes marciais mistas) na melhor academia de Berlim: grátis, em troca de duas horas de aula de inglês por semana.

Transporte

- Passe mensal de metrô e corridas diárias de táxi para as aulas de tango: 75 dólares por mês.
- Passe mensal para metrô, trem e ônibus, em Berlim, com desconto de estudante: 85 dólares por mês.

Total para quatro semanas de uma vida de luxo

- Buenos Aires: 1533,20 dólares – incluindo uma conexão aérea para o JFK, com um mês de parada no Panamá. Praticamente um terço deste valor é a instrução particular com professores de alto nível de tango e de espanhol.
- Berlim: 1180 dólares – incluindo uma conexão aérea para o JFK e uma parada de uma semana em Londres.

Como comparar esses números com sua despesa mensal doméstica atual, incluindo aluguel, seguro do carro, contas, gastos de fim de semana, festas, transporte público, gasolina, mensalidades, assinaturas, comida e todo o resto? Some tudo e você poderá perceber, como eu fiz, que viajar ao redor do mundo e viver as melhores experiências da sua vida pode economizar muito dinheiro.

Fatores de medo: superando desculpas para não viajar

“Viajar é a ruína da felicidade! Não há como olhar para um prédio aqui depois de ter conhecido a Itália.”
FANNY BURNEY (1752-1840), escritora inglesa

Mas eu tenho casa e filhos. Não posso viajar!
E o plano de saúde? E se algo acontece? Viajar não é perigoso?
E se eu for assaltada ou sequestrada?
Mas eu sou uma mulher – viajar sozinha pode ser perigoso.

A maior parte das desculpas para não viajar é exatamente isso – uma desculpa. Já fiz isso, então não é um sermão sagrado a que devemos obedecer. Sei muito bem que é mais fácil viver consigo mesmo se citarmos uma razão externa para a inação.

Já conheci paraplégicos e surdos, idosos e mães solteiras, proprietários de imóveis e paupérrimos, todos encontraram razões excelentes para mudar de vida e fazer viagens longas em vez de ficar colecionando milhões de pequenas razões *para não fazê-lo.*

A maior parte das preocupações acima é tratada nas "Perguntas e ações", mas uma em particular exige um calmante preventivo.

São dez horas da noite. Você sabe onde estão seus filhos?

O principal medo dos pais antes de sua primeira viagem internacional é perder de alguma forma um filho na confusão.

A boa notícia é que, se você se sente confortável em levar seus filhos para Nova York, San Francisco, Washington, D.C. ou Londres, você terá menos ainda com o que se preocupar nas cidades que eu recomendo nas "Perguntas e ações". Há menos armas e menos crimes violentos em todas elas, se comparadas com a maior parte das grandes cidades americanas. A probabilidade de problemas acontecerem diminui ainda mais quando a viagem tem menos aeroportos e hospedagens em hotéis entre estranhos e mais mudança para um segundo lar: uma miniaposentadoria.

Mas, ainda assim, e se acontecer?

Jen Errico, uma mãe solteira que levou seus dois filhos em uma viagem de cinco meses ao redor do mundo, tinha um medo mais agudo do que a maioria, que frequentemente a fazia acordar de madrugada suando frio: e se alguma coisa acontecer comigo?

Ela queria preparar seus filhos para o pior cenário possível, mas não queria assustá-los com a morte, então – como todas as boas mães – ela transformou isso num jogo: quem consegue memorizar melhor os itinerários, endereços dos hotéis e o telefone da mamãe? Ela tinha contatos para emergência em cada país, cujos números eram gravados na discagem rápida de seu celular, que tinha *roaming* internacional. No final das contas, nada aconteceu. Agora ela planeja se mudar para um chalé nas montanhas na Europa e mandar seus filhos para uma escola multilíngue na França. Sucesso gera sucesso.

Ela teve mais medo em Cingapura, e, em retrospecto, foi onde menos teve razão para se preocupar (ela foi com os filhos para a África do Sul, entre outros lugares). Ficou assustada porque era a primeira parada e ela ainda não estava acostumada a viajar com os filhos. Era percepção, não realidade.

Robin Malinsky-Rummell, que passou um ano viajando pela América do Sul com o marido e o filho de 7 anos, foi alertada por amigos e familiares para não visitar a Argentina depois das manifestações populares em 2001. Ela fez o dever de casa, decidiu que o medo era infundado e prosseguiu para ter bons momentos na Patagônia. Quando dizia a nativos que era de Nova York, seus olhos se arregalavam e suas bocas se abriam: "Eu vi na TV aqueles prédios explodindo! Eu jamais iria a um lugar tão perigoso!". Não assuma que lugares distantes são mais perigosos do que sua cidade natal. A maioria não é.

Robin está convencida, como eu, de que as pessoas usam os filhos como uma desculpa para permanecer em suas zonas de conforto. É uma desculpa fácil para não fazer algo com gosto de aventura. Como sobrepujar o medo? Robin recomenda duas coisas:

1. Antes de embarcar em uma longa viagem internacional com seus filhos, pela primeira vez, faça uma viagem teste de algumas semanas.
2. A cada parada, arrume uma semana de aulas de idioma que comece na chegada e aproveite o transporte direto do aeroporto, se estiver disponível. A equipe da escola oferecerá a você apartamentos para alugar, e você terá a oportunidade de fazer amigos e conhecer a área antes de se estabelecer por conta própria.

Mas e se sua preocupação não for tanto perder seus filhos, mas perder a paciência por causa de seus filhos?

Inúmeras famílias que entrevistei para este livro recomendam a ferramenta de persuasão mais antiga: o suborno. Cada criança recebe uma determinada quantia de dinheiro virtual, 25-50 centavos, para cada hora de bom comportamento. A mesma quantia é subtraída de suas contas se quebrarem as regras. Todas as compras para diversão – suvenires, sorvete etc. – vêm de suas contas individuais. Se não têm saldo, nada feito. Isso normalmente requer mais autocontrole dos pais do que das crianças.

Como conseguir passagens aéreas com 50-80% de desconto

Este livro não é sobre orçamentos de viagem.

A maior parte das recomendações para economizar que se encontra em guias de viagem é destinada aos viajantes acelerados. Para alguém que embarca para uma miniaposentadoria, um custo extra de 150 dólares para uma passagem aérea livre de problemas, amortizada ao longo de dois meses, é um negócio melhor do que vinte horas passeando por vários pontos com uma companhia desconhecida ou ficar buscando vantagens questionáveis.

Depois de duas semanas de pesquisa, comprei certa vez uma passagem de ida para a Europa, em aberto, por 120 dólares. Cheguei ao JFK transbordando de entusiasmo e confiança – olhe para todos esses idiotas comprando a preço de varejo! – e 90% das empresas participantes recusaram meu bilhete. As que não recusaram estavam lotadas por semanas. Terminei ficando em um hotel por duas noites, a um custo de 300 dólares, usando pontos do AMEX. Depois, liguei frustrado do JFK para 1-800-FLY-EUROPE, onde comprei uma conexão para Londres na Virgin Atlantic por 300 dólares e embarquei uma hora depois. A mesma passagem custava, uma semana antes, mais de 700 dólares.

Depois de 25 países, descobri algumas estratégias simples que fazem você conseguir 90% da economia possível sem desperdiçar tempo ou discutir migalhas.

1. Use cartões de crédito com programas de recompensa para a maior parte da propaganda e da fabricação de sua "musa".

   Não estou gastando mais dinheiro para conseguir centavos em troca de dólares – esses custos são inevitáveis, então capitalize sobre eles. Isso sozinho me permite uma passagem internacional gratuita a cada três meses.

2. Compre passagens com antecedência (três meses ou mais) ou no último minuto e tente embarcar ou retornar entre terça e quinta-feira.

   Planejamento de viagens de longo prazo me cansa e pode sair caro se os planos mudarem, então eu opto por comprar todas as passagens nos últimos três ou quatro dias antes do embarque planejado. O valor de um assento vazio é zero assim que o avião decola, então passagens no último minuto são mais baratas.

Use o Orbitz (www.orbitz.com) primeiro. Determine a data de partida e retorno entre terça e quinta-feira. Então, procure preços para datas de partida nos três dias anteriores e nos três dias seguintes. Usando a data mais barata, faça o mesmo com a data de retorno para encontrar a combinação mais barata. Cheque o preço fornecido com as tarifas no site da própria empresa aérea. Então, comece a dar lances no www.priceline.com a 50% do melhor dos dois valores, aumentando 50 dólares até conseguir um preço melhor ou ver que não é possível.

3. Pense em comprar uma passagem para um centro de conexões internacionais e então outro voo com uma empresa aérea local mais barata.

   Quando vou à Europa, normalmente compro três passagens. Uma gratuita da Southwest (transferindo pontos do AMEX), da Califórnia para o JFK, daí a passagem mais barata para Heathrow, em Londres, e então uma passagem ultrabarata ou pela Ryanair ou pela EasyJet para meu destino final. Já paguei algo como 10 dólares para ir de Londres para Berlim ou de Londres para a Espanha. Não é brincadeira. Empresas aéreas locais frequentemente oferecem assentos em voos apenas pelo preço dos impostos e da gasolina. Para destinos na América Central ou do Sul, normalmente procuro voos locais saindo do Panamá ou voos internacionais saindo de Miami.

Quando mais é menos: eliminar a confusão

"Os seres humanos possuem a capacidade de aprender a querer quase todos os objetos materiais concebíveis. Dada, daí, a emergência de uma cultura industrial moderna capaz de produzir praticamente qualquer coisa, a época é propícia a abrir as portas dos depósitos de necessidades infinitas! ... É a versão moderna da Caixa de Pandora, e seus males estão lançados sobre o mundo."
JULES HENRY, antropologista norte-americano

"Ser livre, feliz e produtivo só pode ser conseguido através do sacrifício de muitas coisas comuns, mas superestimadas."
ROBERT HENRI, pintor norte-americano

Conheço o filho de um multimilionário, amigo de Bill Gates, que atualmente gerencia investimentos privados e fazendas. Ele acumulou uma coleção de belas casas ao longo da última década, todas com cozinheiras em tempo integral, empregados, faxineiros e equipe de apoio. Como se sente tendo uma casa em cada fuso horário? É um chute no saco! É como se estivesse trabalhando para seus empregados, que passam mais tempo em suas casas do que ele.

Uma viagem longa é a desculpa perfeita para reverter o dano dos anos de consumo, tanto quanto você puder. É hora de se livrar de toda a confusão disfarçada de necessidades antes de você arrastar uma mala de cinco peças ao redor do mundo. Isso é o próprio inferno.

Não vou dizer para você andar de robe e chinelos olhando sombriamente para as pessoas que possuem televisão em casa. Detesto esse papo fundamentalista. Minha intenção não é transformar você em um escriba do desapego material. No entanto, vamos encarar o problema: há centenas de coisas em sua casa e em sua vida que você não usa, não precisa nem particularmente quer. Apenas entraram em sua vida como material inútil e nunca encontraram uma boa saída. Esteja você consciente ou não disso, essa confusão de coisas gera indecisão e distrações, consome atenção e faz da felicidade livre uma tarefa real. É impossível perceber o tanto que nos distrai todo esse lixo – sejam bonecas de porcelana, carros esportivos ou camisetas rasgadas – até se livrar dele.

Antes de minha viagem de quinze meses, eu estava estressado por não saber como fazer caber todas as minhas coisas em um espaço de 5m x 3m em um guarda-móveis. Foi aí que percebi que nunca releria as revistas antigas que guardava, que usava as mesmas cinco camisetas e quatro calças em 90% do tempo, que já era hora de comprar móveis novos e que nunca tinha usado a churrasqueira portátil ou os móveis de jardim.

Livrar-me de coisas que *nunca* tinha usado foi um curto-circuito capitalista. Foi difícil me desfazer de coisas que em alguma época julguei valiosas o bastante para gastar dinheiro nelas. Os primeiros dez minutos separando minhas roupas foram como escolher que filho meu deveria viver ou morrer. Nunca tinha exercitado meus músculos de jogar as coisas fora. Foi um grande esforço colocar uma roupa de Natal excelente, mas na qual eu nunca caberia, na pilha "para dar" e, tão árduo quanto, me separar de roupas rasgadas ou que não me serviam, mas que guardava por razões sentimentais. Assim que passei pelas primeiras decisões difíceis, no entanto, o ímpeto foi criado e ficou bem fácil. Doei todas as roupas que raramente usava para uma instituição de caridade. Dos móveis, em menos de dez horas eu me desfiz usando o Craigslist, e ainda que tenha recebido 50% do valor por alguns móveis e nada por outros, quem se importa? Usei e abusei deles por cinco anos e comprarei um novo jogo de móveis quando chegar de volta aos Estados Unidos. Dei a churrasqueira e os móveis de jardim para uma amiga, que ficou feliz como criança em época de Natal. Ela ganhou o mês. Senti-me muito bem com isso e ganhei 300 dólares extras para pagar pelo menos algumas poucas semanas de aluguel em outro país.

Criei em meu apartamento mais 40% de espaço, do qual sequer havia visto a superfície. Não foi o espaço físico extra que mais senti, mas o espaço mental. Foi como se eu antes tivesse 20 aplicativos mentais funcionando simultaneamente, e agora apenas um ou dois. Meu pensamento estava mais claro e eu estava muito, muito mais feliz.

Perguntei a cada "nômade" que entrevistei para este livro, qual a única recomendação que fariam a alguém que fosse fazer uma viagem longa pela primeira vez. A resposta foi unânime: leve o menos possível com você.

Fazer malas grandes é um impulso difícil de vencer. A solução é criar o que chamo de um "fundo de estabelecimento". Em vez de colocar na mala coisas para todas as situações, trago o mínimo possível e destino de 100 a 300 dólares para comprar o que for preciso depois que chegar a um novo lugar. Carrego itens de higiene pessoal e roupas para não mais do que uma semana. É incrível. Encontrar uma camisa social ou creme de barbear em outros países pode produzir por si só uma aventura.

Faça malas como se fosse voltar em uma semana. As coisas mais essenciais, listadas em ordem de importância, são:

1. Roupas *para uma semana*, apropriadas à estação do ano, incluindo *uma* camisa semiformal e um par de calças ou saia para a alfândega. Pense em camisetas, um par de bermudas e um par de *jeans* multiuso.
2. Fotocópias autenticadas ou cópias escaneadas de todos os seus documentos importantes: cartão do plano de saúde, passaporte, vistos, cartões de créditos, cartões de débito etc.
3. Cartões de débito, cartões de crédito e o equivalente a 200 dólares em moeda local, em notas pequenas (*traveler's checks* não são aceitos em muitos lugares e são altamente controversos).
4. Uma pequena corrente de bicicletas para proteger sua bagagem quando estiver em trânsito ou em albergues; um pequeno cadeado para armários, se necessário.
5. Dicionários eletrônicos dos idiomas que você usará (versões em livro são muito lentas para serem usadas durante uma conversa) e pequenos guias de gramática.
6. Um guia de viagem bom e completo.

É isto. *Laptop*, levar ou não levar? A menos que você seja um escritor, eu não recomendo levar, por ser bastante incômodo e distrativo. Usar o GoToMyPC para acessar o seu computador de casa a partir de cibercafés estimula o hábito que queremos desenvolver: fazer o melhor uso do tempo em vez de acabar com ele.

O negociante de Bora-Bora

Ilha Baffin, Nunavut

Josh Steinitz[6] parou na beira do mundo e contemplou maravilhado. Ele pisava com suas botas em quase 2 m de gelo sobre o mar, e os unicórnios dançavam.

Dez narvais – primos distantes da beluga – vieram à tona e apontaram para os céus suas enormes presas. O bando de baleias de 1,5 tonelada desceu às profundezas do oceano novamente. Narvais são mergulhadores de águas profundas – mais de mil metros, em alguns casos –, então Josh tinha pelo menos uns vinte minutos até que reaparecessem.

Parecia-lhe apropriado que estivesse com os narvais. O nome desse animal vinha do norueguês antigo e se referia à pele branca e cinzenta marmorizada.

Náhvalr – cadáver.

Ele sorriu, como frequentemente fazia nos últimos anos. Josh tinha sido um cadáver ambulante.

Um ano depois de se formar na faculdade, Josh descobriu que tinha carcinoma oral escamoso – câncer. Tinha planos de ser consultor de gerenciamento. Tinha planos de ser várias coisas. De repente, nenhum deles importava mais. Menos da metade dos que sofriam desse tipo de câncer sobrevivia.[7] A morte não discriminava e vinha sem aviso.

Ficou claro que o maior risco na vida não é cometer erros, mas arrepender-se: perder oportunidades. Ele nunca poderia voltar atrás e recapturar anos gastos fazendo coisas de que não gostava.

Dois anos depois, livre do câncer, Josh partiu para uma viagem ao redor do mundo, indefinida, cobrindo os gastos como escritor *freelancer*. Depois, tornou-se co-fundador de um site que fornece itinerários personalizados para pretendentes a "nômades". Seu *status* de executivo não diminuiu seu vício pela mobilidade. Ficava tão confortável para lidar com seus negócios nas palafitas em Bora-Bora quanto em chalés nos Alpes suíços.

6. Criador do www.nileproject.com.
7. http://www.usc.edu/hsc/dental/opfs/SC/indexSC.html.

Certa vez, ele recebeu um telefonema de um cliente quando estava no Acampamento Muir, no monte Rainier. O cliente precisava confirmar alguns números de vendas e perguntou a Josh sobre o barulho de vento ao fundo. Josh respondeu: "Estou a mais de 3 mil metros de altitude, em uma geleira, e nessa tarde o vento está nos empurrando montanha abaixo". O cliente disse que iria deixar Josh voltar ao que estava fazendo.

Outro cliente ligou para Josh no momento em que ele deixava um templo em Bali e ouviu os gongos ao fundo. O cliente perguntou a Josh se ele estava na igreja. Incerto do que responder, a única coisa que saiu foi: "Sim?".

De volta aos narvais, Josh tinha alguns minutos antes de voltar para o acampamento, de modo a evitar ursos polares. Vinte e quatro horas de luz do sol por dia significavam que ele tinha muito que contar a seus amigos quando voltasse à terra dos cubículos. Sentou-se novamente no gelo e tirou de uma bolsa à prova d'água seu telefone via satélite e seu *laptop*. Começou a escrever um e-mail como sempre começava.

"Sei que vocês estão cansados de me ver me divertindo tanto, mas adivinhem onde eu estou?"

• Perguntas e ações •

"É fatal saber demais sobre o resultado:
o tédio se abate sobre o viajante que conhece sua rota
tão facilmente quanto sobre o escritor convicto de sua narrativa."
PAUL THEROUX, *To the ends of the Earth*

Se você está pensando pela primeira vez em adotar o estilo de vida móvel e aventuras duradouras, sinto inveja de você! Dar o último passo e adentrar novos mundos que o esperam é como melhorar seu papel na vida de passageiro para piloto.

O grosso destas "Perguntas e ações" focará nos passos exatos que você deve dar – e no cronograma regressivo que pode usar – quando for preparar sua primeira miniaposentadoria. A maior parte dos passos pode ser eliminada ou condensada, se você já tiver feito alguma viagem. Alguns dos passos são eventos únicos, de modo que, depois de tê-los dado, as próximas miniaposentadorias tomarão no máximo duas ou três semanas de preparação. Atualmente, eu levo três tardes.

Pegue lápis e papel – isso será divertido.

1. Faça um gráfico instantâneo de receitas e investimentos.

Coloque duas folhas de papel sobre uma mesa. Use uma para registrar todos os investimentos e seus valores correspondentes, incluindo contas bancárias, previdência privada, ações, empréstimos, casa etc. Na segunda, trace um risco ao meio e escreva todo o fluxo esperado de renda (salário, renda dos produtos, renda dos investimentos etc.) e despesas (empréstimos, pagamentos, prestações etc.). O que você pode eliminar, que seja ou pouco usado ou que crie estresse ou distração, sem acrescentar muito valor?

2. Defina os medos que você sentiria em uma miniaposentadoria de um ano em um lugar dos sonhos na Europa.

Use as perguntas do capítulo 3 para avaliar seus medos do pior cenário possível e avaliar as reais consequências em potencial. Exceto em casos raros, a maior parte delas será evitável e o resto será reversível.

3. Escolha um lugar para sua própria miniaposentadoria. Onde começar?

Eis a grande questão. Defendo duas opções:

a. Escolher um ponto inicial e passear até encontrar seu segundo lar. Foi isso o que fiz com uma passagem só de ida para Londres, passei pela Europa até me apaixonar por Berlim, onde fiquei por três meses.
b. Explore uma região e estabeleça-se no lugar que mais gostar. Fiz isso quando percorri as Américas Central e do Sul, passando algo entre uma e quatro semanas em várias cidades, depois das quais retornei para a minha favorita – Buenos Aires – e fiquei seis meses.

É possível tirar uma miniaposentadoria em seu próprio país, mas o efeito transformador é prejudicado se você estiver cercado de pessoas que carregam a mesma bagagem socialmente reiterada.

Recomendo escolher um país estrangeiro e que não seja perigoso. Pratico lutas, corridas de motos, faço várias coisas “de macho”, mas fico longe de favelas, civis com metralhadoras, pedestres andando com facões e lutas sociais. Um lugar barato é legal, mas buracos de bala não são. Confira alertas de viagens no site do Departamento de Estado americano antes de comprar passagens (http://travel.state.gov).

Eis aqui uma pequena lista de alguns dos meus pontos de início favoritos. Sinta-se à vontade para escolher outros lugares. Os mais propícios para o câmbio do dólar estão sublinhados: Argentina (Buenos Aires, Córdoba), China (Xangai, Hong Kong, Taipei), Japão (Tóquio, Osaka), Inglaterra (Londres), Irlanda (Galway), Tailândia (Bangkok, Chiang Mai), Alemanha (Berlim, Munique), Noruega (Oslo), Austrália (Sydney), Nova Zelândia (Queenstown), Itália (Roma, Milão, Florença), Espanha (Madri, Valência, Sevilha), e Holanda (Amsterdã). Em todos esses lugares, é possível viver bem e gastar pouco. Gastei menos em Tóquio do que na Califórnia, porque conheço muito bem o Japão. Áreas legais, redutos artísticos, não diferentes do Brooklyn dez anos atrás, podem ser encontradas em praticamente todas as cidades. O único lugar onde não consegui encontrar um almoço decente por menos de 20 dólares? Londres.

Alguns lugares exóticos que não recomendo para nômades de primeira viagem: todos os países da África e do Oriente Médio, Américas Central e do Sul (exceto Costa Rica e Argentina). Cidade do México e a fronteira mexicana com os Estados Unidos também são um pouco assustadoras demais para entrarem em minha lista de favoritos.

4. Prepare-se para sua viagem. A seguir, a contagem regressiva.

Faltando três meses – Eliminar

Acostume-se ao minimalismo antes do embarque. Algumas perguntas que você pode se fazer, e também agir inspirado por elas, mesmo se nunca pretender viajar:

Quais são os 20% dos meus pertences que consomem 80% do meu tempo?

Elimine os 80% restantes das roupas, revistas, livros e tudo o mais. Seja impiedoso – você sempre pode comprar novamente coisas sem as quais não consegue viver.

Que pertences criam estresse em minha vida?

Isso pode estar ligado à manutenção (dinheiro e energia), seguro, despesas mensais, gasto de tempo ou simplesmente distração. Elimine, elimine, elimine. Se você vender apenas alguns poucos itens caros, isso pode financiar uma boa parte de sua miniaposentadoria. Não tire da lista seu carro e sua casa. É sempre possível comprá-los novamente quando voltar, normalmente sem perder nenhum dinheiro.

Confira a cobertura do plano de saúde em viagens longas para outros países. Comece a se mexer para vender ou alugar sua casa – alugar é mais recomendado para nômades em série – ou encerre o *leasing* do seu apartamento e ponha todos os seus pertences em um guarda-móveis

Sempre que dúvidas aparecerem, pergunte-se: "Se eu tivesse uma arma apontada para minha cabeça e precisasse fazer isso, como o faria?". Não é tão difícil quanto você acha.

Faltando dois meses – Automatize

Depois de eliminar o excesso, entre em contato com empresas (incluindo fornecedores) que o cobram regularmente e estabeleça o autopagamento através dos cartões de crédito com programa de recompensas. Dizer a eles que você passará um ano viajando pelo mundo normalmente os convence a aceitar cartões de crédito em vez de ficar tentando localizá-lo pelo mundo, como a Carmen Sandiego.

Para as próprias empresas de cartão de crédito e para as que recusarem, configure o débito automático em conta corrente. Disponibilize pagamentos de contas e outros serviços bancários via internet. Marque todas as empresas que não aceitam pagamentos com cartão de crédito ou débito automático para serem pagas via internet. Destine valores agendados de 15 a 20 dólares a mais do que o esperado quando forem pagamentos de contas de serviços públicos e outras despesas variáveis. Isso cobrirá taxas variadas, evitará perder tempo com problemas de cobrança e acumula crédito. Cancele correspondência de papel de seu banco e a entrega das faturas de cartão de crédito. Peça a seu banco cartões de *crédito* para todas as suas contas correntes – normalmente um para a conta comercial e um para a pessoal – e estabeleça o limite de saque no crédito em zero, para evitar o potencial de danos. Deixe esses cartões em casa, porque são apenas para emergência.

Dê uma procuração a um membro de confiança da sua família e/ou a seu contador,[8] outorgando a essa pessoa a autoridade de assinar documentos (declarações tributárias e cheques, por exemplo) em seu nome. Nada acaba mais rápido com seu bom humor em viagens do que ter que assinar documentos originais quando não são aceitos faxes.

Faltando um mês

Fale com o gerente da sua agência local dos correios para que encaminhe toda a sua correspondência para um amigo, familiar ou assistente pessoal, que será remunerado em 100-200 dólares por mês para mandar para você um e-mail, todas as segundas-feiras, com o resumo de todas as correspondências recebidas.

Tome todas as vacinas exigidas e recomendadas para a região para onde você vai. Lembre-se de que algumas vezes é preciso apresentar prova de imunização para passar em alfândegas estrangeiras.

Crie uma conta de teste no GoToMyPC ou em algum programa similar de acesso remoto e faça testes para garantir que não há obstáculos tecnológicos.[9]

Se revendedores (ou distribuidores) ainda lhe mandam cheques – neste ponto, a empresa de empacotamento já deve lidar com

---

8. Uma procuração é uma coisa muito séria e não deve ser dada a alguém em quem você não confia. Nesse caso, ela ajuda muito porque seu contador poderá assinar documentos ligados a impostos ou cheques em seu nome, em vez de consumir dias e horas do seu tempo com faxes, *scanners* e as caras remessas internacionais de documentos via FedEx.

9. Isso seria usado se você deixasse seu computador em casa ou na casa de outra pessoa enquanto viaja. Esse passo pode ser pulado se você levar seu computador, mas isso é como recuperar um viciado em heroína levando uma mochila cheia de ópio para a clínica de reabilitação. Não se exponha à tentação de matar tempo em vez de redescobri-lo.

os cheques de clientes –, faça uma das três coisas a seguir: dê aos revendedores o número de sua conta bancária para depósito direto (ideal), faça com que a empresa de empacotamento lide com esses cheques (segunda opção) ou faça com que os revendedores paguem via PayPal ou envie os cheques pelo correio para a pessoa a quem você deu uma procuração (distante terceiro lugar). Neste caso, dê a seu procurador guias de depósito para que ele possa assinar, ou selar, e enviar pelo correio. É conveniente abrir uma conta em um banco grande (Bank of America, Wells Fargo, Washington Mutual, Citibank etc.) com agências próximas à pessoa que o ajuda, de modo que ele possa fazer os depósitos quando sair para fazer outras coisas. Não há necessidade de passar todas as suas contas para esse banco, se você não quiser; abra uma conta simples, usada apenas para esses depósitos.

Faltando duas semanas

Escaneie todos seus documentos de identificação, plano de saúde e cartões de débito e crédito e os deixe em um computador, para que você possa imprimir várias cópias; deixe algumas delas com familiares e outras para levar consigo em bolsas separadas. Mande por e-mail os arquivos escaneados para você mesmo, para que possa acessá-los de onde estiver, caso perca as cópias em papel.

Se você for um empresário, mude o seu telefone celular para o plano mais barato e coloque uma mensagem na caixa postal, dizendo: "Estou atualmente em uma viagem de negócios fora do país. Por favor, não deixe recado, pois não receberei. Mande-me um e-mail para ____________ se o assunto for importante. Obrigado por sua compreensão". Então, configure respostas automáticas em seu e-mail que deixem claro que suas respostas podem levar até sete dias (ou o prazo que você decidir) devido a uma viagem internacional de negócios.

Se você for um funcionário, pense em comprar um celular quadribanda ou compatível com GSM, para que seu chefe possa contatá-lo. Compre um BlackBerry apenas se seu chefe for checar via e-mail se você está trabalhando. Assegure-se de desativar o ato falho "Enviado de um BlackBerry" como assinatura de e-mails enviados. Outras opções incluem usar uma conta SkypeIn que encaminha todas as chamadas para seu celular estrangeiro (a minha preferida) ou uma caixa de IP Vonage, que permite que você receba chamadas de telefone fixo em qualquer lugar do mundo, através de um telefone que começa com o código de área da sua casa.

Encontre um apartamento para seu destino final de miniaposentadoria, ou reserve um hotel ou albergue em seu ponto de início, por três ou quatro dias. Reservar um apartamento antes de chegar é mais arriscado e será bem mais caro do que usar os próximos três ou quatro dias para encontrar um apartamento adequado. Recomendo albergues como ponto de início, se for possível – não por considerações de preço, mas porque a equipe do lugar e outros viajantes sabem das coisas e são prestativos com mudanças.

Faça um seguro de evacuação médica no estrangeiro, se você precisar fazê-lo por desencargo de consciência. Isso tende a ser redundante, se você estiver em um país de Primeiro Mundo, além do que você pode fazer um plano de saúde local para incrementar o seu, coisa que eu faço; um seguro de evacuação é inútil se você estiver a menos de dez horas da civilização. Fiz um seguro desses no Panamá, mesmo estando a apenas duas horas de Miami, mas não me preocupei em fazê-lo nos outros lugares. Não se estresse com isso; é tão útil quanto como se você estivesse no meio do nada no meio dos Estados Unidos.

Faltando uma semana

Decida uma agenda de tarefas rotineiras, como e-mail, banco via internet etc. para eliminar desculpas para procrastinação inútil. Sugiro segundas-feiras pela manhã para checar e-mails e banco via internet. A primeira e terceira segundas-feiras do mês podem ser usadas para conferir faturas de cartão de crédito na internet e para fazer outros pagamentos on-line. As promessas que você faz a si mesmo são as mais difíceis de manter, então assuma um compromisso agora e pode esperar uma vontade forte de quebrá-lo.

Salve documentos importantes – incluindo os arquivos escaneados de seus documentos de identidade, seguros e cartões de débito/crédito – para um pequeno dispositivo de armazenagem que seja plugável na porta USB de um computador.

Mude todas as coisas da sua casa ou apartamento para o guarda-móveis, faça uma única mochila pequena e uma mala para a aventura e fique brevemente na casa de um amigo ou familiar.

Faltando dois dias

Coloque os carros em um depósito ou na garagem de um amigo. Coloque um estabilizador de combustível no tanque, desconecte o pólo negativo da bateria para evitar que ela descarregue e ponha o veículo sobre cavaletes para evitar danos aos pneus e à lataria. Cancele o seguro exceto para a cobertura de roubo.

Assim que chegar (assumindo que você não reservou um apartamento com antecedência)

Primeira manhã e tarde depois de chegar – Faça um *tour* de ônibus pela cidade seguido de um passeio de bicicleta por bairros onde você potencialmente alugaria um apartamento.

Primeiro fim de tarde e noite – Compre um celular desbloqueado[10] com um cartão SIM que possa ser recarregado com cartões pré-pagos simples. Mande e-mails para proprietários de apartamentos para alugar ou para corretores, pesquisando no Craigslist. com e em versões on-line de classificados de jornais locais, marcando visitas para os dois dias seguintes.

Segundo e terceiro dias – Encontre um apartamento e reserve-o por um mês. Não se comprometa com mais de um mês até que você tenha dormido lá. Certa vez, paguei antecipados dois meses para descobrir logo depois que o ponto de ônibus mais movimentado da cidade era bem do outro lado da parede do meu quarto.

Dia da mudança – Estabeleça-se e compre um plano de saúde local. Pergunte a donos de albergues e a outros nativos que plano eles usam. Decida não comprar suvenires ou outros itens para levar até duas semanas antes da partida.

---

10. "Desbloqueado" significa que pode ser recarregado com cartões pré-pagos em vez de estar inscrito em um plano mensal de tarifas, com uma única operadora, como a O2 ou a Vodafone. Também significa que o mesmo aparelho pode ser usado com operadoras em outros países (assumindo que a frequência seja a mesma) com uma simples mudança de um cartão de memória SIM, que custa entre 10 e 30 dólares na maior parte dos casos. Alguns telefones americanos quadribanda suportam cartões SIM.

Uma semana depois – Elimine o excesso de coisas que você trouxe mas que não usa com frequência. Ou dê a alguém que precisa mais, ou envie de volta para os Estados Unidos, ou jogue fora.

• Truques e ferramentas •

Para pensar em locais para miniaposentadorias

- Virtual Tourist (www.virtualtourist.com)

  Simplesmente a maior fonte do mundo de conteúdo sobre viagens, criado por usuários e imparcial. Mais de 775 mil membros contribuem com dicas e alertas em mais de 25 mil lugares. Cada lugar é detalhado em 13 categorias separadas, como "Coisas para fazer", "Costumes locais", "Compras" e "Armadilhas para turistas". Para a maior parte das miniaposentadorias, sua única parada é aqui.

- Escape Artist (www.escapeartist.com)

  Interessado em ter um segundo passaporte, contas na Suíça e em todas as outras coisas que eu não ousaria colocar neste livro? Este site é um recurso fantástico. Quando nosso presidente deflagrar a Terceira Guerra Mundial, você quererá ter um plano de fuga. Mande-me uma carta das ilhas Cayman ou da cadeia, o que vier primeiro.

- Arquivos gratuitos on-line da revista *Outside* (http://outside.away.com)

  Os arquivos completos da revista *Outside* estão disponíveis gratuitamente na internet. De acampamentos de meditação a pontos de adrenalina, de empregos maravilhosos a destaques do inverno na Patagônia, há centenas de artigos com belas fotos para lhe dar vontade de viajar.

- GridSkipper: O Guia Urbano de Viagens (www.gridskipper.com)
  Para aqueles que amam coisas do estilo *Bladerunner* e curtem explorar os esconderijos e submundos das cidades em qualquer canto do mundo, este é o site. É um dos treze melhores sites de viagem eleitos pela *Forbes* e tem "linguagem bombástica e simplória" (*Frommer's*) ao mesmo tempo. Tradução: muito do conteúdo não é exatamente livre para todas as idades. Se palavrões ou uma enquete sobre a "cidade mais favelada do mundo" o incomodam, não perca tempo de visitar este site (nem o Rio de Janeiro, no caso). Se visitar, veja a escrita histérica e o "100 dólares por dia" para várias cidades do mundo.

- Lonely Planet: The Thorn Tree (http://thorntree.lonelyplanet.com)
  Fórum de discussão para viajantes, com linhas separadas por região.

- Family Travel Forum (www.familytravelforum.com)
  Um fórum abrangente sobre, adivinha?, viagens com a família. Quer vender seus filhos por um bom dinheiro no Oriente? Ou economizar alguns dólares cremando sua sogra na Tailândia? Então este não é o site. Mas, se você tem filhos e está planejando uma grande viagem, esse é o lugar.

- Perfis de Países do Departamento de Estado americano (www.state.gov/r/pa/ei/bgn/)

- World Travel Watch (www.worldtravelwatch.com)
  Relatório on-line semanal feito por Larry Habegger e por James O'Reilly sobre eventos globais e acontecimentos incomuns relevantes para a segurança de viagens; classificado por tópicos e por região geográfica. Conciso e imprescindível para finalizar seus planos.

- Alertas de viagem do Departamento de Estado americano (http://travel.state.gov)

Planejamento e preparação de miniaposentadorias – Fundamentos

- Round-the-World FAQ (incluindo seguros de viagem) (www.perpetualtravel.com/rtw)

  Este FAQ salva vidas. Originalmente escrito por Marc Brosius, foi aumentado por participantes de uma lista de discussão durante anos e agora cobre praticamente tudo, de planejamento financeiro ao choque de culturas ao voltar, e tudo o que há entre esses extremos. Quanto tempo você pode bancar ficar fora? Precisa de seguro de viagem? Afastamento temporário de seu emprego? Isto é um almanaque de volta ao mundo.

- Removing Clutter: I-800-GOT-JUNK (www.I800gotjunk.com), Freecycle (www.freecycle.org), e Craiglist (www.craiglist.org)

  Usei a categoria “grátis” do Craiglist para me livrar de coisas acumuladas por quatro anos em menos de três horas de uma noite de sábado. Também me livrei de alguns itens para venda por cerca de 30–40% do preço original. Além disso, mandei embora alguns itens usando o serviço pago super-rápido I-800-GOT-JUNK. O Freecycle é comparável ao Craiglist se você quiser se livrar de algumas coisas gratuitamente com rapidez. Aprenda a se desapegar e isso se tornará um hábito. Faço uma limpeza geral a cada 6–9 meses, geralmente incluindo doações a entidades como a Goodwill (www.goodwill.org), que retiram as coisas sem cobrar nada.

- One-Bag: The Art and Science of Packing Light (www.onebag.com)

  Um dos sites Top 100 da revista *PC*. Carregue pouca coisa e experimente a leveza do ser.

- Centro de Controle e Prevenção de Doenças do governo americano (www.cdc.gov/travel)

Vacinas recomendadas e planejamento de saúde para cada país do mundo. Certos países exigem provas de imunização para passar pela alfândega – tome as precauções com antecedência, porque algumas vacinas levam semanas para serem pedidas.

- Planejamento tributário
  (www.irs.gov/publications/p54/index.html)
  Mais boas notícias. Mesmo que você se mude permanentemente para outro país, você terá que pagar impostos americanos enquanto tiver um passaporte americano! Não precisa chorar – há alguns atalhos criativos dentro da lei, como o formulário 2555-EZ, que pode dar até 80 mil dólares de abatimento em sua renda declarada caso você tenha passado 330 dias, em um período de 365 dias consecutivos, fora do território americano. Essa é parte da razão pela qual minha viagem se estendeu por quinze meses. Arrume um bom contador e deixe que ele cuide dos detalhes para manter você fora de problemas.

- Escolas estrangeiras patrocinadas pelos Estados Unidos
  Se a ideia de tirar seus filhos da escola durante um ano não lhe agrada, enfie-os em uma dessas 185 escolas de ensino fundamental e médio patrocinadas pelo Departamento de Estado, em 132 países. As crianças adoram dever de casa.

- Homeschooling 101 and Quickstart Guide
  (http://bit.ly/homeschooling101)
  Esta subseção encontrada em http://homeschooling.about.com/ oferece um processo passo-a-passo para avaliar as opções de educação em casa que podem ser adotadas durante viagens mais longas. As crianças em geral conseguem voltar para suas escolas públicas ou particulares à frente dos colegas de classe.

- Home Education Magazine (www.homeedmag.com)
  Rica em recursos para o ensino em casa, famílias em viagem e não estudantes. Os links incluem currículo, grupos de apoio virtual, recursos legais e arquivos. Bons motivos para conhecer a lei: alguns

estados dos Estados Unidos oferecem até 1600 dólares anuais para despesas com ensino qualificado em casa, pois o Estado economiza dinheiro quando as pessoas decidem não usar o sistema público para educar seus filhos.

- Conversor universal de moedas (www.xe.com)
  Antes de se empolgar e esquecer que 5 libras não equivalem a 5 dólares, use esta ferramenta para traduzir custos locais em números que você entende. Tente não ter muitos momentos do tipo "Essas moedas valem 4 dólares cada uma?".

- Adaptador universal (www.fourhourblog.com/franzus)
  Carregar cabos e conectores é irritante – compre um adaptador universal Travel Smart® com fusíveis. É do tamanho de um baralho dobrado ao meio e é o único adaptador que usei em todos os lugares do mundo sem problemas. Note que é um adaptador (ajuda você a plugar as coisas na tomada), mas não é um *transformador*. Se a tomada em outro país tiver o dobro da voltagem americana, seus dispositivos se autodestruirão. Outra razão para comprar itens necessários quando chegar, em vez de levá-los todos com você.

- Guia elétrico do mundo (www.kropla.com)
  Descubra tomadas, voltagens, celulares, códigos telefônicos internacionais e todas as coisas relacionadas à confusão elétrica ao redor do mundo.

Passagens baratas ao redor do mundo

- Orbitz (www.orbitz.com), Kayak (www.kayak.com) e Sidestep (www.sidestep.com)
  Mais de quatrocentas companhias aéreas de todo o mundo. O Orbitz é meu ponto de partida para a comparação de preços; depois dou uma olhada no Kayak e no Sidestep. O Sidestep tem sido mais eficaz quando procuro voos que começam e terminam fora dos Estados Unidos.

- Travel200 Top20 (http://top20.travelzoo.com/)
  Passagem só de ida para Moscou por 129 dólares? Ofertas de última hora como esta podem ser o empurrão que você precisa para começar.

- Priceline (www.priceline.com)
  Comece oferecendo 50% do menor preço do Orbitz e vá aumentando de 50 em 50 dólares.

- CFares (www.cfares.com)
  Tarifas consolidadas com inscrições gratuitas ou de baixo custo. Consegui uma passagem da Califórnia para o Japão por 500 dólares.

- 1-800-FLY-EUROPE (www.1800flyeurope.com)
  Usei esse serviço para conseguir a passagem de 300 dólares do JFK para Londres, que partiu duas horas depois.

- Empresas aéreas baratas para voo dentro da Europa (www.ryanair.com, www.easyjet.com)

Hospedagem gratuita – curtos períodos

- Global Freeloaders (www.globalfreeloaders.com)
  Esta comunidade on-line junta pessoas que oferecem acomodação gratuita por todo o mundo. Economize dinheiro e faça novos amigos ao mesmo tempo que vê o mundo da perspectiva de um nativo.

- The Couchsurfing Project (www.couchsurfing.com)
  Similar ao site acima, mas tende a atrair gente mais nova e mais disposta a festas.

- Hospitality Club (www.hospitalityclub.org)
  Conheça lugares no mundo inteiro onde você consegue *tours* ou hospedagem gratuitos através desta excelente rede de mais de 200 mil membros em duzentos países.

Hospedagem gratuita – longos períodos

- Home Exchange International (www.homeexchange.com)

  Esta é uma listagem de intercâmbio de lares e um serviço de busca em mais de 12 mil listagens em 85 países. Mande e-mails diretamente para lares em potencial, coloque sua própria casa ou apartamento no site e tenha acesso ilimitado para ver as listagens, durante um ano, com uma pequena taxa de adesão.

Hospedagem paga – da chegada em diante

- Otalo (www.otalo.com)

  Mecanismo de busca que pesquisa os sites de locação de imóveis de férias da internet e mais de 200 mil casas. O Otalo funciona como o Kayak: o site varre outros sites de busca por imóveis de férias e reúne os resultados em uma ferramenta de busca fácil de usar.

- Hostels.com (www.hostels.com)

  Este site não é apenas de albergues da juventude. Encontrei um ótimo hotel no centro de Londres a 20 dólares por noite, e usei este site para acomodações similares em oito países. Pense no lugar e nos comentários (veja o HotelChatter abaixo) em vez de amenidades. Hotéis de quatro estrelas são para turistas e viajantes acelerados; este site pode oferecer um sabor local real antes de você encontrar um apartamento ou outra hospedagem de longo prazo.

- HotelChatter (www.hotelchatter.com)

  Consiga as melhores coisas neste jornal diário na *Web* com comentários honestos e detalhados sobre hospedagens em todo o mundo. Atualizado várias vezes durante o dia, este site oferece histórias de hóspedes frustrados e daqueles que encontraram preciosidades. Reservas on-line estão disponíveis.

- Craigslist (www.craigslist.org)
  Depois de revistas semanais locais com classificados, como a *Bild* ou a *Zitty* em Berlim, descobri que o Craigslist é o melhor ponto de partida para procurar apartamentos mobiliados para alugar em outros países. Quando escrevi este livro, eram mais de cinquenta países representados. Além disso, o preço será de 30% a 70% menor do que em revistas locais. Se você tiver um orçamento apertado, peça a um funcionário do albergue ou alguma outra pessoa local para ligar e acertar o preço. Peça para não dizer que você é estrangeiro até que o preço tenha sido fechado.

- Interhome International (www.interhome.com)
  Baseado em Zurique, mais de 20 mil casas para alugar na Europa.

- Rentvillas.com (www.rentvillas.com)
  Proporciona experiências únicas de aluguel – de choupanas e sedes de fazenda a castelos – na Europa, incluindo a França, Itália, Grécia, Espanha e Portugal.

Ferramentas de acesso remoto a computadores

- GoToMyPC (www.gotomypc.com)
  Este programa facilita um acesso remoto fácil e rápido aos arquivos, programas, redes e e-mails em seu computador. Pode ser usado de qualquer navegador ou dispositivos *wireless* com plataforma Windows e trabalha em tempo real. Uso o GoToMyPC religiosamente por mais de cinco anos para acessar meu computador nos Estados Unidos de países e ilhas ao redor do mundo.

- WebExPCNow (http://pcnow.webex.com)
  A WebEx, líder mundial em acesso remoto corporativo, agora oferece este programa que faz a maior parte do que faz o GoToMyPC, incluindo copiar e colar entre computadores remotos, impressão local a partir de computadores remotos, transferências de arquivos e muito mais.

- DropBox (www.getdropbox.com) e
  SugarSync(www.fourhourblog.com/sugarsync);
  JungleDisk (www.jungledisk.com) e
  Mozy (www.mozy.com)

  Tanto o DropBox quanto o SugarSync executam backups e sincronização de arquivos entre vários computadores (computador doméstico e aquele usado na viagem, por exemplo). O JungleDisk e o Mozy – uso este último – têm menos recursos e são mais especificamente projetados para backups automáticos do seu armazenamento on-line.

Telefones gratuitos e de baixo custo na internet (IP)

- Skype (www.skype.com)

  Desde que esse programa gratuito apareceu, não fiz nenhuma chamada internacional que não fosse por ele. Este programa permite que você ligue para telefones fixos e celulares no mundo inteiro por uma média de 2 ou 3 centavos por minuto, ou fale com outros usuários do Skype gratuitamente. Por aproximadamente 40 euros por ano, você pode ter um número de telefone americano, com o código de área da sua casa e receber chamadas que são encaminhadas para o seu celular fora do país. Isso torna sua viagem invisível. Fique numa praia do Rio e atenda aos telefonemas feitos para seu "escritório" na Califórnia. Excelente.

- Vonage (www.vonage.com)

  O Vonage oferece um pequeno adaptador que conecta seu *modem* de banda larga a um telefone normal. Leve-o em suas viagens e instale-o em seu apartamento para receber chamadas feitas para um número de telefone americano.

- VoIPBuster (www.voipbuster.com) e
  RebTel (www.fourhourblog.com/rebtel)

  Tanto o VoIPBuster quanto o RebTel podem fornecer números "falsos". Digite o número de um amigo no exterior nesses sites e eles lhe darão um número local em seu código de área que o direcionará para seu amigo. O VoIPBuster também funciona como um Skype mais barato com chamadas gratuitas para mais de vinte países.

Telefones internacionais multibanda e compatíveis com GSM

- My World Phone (www.myworldphone.com)
  Sou parcial em relação aos telefones Nokia. Garanta que qualquer telefone que você comprar seja "desbloqueado", o que significa que o cartão SIM pode ser trocado em diferentes países usando diferentes operadoras.

- World Electronics USA (www.worldelectronicsusa.com)
  Ótima explicação de que frequências de GSM e "bandas" funcionam em cada país. Isso determinará que telefone você deve comprar para viajar (e talvez também para ter em casa).

Ferramentas para lugares pouco convencionais

- Satellite Phones (www.satphonestore.com)
  Se você vai para as montanhas do Nepal ou para uma ilha distante e quer ter a paz (ou o inferno) de ter um telefone por perto, estes telefones funcionam via satélite, em vez de torres. A Iridium é recomendada por causa de sua melhor recepção em todo o mundo, com a GlobalStar em segundo lugar em dois ou três continentes. Para alugar ou comprar.

- Pocket-sized Solar Panels (www.solio.com)
  Telefones via satélite e outros pequenos artefatos eletrônicos são de pouca utilidade (arremessar longe, talvez?) se ficarem sem bateria. O Solio é do tamanho de dois baralhos e abre em pequenos painéis solares. Fiquei surpreso por ele ter carregado meu celular em menos de quinze minutos – mais de duas vezes mais rápido do que uma tomada convencional. Há adaptadores para praticamente tudo.

O que fazer quando você chegar lá – experiências profissionais e muito mais

- *Verge Magazine*
  (Ver leituras restritas do apêndice)

- Meet Up (www.meetup.com)
  Procure por cidade e por atividade para achar pessoas que têm interesses em comum com você.

- Become a Travel Writer (www.writtenroad.com)
  Ser pago para viajar o mundo e escrever suas experiências e ideias? Este é o emprego dos sonhos de milhões de pessoas. Veja o mundo dos livros de viagens por dentro, através da veterana escritora Jen Leo, autora de *Sand in my bra and other misadventures: funny women write from the road* [Areia no meu sutiã e outras desaventuras: mulheres divertidas escrevem da estrada]. Este *blog* foi indicado pelo *Frommer's* e também traz excelentes artigos práticos sobre como viajar sem apetrechos e artefatos tecnológicos.

- Ensine inglês (www.eslcafe.com)
  O Café ESL[11] de Dave é uma das ferramentas mais antigas e mais úteis para professores, aspirantes a professores e estudiosos de inglês. Contém fóruns de discussão e anúncios de vagas para professores de inglês em vários lugares do mundo.

- Transforme seu cérebro em Play-Doh (www.jiwire.com)
  Viaje o mundo e troque mensagens instantâneas com seus amigos em casa. Este site lista mais de 150 mil pontos de acesso onde você pode navegar compulsivamente. Sinta-se envergonhado se isso se tornar sua principal atividade. Se você está entediado, lembre-se – a culpa é sua. Já passei por isso, não estou apenas pregando. Acontece com os melhores de nós de tempos em tempos, mas seja mais criativo.

---

11. "English as Second Language" (Inglês como segundo idioma). (N. T.)

- Teste uma nova carreira em meio período ou em tempo integral (www.workingoverseas.com)
  Esta enciclopédia é um extenso menu de opções para os que pensam globalmente. Compilada e atualizada por Jean-Marc Hachey, o editor internacional de carreiras da revista *Transitions Abroad*. Um ano de acesso custa 15 dólares.

- Oportunidades em fazendas orgânicas pelo mundo (www.wwoof.com)
  Aprenda e depois ensine técnicas de agricultura orgânica sustentável em dúzias de países, incluindo Turquia, Nova Zelândia, Noruega e Polinésia Francesa.

Converse e mande e-mails em idiomas que você não conhece

- Google Chat Bots (http://bit.ly/imbot)
  Para conversas em tempo real usando praticamente todos os idiomas. Mensagens instantâneas diretamente da sua conta no Gmail para qualquer lugar do mundo.

- Nice Translator (www.nicetranslator.com) e Free Translation (www.freetranslation.com)
  Traduzem textos do inglês para uma dezena de línguas e vice-versa. São surpreendentemente precisos embora os 10–20% de erros de tradução possam lhe criar problemas. O Nice Translator é mais rápido e pode ser usado do iPhone.

Torne-se fluente em tempo recorde

- Viciados em idiomas e aprendizagem acelerada (www.fourhourworkweek.com)
  Para todas as coisas ligadas a idiomas, de artigos detalhados sobre “como fazer” (como reativar idiomas esquecidos, como memorizar mil palavras por semana, dominar os sotaques etc.) à

mnemônica e aos melhores atalhos eletrônicos, visite www.fourhourworkweek.com. Aprender idiomas é um vício que tenho e uma perícia que desenvolvi e adaptei para torná-la mais rápida. É possível tornar-se fluente para conversar em qualquer língua em três a seis meses.

Encontre materiais e parceiros de intercâmbio de idioma

- LiveMocha (www.livemocha.com),
  EduFire (www.edufire.com) e
  Smart.fm (http://smart.fm/)
  Gosto especialmente dos jogos de aprendizado que envolvem agilidade mental.

- About.com (www.about.com)
  Alguns dos idiomas mais populares têm excelentes tutoriais no About.com:

  http://italian.about.com
  http://spanish.about.com
  http://german.about.com
  http://french.about.com

15

Preenchendo o vazio

Acrescentar vida depois de subtrair trabalho

"Sermos absorvidos por algo externo a nós mesmos é um poderoso antídoto para a mente racional, a mente que tão frequentemente confunde sua cabeça com sua própria bunda."
ANNE LAMMOTT, *Bird by bird*

"Não há tempo suficiente para ficarmos sem fazer nada todo o tempo que queremos."
BILL WATTERSON, criador das tiras de Calvin e Haroldo

KING'S CROSS, LONDRES

Entrei tropeçando na lanchonete do outro lado da rua de pedras e pedi um sanduíche de presunto. Eram dez e meia da manhã, a quinta vez que eu olhava no relógio e a vigésima vez que me perguntava "que porr@ vou fazer hoje?".

A melhor resposta que me veio à cabeça era: comer um sanduíche.

Trinta minutos antes, eu tinha acordado sem despertador pela primeira vez em quatro anos, depois de ter embarcado no JFK na noite anterior. Esperava isso há muito tempo: acordar com o canto dos pássaros lá fora, sentar-me na cama com um sorriso, sentindo o aroma de café recém-passado, e me espreguiçar como um gato no aconchego de uma *villa* espanhola. Magnífico. Acabou sendo mais ou menos assim: acordar assustado, como se tivesse sido despertado por uma sirene, agarrar o despertador, xingar, pular da cama de cuecas para checar e-mails, lembrar que isso é proibido, xingar de novo, procurar o meu anfitrião e ex-colega de classe, perceber que ele foi trabalhar como o resto do mundo, e ter um ataque de pânico.

O resto do dia passei atordoado, vagando do museu para o jardim botânico para o museu, como se estivesse repetindo, evitando cibercafés com alguma sensação vaga de culpa. Eu precisava de uma lista de coisas para fazer, para me sentir produtivo, escrevendo nessa lista coisas como "jantar".

Isso seria mais difícil do que eu supunha.

Depressão pós-parto: uma coisa normal

"O homem é de tal jeito que só consegue relaxar
de um tipo de trabalho começando outro."
ANATOLE FRANCE, autor de *O crime de Sylvestre Bonnard*

Tenho mais dinheiro e mais tempo do que sempre achei possível ter... Por que estou deprimido?

Eis uma boa pergunta com uma boa resposta. Apenas agradeça por perceber isso agora e não no final de sua vida! Os aposentados e os ultrarricos são frequentemente insatisfeitos e neuróticos pela mesma razão: excesso de tempo livre.

Mas espere aí... não é atrás de mais tempo que estamos? Este livro não é sobre isso? Não, de jeito nenhum. Excesso de tempo livre não é mais do que fertilizante para pensamentos duvidosos e ciclos mentais infinitos. Subtrair o que é ruim não cria o que é bom. Deixa um vácuo. Reduzir o trabalho gerador de renda não é o objetivo. Viver mais – e crescer mais – é.

No começo, as fantasias externas bastarão, e não há nada de errado com isso. É impossível exagerar a importância desse período, de tão importante que é. Fique louco e viva seus sonhos. Isto não é superficial ou egoísta. É importantíssimo você parar de se reprimir e romper com o hábito do adiamento.

Suponhamos que você decida realizar seus sonhos, como mudar para uma ilha no Caribe ou fazer um safári no Serengeti. Será maravilhoso, inesquecível, e você deve fazê-lo. Chegará uma hora, no entanto – sejam três semanas ou três anos depois –, em que você não aguentará tomar mais uma *piña colada* sequer, ou fotografar outro maldito babuíno de bunda vermelha. Os ataques de autocrítica e de pânico existencial começam nessa época.

Mas isso é o que eu sempre quis! Como posso estar entediado?

Não pire para não piorar as coisas. Isso é normal entre todas as pessoas de alto desempenho que diminuem o ritmo depois de trabalhar pesado durante bastante tempo. Quanto mais esperto e mais objetivo você for, mais difíceis serão essas dores de crescimento. Aprender a substituir a percepção da falta de tempo pela apreciação de sua abundância é como passar de cafés expressos triplos para descafeinados.

Mas ainda há mais! Aposentados também ficam deprimidos por outro motivo, e você também ficará: isolamento social.

Escritórios são bons para algumas coisas: café ruim de graça e reclamar do café ruim, fofoca e comiseração, videoclipes estúpidos via e-mail com comentários ainda mais estúpidos, reuniões que não decidem nada mas matam algumas horas com algumas risadas. O trabalho em si pode ser um beco sem saída, mas é a teia das interações humanas – o ambiente social – que nos mantém lá. Uma vez liberada, essa unidade tribal automática desaparece e as vozes dentro de sua cabeça ficam mais altas.

Não tenha medo de mudanças sociais ou existenciais. A liberdade é como um novo esporte. No começo, a simples novidade é excitante o bastante para deixar as coisas sempre interessantes. Depois de aprender o básico, no entanto, fica claro que, mesmo para ser um jogador apenas regular, você precisará praticar seriamente.

Não reclame. Grandes recompensas estão por vir, e você está a três passos da linha de chegada.

Dúvidas e frustrações: você não está sozinho

"As pessoas dizem que o que buscamos é um sentido para a vida. Não acho que isso seja o que realmente estamos procurando. Acho que estamos procurando uma experiência de estarmos vivos."

JOSEPH CAMBELL, *O poder do mito*

Uma vez que você tenha eliminado o trabalho regular das 9h às 17h e colocado o pé na estrada, nem tudo serão rosas e felicidades, ainda que muita coisa possa ser. Sem as distrações de prazos e de colegas de trabalho, as grandes questões (como "Qual o sentido de tudo isso?") tornam-se mais difíceis de postergar para depois. Num mar infinito de opções, as decisões também se tornam mais difíceis ("Que diabos eu devo fazer com a minha vida?"). É como o sentimento do último ano da faculdade novamente.

Como todos os inovadores na curva da estrada, você terá momentos assustadores de dúvidas. Depois do momento "criança na confeitaria", o impulso comparativo irromperá. O resto do mundo continuará em sua rotina de 9h às 17h e você começará a questionar sua decisão de sair da engrenagem. Dúvidas e autoflagelações comuns incluem:

1. Estou realmente fazendo isso para ser mais livre e para ter uma vida melhor, ou sou apenas preguiçoso?
2. Saí dessa corrida maluca porque ela realmente é ruim ou por que não podia suportá-la? Eu apenas fugi?
3. Isso é tão bom quanto parece? Talvez eu fosse melhor quando apenas seguia ordens e ignorava as possibilidades. Pelo menos era mais fácil.
4. Sou realmente bem-sucedido ou estou apenas me enganando?
5. Será que reduzi meus padrões para fazer de mim um vencedor? E meus amigos, que ganham o dobro do que ganhavam há três anos, estão no caminho certo?
6. Por que não estou feliz? Posso fazer qualquer coisa e ainda assim não estou feliz. Será que ao menos mereço isso?

A maior parte disso pode ser superada assim que reconhecemos o que são de verdade: comparações defasadas usando os parâmetros mentais de "mais é melhor" e "dinheiro é sucesso", que já nos criaram problemas. Ainda assim, há uma observação mais profunda a se fazer.

Essas dúvidas invadem a mente quando não há nada a ocupá-la. Pense em uma hora em que você se sinta 100% vivo e concentrado. É provável que seja uma hora em que você tenha estado completamente focado em algo externo: algo ou alguém. Esporte e sexo são dois grandes exemplos. Faltando um foco externo, a mente volta-se para si mesma e cria problemas para serem resolvidos, mesmo que os problemas sejam indefinidos ou desimportantes. Se você encontrar um foco, um objetivo ambicioso que pareça impossível e force você a crescer,[1] essas dúvidas desaparecem.

No processo de procurar um novo foco, é praticamente inevitável que as "grandes" questões apareçam. Há uma pressão onipresente dos pseudofilósofos para deixar de lado o impertinente e responder ao eterno. Dois exemplos populares são "qual o sentido da vida?" e "qual é o ponto disso tudo?".

Há muitas outras, das mais introspectivas às ontológicas, mas tenho uma resposta para praticamente todas elas – não respondo a todas de jeito nenhum.

Não sou niilista. Na verdade, passei mais de uma década investigando a mente e o conceito de sentido, uma busca que me levou dos laboratórios de neurociência das melhores universidades a instituições religiosas mundo afora. A conclusão, depois de tudo, é surpreendente.

Estou 100% convicto de que a maior parte das grandes questões que nos sentimos compelidos a enfrentar – legadas através de séculos de pensamentos exagerados e traduções ruins – usam termos tão indefinidos que tentar respondê-las é uma completa perda de tempo. Isso não é deprimente.[2] É libertador.

Pense na pergunta das perguntas: Qual é o sentido da vida?

---

1. Abraham Maslow, o psicólogo americano famoso por propor a "hierarquia das necessidades de Maslow", definiria este objetivo como uma "experiência máxima".

2. Há um lugar para *koans* e para questões retóricas de meditação, mas essas ferramentas são opcionais e estão fora do escopo deste livro. A maior parte das questões sem resposta está apenas mal formulada.

Se pressionado, tenho apenas uma resposta: é o estado característico ou a condição de um organismo vivo. “Mas isso é apenas uma definição”, retrucará quem perguntou, “não é isso que eu quero dizer.” O que você quer dizer, então? Até que a pergunta esteja clara – cada termo nela bem definido –, não há por que respondê-la. A pergunta sobre o “sentido” da “vida” é irrespondível sem uma elaboração posterior.

Antes de gastar tempo em uma pergunta estressante, grande, ou qualquer outra coisa, garanta que a resposta para as duas perguntas a seguir seja “sim”:

1. Defini um único significado para cada termo nesta pergunta?
2. Uma resposta para esta pergunta pode ser posta em prática para melhorar as coisas?

“Qual o sentido da vida?” falha em ambas as perguntas. Questões sobre coisas além de sua esfera de influência – como “E se o trem atrasar amanhã?” – falham na segunda e, por isso, merecem ser ignoradas. **Se você não puder definir ou não puder agir, esqueça.** Se você aprender apenas isso com este livro, você estará entre o 1% mais realizador no mundo e manterá a maior parte do estresse filosófico para fora de sua vida.

Afiar sua caixa mental de ferramentas práticas e lógicas *não* significa se tornar um ateu ou agnóstico. É não ser burro e não ser superficial. É ser inteligente e direcionar os seus esforços para onde possam fazer diferença para você e para os outros.

A questão central: rufem os tambores, por favor

> “O que o homem realmente precisa não é de um estado sem tensão, mas de empenhar-se e lutar por um objetivo que valha a pena, uma tarefa livremente escolhida.”
>
> VIKTOR E. FRANKL, sobrevivente do Holocausto; autor de *Homens em busca de significado*

Acredito que a vida existe para ser curtida e a coisa mais importante de todas é sentir-se bem consigo mesmo.

Cada pessoa terá seus próprios meios para atingir isso, e esses meios mudam com o tempo. Para alguns, a resposta será trabalhar com órfãos, para outros será compor canções. Tenho uma resposta pessoal – amar, ser amado e nunca parar de aprender –, mas não espero que minha resposta seja universal.

Alguns criticam o foco no amor-próprio e na curtição como egoísta, ou hedonista, mas não é nada disso. Curtir a vida e ajudar os outros – ou sentir-se bem consigo mesmo e aumentar o bem comum – não são mais exclusivos mutuamente do que ser agnóstico e levar uma vida moral. Um não elimina o outro. Vamos assumir que concordamos nisso. Ainda assim, resta uma questão: "O que posso fazer com meu tempo que me fará curtir a vida e sentir-me bem comigo mesmo?".

Não posso oferecer uma resposta única que satisfará a todos, mas, baseado em dúzias de **NR** satisfeitos que entrevistei, dois componentes são fundamentais: aprender continuamente e servir.

Aprendizado ilimitado: afiando a lâmina

"Americanos que viajam para o estrangeiro pela primeira vez
ficam frequentemente chocados em descobrir que,
a despeito de todo o progresso nos últimos trinta anos, pessoas
estrangeiras continuam falando línguas estrangeiras."
DAVE BARRY, cantor pop britânico

Viver é aprender. Não vejo outra opção. É por isso que sempre me senti compelido a pedir demissão ou ser demitido de empregos nos primeiros seis meses. A curva de aprendizado se achata e começo a me entediar.

Ainda que você possa aprimorar seu cérebro em casa, viajar e mudar-se traz condições únicas para tornar o progresso muito mais rápido. As diferentes circunstâncias agem como contraponto e espelho para seus preconceitos, tornando as deficiências muito mais fáceis de serem corrigidas. Raramente viajo para algum lugar sem decidir antes em que ficarei obcecado em aprender. Eis alguns exemplos:

- **Connemara, Irlanda:** Gaélico irlandês, flauta irlandesa e *hurling*, o esporte de campo mais rápido do mundo (imagine uma mistura de lacrosse e rúgbi jogado com machados empunhados)
- **Rio de Janeiro, Brasil:** Português do Brasil e jiu-jítsu
- **Berlim, Alemanha:** Alemão e *locking* (uma forma de dança *break* de pé)

Tenho tendência a me focar no aprendizado de um idioma e em uma habilidade cinestésica, algumas vezes descobrindo que habilidade é essa depois de chegar ao novo país. Os nômades compulsivos de maior sucesso que conheço tendem a contemplar o físico e o mental. Note que frequentemente transporto uma habilidade que pratico normalmente – artes marciais – para outros países em que também é praticada. Vida social instantânea e novas amizades. Não precisa ser um esporte competitivo – pode ser caminhada, xadrez, ou qualquer coisa que mantenha o seu nariz fora de um livro e você fora de seu apartamento. Acontece que os esportes são excelentes para evitar o medo de uma língua estrangeira, e desenvolver amizades duradouras além de parecer algo meio Tarzan.

O aprendizado de idiomas merece menção especial. É, sem dúvida, a melhor coisa que você pode fazer para afiar a clareza de pensamento.

Sem contar o fato de que é impossível entender uma cultura sem entender sua língua, aprender um novo idioma o torna mais consciente de seu próprio idioma: seus próprios pensamentos. Os benefícios de se tornar fluente em uma língua estrangeira são subestimados, e as dificuldades são superestimadas. Milhares de teóricos de linguística discordarão, mas *sei* através de pesquisas e de experiências pessoais com mais de uma dúzia de idiomas que (1) adultos podem aprender idiomas muito mais rápido do que crianças,[3] quando o trabalho constante de 9h às 17h é removido e que (2) é possível se tornar fluente para uma conversa em qualquer língua em seis meses ou menos. Com quatro horas por dia, seis meses podem ser reduzidos para menos de três. Está fora do escopo deste livro explicar a linguística aplicada e os 80/20 do aprendizado de idiomas, mas há vários recursos e guias instrutivos completos em www.fourhourworkweek.com. Aprendi seis idiomas depois de ter sido reprovado em espanhol no ensino médio, e você pode fazer a mesma coisa com as ferramentas corretas.

Aprenda um idioma e você ganhará um segundo par de lentes através do qual poderá questionar e compreender o mundo. Xingar as pessoas em outras línguas, quando você volta para casa, também é divertido.

Não perca a chance de dobrar sua experiência de vida.

Servir pelas razões corretas: salvar as baleias, ou matá-las e alimentar as crianças?

"Moralidade é simplesmente a atitude que adotamos em relação às pessoas de quem pessoalmente não gostamos."

OSCAR WILDE, dramaturgo e escritor irlandês

Alguém poderia esperar que eu falasse sobre servir neste capítulo, e aqui está. Como tudo antes, o foco é um pouco diferente.

Servir, para mim, é simples: fazer algo que melhore alguma vida além da sua. Não é a mesma coisa que filantropia. Filantropia é a preocupação altruísta com o bem-estar da humanidade – da vida humana. O ser humano tem se focado na exclusão do meio ambiente e do resto da cadeia alimentar, daí a nossa corrida em direção à

3. Bialystok Hakuta, *In other words: the science and psychology of second-language acquisition* [Em outras palavras: a ciência e a psicologia do aprendizado de um segundo idioma].

extinção iminente. Bem apropriada. O mundo não existe somente para o melhoramento e multiplicação da humanidade.

Antes de começar a me acorrentar a árvores e a salvar micos-leão-dourados, no entanto, deixe-me dar um conselho: não se torne um esnobe por conta de sua causa.

Como você pode ajudar as crianças famintas da África quando há crianças famintas em Los Angeles? Como você pode salvar as baleias quando há pessoas sem-teto morrendo congeladas? Como fazer pesquisa voluntária sobre a destruição dos corais ajuda as pessoas que precisam de ajuda agora?

Crianças, por favor. Tudo lá fora precisa de ajuda, então não caia em argumentos do tipo "minha causa é mais importante do que a sua", sem soluções corretas. Não há comparações qualitativas ou quantitativas que façam sentido. A verdade é: aqueles milhares de vidas que você salva podem contribuir com a fome que mata milhões, ou aquele arbusto na Bolívia que você ajudou a proteger pode guardar a cura do câncer. Os efeitos desencadeados são desconhecidos. Faça o seu melhor e torça pelo melhor. Se você está melhorando o mundo – seja lá como você defina isso – considere seu trabalho bem-feito.

Servir não está limitado a salvar vidas ou o meio ambiente. Também pode melhorar a vida. Se você é um músico e põe sorrisos nos rostos de milhares, ou de milhões, eu vejo isso como uma forma de servir. Se você é um professor e muda para melhor a vida de uma criança, o mundo ficou melhor. Aumentar a qualidade das vidas no mundo não é de forma alguma inferior a acrescentar mais vidas.

Servir é uma atitude.

Encontre a causa ou o meio que o interessa e não arrume desculpas.

• Perguntas e ações •

"Os adultos estão sempre perguntando às crianças o que querem ser quando crescer porque estão em busca de ideias."

PAULA POUNDSTONE , comediante, autora e apresentadora norte-americana

"O milagre não é andar sobre a água.
O milagre é andar sobre a terra verdejante, profundamente integrado
ao presente momento e sentindo-se verdadeiramente vivo."
THICH NHAT HANH, monge budista, pacifista e poeta vietnamita

Mas não posso apenas viajar, aprender idiomas ou lutar por uma causa o resto da minha vida! É claro que você não pode. Essa não é de forma alguma a minha sugestão. Esses são apenas alguns bons "eixos de vida" – pontos iniciais que levam a oportunidades e experiências que não seriam encontradas de outra forma.

Não há resposta correta para a pergunta "O que devo fazer com minha vida?". Esqueça o "devo" também. O próximo passo – e isso é tudo – é buscar alguma coisa, não importa muito o que, que pareça ser divertido ou recompensador. Não tenha pressa para mergulhar num compromisso integral de longo prazo. Leve algum tempo para encontrar algo que o entusiasme, não a primeira forma aceitável de trabalho disponível. Esse chamado, por sua vez, conduzirá você a algo mais.

Eis aqui uma boa sequência para começar, que dúzias de **NR** usaram com sucesso.

1. Revisite o ponto zero: não faça nada.

Antes de escapar dos demônios de nossa mente, precisamos encará-los. O principal deles é o vício em velocidade. É difícil recalibrar seu relógio interno sem fazer uma pausa da superestimulação constante. Viajar e o impulso de ver um milhão de coisas podem exacerbar isso.

Desacelerar não significa fazer menos coisas; significa eliminar distrações contraprodutivas e a *percepção* de estar na correria. Cogite entrar em um retiro de silêncio de 3-7 dias, em que falar e ter acesso à mídia é proibido.

Aprenda a reduzir a estática mental, de modo que você possa apreciar mais antes de fazer mais:

- The Art of Living Foundation (Curso II) – Internacional (www.artofliving.org)

- Centro de Meditação Spirit Rock, Califórnia (http://www.spiritrock.org)

- Centro Kripalu de Ioga e Saúde, Massachusetts (http://www.kripalu.org)

- Pousada Sky Lake, Nova York (http://www.sky-lake.org)

2. Faça uma doação anônima para uma entidade assistencial de sua escolha.

Isso ajuda a fazer a energia fluir e desassocia o sentir-se bem em servir de receber crédito por isso. É muito melhor quando é puro. Alguns bons sites para começar são:

- Charity Navigator (www.charitynavigator.org)
  Este serviço independente lista mais de 5 mil entidades de caridade usando o critério que você escolher. Crie uma página personalizada de favoritos e compare-os lado a lado, tudo gratuitamente.

- Firstgiving (www.firstgiving.com)
  O Firstgiving.com permite que você crie uma página on-line para levantar recursos. As doações podem ser feitas através de sua URL pessoal. Se você quer ajudar animais, especificamente, pode clicar em um *link* relacionado e acessar sites de centenas de entidades que cuidam de animais, e então decidir para qual você quer doar. A versão britânica do site é http://www.justgiving.com/.

- Network for Good (www.networkforgood.org)
  Os visitantes deste site encontrarão *links* para entidades de caridade que precisam de doações, bem como oportunidades de trabalho voluntário. Eles também possuem um sistema automático de doações on-line via cartão de crédito.

3. Tire uma miniaposentadoria combinada com trabalho voluntário.

Tire uma miniaposentadoria – seis meses, ou mais, se possível – para focar-se em aprender e servir. Uma duração maior permitirá um foco maior no idioma, que por sua vez permite uma interação e uma contribuição mais significativas através do voluntariado.

Durante essa viagem, anote autocríticas e autodepreciações em um diário. Sempre que estiver chateado ou ansioso, pergunte-se "por que" pelo menos três vezes e anote as respostas. Descrever essas dúvidas escrevendo-as reduz seu impacto duplamente. Primeiro, normalmente é a natureza ambígua da dúvida que dói mais. Defini-la e explorá-la por escrito – assim como forçar seus colegas a se comunicar por e-mail – demanda clareza de pensamento, depois do qual se descobre que a maior parte das preocupações é infundada. Segundo, registrar essas preocupações parece removê-las de alguma forma da sua cabeça.

Mas aonde ir e o que fazer? Não há respostas corretas para estas perguntas. Use as seguintes perguntas e recursos para ter ideias:

O que mais o incomoda na situação do mundo?
Do que você mais tem medo pela próxima geração, tendo filhos ou não?
O que o deixa mais feliz na vida? Como você pode ajudar os outros a ter a mesma coisa?

Não há necessidade de se limitar a um único lugar. Lembra-se de Robin, que viajou pela América do Sul durante um ano com seu marido e seu filho de 7 anos? Os três passaram entre um e dois meses fazendo trabalho voluntário em cada lugar, incluindo a construção de cadeiras de rodas em Banos, no Equador, reabilitação de animais exóticos na floresta tropical boliviana e cuidando de tartarugas marinhas no Suriname.

Que tal fazer escavações arqueológicas na Jordânia, ou cuidar de vítimas do tsunami nas ilhas da Tailândia? Estes são apenas dois das dúzias de estudos de caso sobre mudança para outros países e trabalho voluntário, presentes em cada edição da *Verge Magazine* (www.fourhourblog.com/verge). Veja alguns dos recursos testados pelos leitores:

Hands on Disaster Response: www.hodr.org
Project Hope: www.projecthope.org
Relief International: www.ri.org
International Relief Teams: www.irteams.org
Airline Ambassadors International: www.airlineamb.org
Ambassadors for Children: www.ambassadorsforchildren.org
Relief Riders International: www.reliefridersinternational.com
Habitat for Humanity Global Village Program: www.habitat.org
Planeta: Listagem Mundial de Ecoturismo Prático: www.planeta.com

4. Revisite e redefina seus cronogramas de sonhos.

Depois da miniaposentadoria, revisite os cronogramas de sonhos criados na "Definição" e redefina-os se precisar. As questões a seguir ajudarão:

O que você faz bem?
O que você poderia fazer melhor?
O que o deixa feliz?
O que o deixa empolgado?
O que o faz sentir-se realizado e bem consigo mesmo?
Do que você tem mais orgulho de ter realizado na sua vida?
Você pode repeti-lo ou desenvolvê-lo?
O que você gosta de compartilhar ou viver com outras pessoas?

5. Baseado nos resultados dos passos 1-4, pense em testar novas vocações em meio período ou em tempo integral.

Trabalho em tempo integral não é ruim se for o que você gostaria de estar fazendo. É aí que separamos "trabalho" de "vocação".

Se você criou uma musa ou reduziu suas horas de trabalho a próximo de nada, pense em testar uma vocação: um chamado verdadeiro, ou uma ocupação com a qual você já sonhou. Foi isso que fiz com este livro. Agora posso dizer às pessoas que sou um escritor em vez de dar a elas a explicação de duas horas sobre distribuição de drogas. O que você sonhava ser quando era criança? Talvez seja hora de se inscrever no Space Camp ou se candidatar a assistente de um biólogo marinho.

Recapturar a empolgação da infância não é impossível. Na verdade, é necessário. Não há mais correntes – ou desculpas – para segurá-lo.

16

Os 13 principais erros dos Novos Ricos

"Se você não erra, não está trabalhando sério com problemas suficientemente complicados. E esse é um grande erro."
FRANK WIKCZEK, Prêmio Nobel de Física em 2004

Ho imparato che niente e impossibile, e anche che quasi niente e facile...
(Aprendi que nada é impossível e que quase nada é simples.)
ARTICOLO 31 (grupo de rap italiano), *Un Urlo*

Erros são o espírito do jogo no Projeto de Vida. Isso requer combater impulso após impulso do velho mundo de ideias de vida postergada baseada na aposentadoria. Eis aqui os deslizes que você cometerá. Não se sinta frustrado. Faz parte do processo.

1. Perder os sonhos de vista e cair no trabalho pelo trabalho.
Por favor, releia a introdução e o próximo capítulo deste livro sempre que você sentir que está caindo nesta armadilha. Todo mundo cai, mas muitos ficam presos e não saem nunca.

2. Microgerenciar e enviar e-mails para preencher o tempo.
Defina as responsabilidades, os cenários problemáticos, as regras e os limites das decisões autônomas – depois pare, para o bem da sanidade de todos os envolvidos.

3. Lidar com problemas que terceirizados ou colegas de trabalho podem lidar.

4. Ajudar terceirizados ou colegas de trabalho com o mesmo problema mais de uma vez, ou com problemas que não sejam críticos.

Dê-lhes regras (se... então...) para resolver todos os problemas, exceto os maiores. Dê-lhes a liberdade de agir sem sua interferência, estabeleça os limites por escrito e enfatize por escrito que você não ajudará com problemas cobertos por essas regras. No meu caso particular, todos os terceirizados têm o poder de resolver a seu critério qualquer problema cuja resolução custe até 400 dólares. Ao final de cada mês, ou trimestre, dependendo do terceirizado, eu reviso como suas decisões afetaram o lucro e ajusto as regras de acordo, normalmente acrescentando novas regras baseadas em suas boas decisões e soluções criativas.

5. Buscar clientes, especialmente clientes em potencial não qualificados ou internacionais, quando você tem fluxo financeiro suficiente para financiar seus objetivos não financeiros.

6. Responder e-mails que não resultarão em vendas ou que podem ser respondidos por um FAQ ou pela autorresposta.

Para um bom exemplo de uma autorresposta que direciona as pessoas para a informação desejada e para os terceirizados apropriados, mande uma mensagem para info@brainquicken.com.

7. Trabalhar onde você mora, dorme ou deveria descansar.

Separe os ambientes de trabalho – designe um lugar para trabalhar e somente trabalhar – ou você nunca conseguirá escapar do trabalho.

8. Não realizar uma análise 80/20 detalhada a cada duas ou quatro semanas, tanto para vida pessoal quanto profissional.

9. Buscar a perfeição infinita em vez de buscar o "ótimo" ou simplesmente o "bom o bastante", seja em sua vida pessoal ou sua vida profissional.

Reconheça que esta é normalmente outra desculpa de trabalho pelo trabalho. A maior parte dos esforços é como aprender um idioma: estar correto 95% do tempo requer seis meses de esforço concentrado, enquanto estar correto 98% do tempo requer 20-30 anos.

Foque-se no "ótimo" para algumas coisas e no "bom o bastante" para o resto. Perfeição é um bom ideal e uma direção a se ter, mas reconheça o que ela é: um objetivo inalcançável.

10. Usar minúcias e pequenos problemas fora de proporção como uma desculpa para trabalhar.

11. Tornar urgentes tarefas que não possuem prazo para justificar o trabalho.

Quantas vezes eu preciso dizer? Concentre-se na sua vida fora de suas contas bancárias, por mais assustador que possa ser no começo. Se você não conseguir encontrar objetivo em sua vida, é sua responsabilidade como ser humano criá-lo, seja realizando sonhos ou encontrando um trabalho que lhe dê objetivos e valor próprios – idealmente, será uma combinação de ambos.

12. Encarar um produto, emprego ou projeto como o objetivo final e o todo de sua existência.

A vida é curta demais para desperdiçá-la, mas também é longa demais para ser pessimista ou niilista. O que quer que você esteja fazendo agora, isso é só um passo para o próximo projeto ou aventura. Qualquer solavanco que você sofra pode tirá-lo do que está fazendo. Dúvidas não são mais do que um sinal de que uma ação de algum tipo é necessária. Quando estiver em dúvida, ou exausto, faça uma pausa e avalie, do ponto de vista do 80/20, suas atividades e relacionamentos tanto pessoais quanto profissionais.

13. Ignorar as recompensas sociais da vida.

Cerque-se de pessoas sorridentes e positivas que não tenham nada a ver com trabalho. Crie suas musas sozinho, se puder, mas não viva sua vida sozinho. A felicidade é compartilhada na forma de amizade e o amor é a felicidade multiplicada.

O último capítulo

Um e-mail que você precisa ler

"Não há nada que ocupe menos o homem ocupado do que viver; não há nada mais difícil de aprender."
SÊNECA , filósofo do Império Romano

"Nos últimos 33 anos, tenho olhado para o espelho todas as manhãs e me perguntado: 'Se hoje fosse o último dia da minha vida, eu gostaria de fazer o que estou prestes a fazer hoje?'. E sempre que a resposta tem sido 'Não' por muitos dias seguidos, eu sei que preciso mudar alguma coisa... quase tudo – todas as expectativas externas, todo o orgulho, todo o medo de constrangimento ou de falha – essas coisas desaparecem em face da morte, deixando apenas o que é realmente importante. Lembrar-se de que você vai morrer é a melhor maneira que conheço de evitar a armadilha de achar que você tem algo a perder."
STEVE JOBS, CEO da Apple Computer, que abandonou a faculdade, em discurso na formatura da Universidade Stanford, 2005[1]

Se você se sente confuso sobre a vida, não está sozinho. São quase 7 bilhões de nós. Isso não é problema, é claro, assim que você compreende que a vida não é nem um problema a ser resolvido nem um jogo a ser ganho.

Se você está muito decidido a encaixar as peças de um quebra-cabeça inexistente, perde toda a verdadeira diversão. A energia pesada de perseguir o sucesso pode ser substituída por uma leveza que atrai coisas boas quando você reconhece que as únicas regras e limites que há são aqueles que impomos a nós mesmos.

Seja forte e não se importe com o que as pessoas pensem. De qualquer forma, elas não fazem isso com muita frequência.

1. http://news-service.stanford.edu/news/2005/june15/jobs-061505.html.

Dois anos atrás, recebi o seguinte poema – escrito originalmente pelo psicólogo infantil David L. Weatherford – de um amigo próximo. Ele desistiu de seu próprio plano de vida adiado depois de ler isto e espero que você faça o mesmo. Aqui está:

Dança lenta

Alguma vez você já viu
Crianças brincando de roda?
Ou ouviu o som da chuva
Batendo no chão?
Já seguiu o voo errático de uma borboleta?
Ou olhou para o sol dando lugar à noite?
É melhor desacelerar,
Não dance tão rápido.
O tempo é curto
E a música acaba.
Você passa batido
Por cada dia?
Quando você pergunta: como vai você?
Ouve a resposta?
Quando acaba o dia,
Você se deita em sua cama
Com a próxima centena de tarefas
Percorrendo sua cabeça?
É melhor desacelerar.
Não dance tão rápido.
O tempo é curto,
E a música acaba.
Alguma vez disse a seu filho,
Pode ser amanhã?
E, na sua pressa,
Percebeu a tristeza em seu rosto?
Já perdeu contato

E deixou morrer um amigo
Porque nunca teve tempo
De ligar e dizer "oi"?
É melhor desacelerar.
Não dance tão rápido.
O tempo é curto,
E a música acaba.
Quando você corre para chegar a algum lugar
Perde metade da graça em chegar lá.
Quando se preocupa e atropela seu dia
É como um presente que vai pro lixo sem ser aberto.
A vida não é uma corrida
Vá devagar.
Ouça a música
Antes que ela acabe.

Por último, mas não menos importante

O melhor do blog

A arte de deixar as coisas ruins acontecerem [Depois de três semanas longe do blog]

Há quanto tempo! Acabo de voltar para a Califórnia após uma longa miniaposentadoria pela Escócia, Londres, Sardenha, Eslováquia, Áustria, Amsterdã e Japão. Algumas surpresas desagradáveis me aguardavam quando abri a caixa de mensagens. Por quê? Deixei que acontecessem.

Sempre deixo.

Estas são algumas das coisas boas que me esperavam desta vez:

- Uma das nossas empresas de atendimento havia sido fechada devido ao falecimento do CEO, o que provocou uma perda de mais de 20% nos pedidos mensais e exigiu uma mudança emergencial em todo o design do site e no processamento dos pedidos.
- Ausência em programas de rádio e matérias de revistas e supostos entrevistadores contrariados.
- Mais de uma dúzia de oportunidades de realizar parcerias em *joint-ventures* perdidas.

Não é que eu costume desaparecer para irritar as pessoas – de forma alguma – mas reconheço um fato crítico: muitas vezes, para fazer grandes coisas, você precisa deixar que pequenas coisas ruins aconteçam. Essa é uma habilidade que desejamos cultivar.

O que consegui por ter decidido colocar vendas nos olhos temporariamente e aguentar alguns olhares enviesados?

- Acompanhei a Copa do Mundo de Rugby na Europa e assisti os *All Blacks* da Nova Zelândia ao vivo, um sonho que eu alimentava há cinco anos.
- Atirei com todas as armas que sonhava empunhar desde que fizera uma lavagem cerebral em mim mesmo assistindo *Comando para Matar*. Graças à Eslováquia e seus paramilitares.
- Filmei o piloto para uma série de TV no Japão, um sonho antigo e a coisa mais divertida que fiz em meses, senão anos.
- Conheci minha editora japonesa, a Seishisha, e concedi entrevistas para vários veículos de mídia no Japão, onde *Trabalhe 4 horas por semana* ocupa o primeiro lugar em vendas em várias redes.
- Fiz um jejum total de mídia durante dez dias e me senti como se tivesse tirado férias do computador durante dois anos.
- Participei do Festival Internacional de Cinema de Tóquio e saí com um dos meus heróis, o produtor da série de TV Planet Earth.

Quando perceber que pode desligar o som sem que o mundo acabe, você se sentirá livre de uma forma que poucas pessoas conseguem entender.

Lembre-se apenas de que: se não tiver interesse, você não tem tempo. Eu tinha tempo para checar e-mails e mensagens de voz? Claro. Levaria apenas dez minutos. Eu tinha interesse em me arriscar a encontrar uma crise naqueles dez minutos? Absolutamente.

Por mais tentador que pareça "dar apenas uma olhadinha rápida nos e-mails", não fiz isso. Por experiência própria, sei que, mesmo que você desligue o computador em seguida, qualquer problema encontrado na caixa de mensagens ficará martelando na sua cabeça durante horas e até dias, enchendo o "tempo livre" com preocupações. É a pior das situações: você não consegue relaxar nem se sentir produtivo. Concentre-se no trabalho ou em outra coisa, nunca no meio-termo.

O tempo sem atenção é inútil, por isso priorize a atenção em vez do tempo.

Aqui estão algumas perguntas que podem ajudar você a usar as viseiras da produtividade e colocar as coisas em perspectiva. Mesmo que você não esteja viajando pelo mundo, desenvolva o hábito de permitir que pequenas coisas ruins aconteçam. Se não fizer isso, você nunca encontrará tempo para as grandes coisas realmente transformadoras, sejam elas tarefas importantes ou experiências verdadeiramente fantásticas. Se você se obrigar a encontrar tempo, mas permitir que seja pontuado por distrações, não terá a atenção necessária para aproveitá-lo.

- Qual é o objetivo que, uma vez alcançado, poderia mudar tudo?
- Qual é a coisa mais importante neste momento que você acha que "deve" ou "tem que" fazer?
- Você pode ignorar o "urgente" – mesmo que por um dia – para chegar à próxima etapa das suas tarefas potencialmente transformadoras?
- O que é que está há mais tempo na sua lista de coisas para fazer? Comece por isso na manhã seguinte e não pare nem para almoçar até terminar.

Coisas "ruins" podem acontecer? Sim, podem surgir pequenos problemas. Algumas pessoas podem reclamar. MAS, as coisas grandes que você conseguir concluir permitirão que você enxergue essas coisas como realmente são: minúcias e contratempos que podem ser resolvidos facilmente.

Transforme esta troca em hábito. Deixe que as pequenas coisas ruins aconteçam e faça as grandes coisas boas acontecerem.

– 25 de outubro de 2007

Coisas que adorei e aprendi em 2008

Dois mil e oito foi um dos anos mais incríveis da minha vida. Fiz mais negócios e conheci mais gente do que nos cinco anos anteriores. Isso produziu muitos *insights* surpreendentes a respeito do mundo dos negócios e da natureza humana, principalmente porque acabei descobrindo uma dúzia de suposições falsas.

Aqui estão algumas das coisas que adorei e aprendi em 2008.

Leituras favoritas de 2008: Zorba, O Grego e Sêneca: Cartas a Lucílio.

São dois dos livros de filosofia prática mais acessíveis que já tive a sorte de encontrar. Se tiver que escolher apenas um, fique com *Zorba*, mas Sêneca vai além. Os dois são livros de leitura rápida, de duas a três noites.

Não aceite favores exagerados ou dispendiosos de estranhos.

Essa dívida cármica voltará para te assombrar. Se não puder recusar, volte à neutralidade cármica imediatamente com um presente da sua escolha. Pague o favor antes que definam os termos para você. Exceções: mentores super bem-sucedidos que estão fazendo apresentações e não trabalhando em seu nome.

Você não precisa recuperar as perdas da mesma forma que elas ocorreram.

Tenho uma casa em San Jose, mas eu me mudei há quase um ano. A casa está vazia, apesar de pagar todos os meses uma bela quantia pela hipoteca. A melhor parte disso? Eu não me importo. Mas nem sempre foi assim. Durante muitos meses eu me senti desmoralizado quando me pressionavam para alugar a casa, fazendo questão de dizer que eu estava jogando dinheiro fora. Então eu compreendi: você não precisa ganhar dinheiro da mesma forma que perde. Se você perder mil dólares na roleta de um cassino, deve jogar de novo para tentar recuperar o dinheiro ali mesmo? É claro que não. Não quero ser obrigado a lidar com locatários, mesmo que por intermédio de uma imobiliária. A solução: deixar a casa vazia, usar de vez em quando, e ganhar dinheiro com consultoria, publicações etc. para cobrir o custo da hipoteca.

Uma das causas mais comuns de depressão e sensação de insegurança: tentar impressionar pessoas de quem você não gosta.

Ficar estressado para tentar impressionar não é problema, desde que vise as pessoas certas: aquelas que você deseja emular.

Refeições lentas = vida.

Daniel Gilbert, da Harvard, e Martin Seligman, da Universidade da Pensilvânia, pesquisadores da "felicidade" (bem-estar autodeclarado) parecem concordar em um ponto: as refeições com amigos e pessoas queridas são um indicador direto de bem-estar. Pelo menos uma vez por semana, reúna-se com os amigos para beber ou jantar durante duas ou três horas – sim, 2-3 horas com pessoas que fazem com que você sorria e se sinta bem. Para mim, o efeito radiante é maior e mais duradouro com grupos de cinco ou mais pessoas. Duas ocasiões que me proporcionam essa sensação: jantares ou drinques pós-jantar às quintas e *brunches* aos domingos.

A adversidade não constrói o caráter; ela o revela.

Relacionado: o dinheiro não muda uma pessoa; revela quem ela é quando não precisa mais ser agradável.

Não importa quantas pessoas não entendem. O importante é quantas entendem.

Se você tem uma opinião muito bem embasada, não guarde para si mesmo. Tente ajudar as pessoas e procure tornar o mundo um lugar melhor. Se você se esforça para fazer alguma coisa interessante, não estranhe se uma pequena parcela da população se sentir ofendida. Fod@m-se todos. Ninguém ergue estátuas para os críticos.

Relacionado: você não é sempre tão ruim quanto dizem que é.

Meu agente costumava me mandar todas as notas que saíam na mídia ou em blogs a respeito de *Trabalhe 4 horas por semana*. Oito semanas após a publicação pedi que me enviasse apenas as menções positivas na grande mídia ou imprecisões factuais que eu precisasse responder. Uma correlação importante: Você não é sempre tão bom quanto dizem que é. Não adianta nada se achar genial ou ficar deprimido. No primeiro caso você acaba ficando negligente; no segundo, paralisado. Eu queria ter um otimismo impoluto mas continuar faminto. E por falar em fome...

Tome um café da manhã com muita proteína até trinta minutos após acordar e depois saia para fazer uma caminhada de dez a vinte minutos ao ar livre, de preferência batendo uma bola de tênis ou basquete.

Este hábito é muito melhor do que um punhado de Prozacs pela manhã. (Leitura sugerida: *O café da manhã de 3 minutos com carboidratos lentos*, *Como "descascar" ovos cozidos sem descascar* em www.fourhourblog.com)

Detesto perder dinheiro cerca de cinquenta vezes mais do que gosto de ganhar.

Por que cinquenta vezes? Registrando o tempo, conclui que costumo gastar pelo menos cinquenta vezes mais tempo para evitar a hipotética perda de 100 dólares do que para ganhar. O engraçado é que, mesmo depois de ter percebido essa tendência, é difícil evitar uma resposta tardia. Portanto, manipulo as causas ambientais de respostas ruins, em vez de depender de uma autodisciplina propensa a erros.

Não devo investir em ações públicas em que não tenho como influenciar os resultados.

Depois de perceber que quase ninguém pode prever a tolerância ao risco e a resposta às perdas, mudei todos os meus investimentos para renda fixa e títulos de crédito em julho de 2008, reservando 10% da receita bruta para atuar como investidor-anjo onde posso contribuir de forma significativa com trabalho ou parceria (leituras sugeridas: *Repensando os investimentos: parte 1*, *Repensando os investimentos: parte 2* em www.fourhourblog.com).

Uma questão importante que deve ser revista sempre que se sentir esgotado: você está à beira de um colapso ou de um avanço?

Ensaie regularmente uma situação de pobreza – limite até mesmo as pequenas despesas por uma ou duas semanas e dê mais ou menos 20% das roupas usadas – para poder pensar grande e assumir "riscos" sem medo (Sêneca).

A mentalidade da escassez (que gera a inveja e um comportamento antiético) se deve ao desdém pelas coisas que se obtém facilmente (Sêneca).

Uma pequena xícara de bom café puro com um pouco de canela por cima, sem leite ou adoçante.

Geralmente é melhor manter antigas resoluções do que fazer novas.

Para atrair um maravilhoso 2009, gostaria de citar um e-mail que recebi de um mentor de mais de uma década:

> Enquanto muitos estão torcendo as mãos, eu me lembro da década de 1970, quando enfrentamos os problemas causados pela crise do petróleo, com longas filas nos postos de combustíveis, racionamento e limites severos de velocidade nas estradas federais, recessão econômica, pouquíssimo capital de risco (cerca de 50 milhões de dólares por ano) e o que o Presidente Jimmy Carter (usando um suéter enquanto fazia um discurso pela TV pois havia desligado o aquecedor da Casa Branca) chamou de malaise. Foi nessa época que dois garotos sem uma formação universitária de verdade, Bill Gates e Steve Jobs, criaram empresas que se deram muito bem. Existem muitas oportunidades em épocas ruins, assim como em épocas boas. Na verdade, as oportunidades costumam ser ainda maiores quando a sabedoria popular diz que as coisas estão indo ladeira abaixo.
>
> Bem... estamos chegando ao fim de outro grande ano, e apesar do que estamos lendo sobre as perspectivas para 2009, podemos esperar um Ano Novo cheio de oportunidades e também de desafios estimulantes.

Feliz Ano Novo para todos.

Como viajar pelo mundo com 10 libras ou menos

Arrastar um conjunto de malas ao redor do planeta é um verdadeiro inferno. Vi um amigo fazer isso durante três semanas, subindo e descendo escadas de estações de metro e de hotéis da Europa e, apesar de ter me divertido muito – principalmente quando ele começou a simplesmente arrastar ou jogar as malas escadas abaixo – gostaria de poupar você desse sofrimento. O prazer da viagem é inversamente proporcional à quantidade de porcarias (leia-se: distrações) que você carrega.

Depois de viajar por mais de trinta países aprendi que a bagagem minimalista pode ser uma arte.

Voltei da Costa Rica na quarta-feira passada e então viajei para o Maui, onde ficarei por uma semana. O que levei na mala e por quê? (Assista o vídeo em www.fourhourweek.com[1]).

Pratico o que chamarei de método de viagem CL: Compre Lá.

Se você decidir levar na mala tudo aquilo de que pode precisar para todas as situações – melhor levar os livros de escalada para o caso de decidirmos fazer uma escalada; melhor levar um guarda-chuva pois pode chover; melhor levar um bom par de sapatos e calças apropriadas para o caso de decidirmos ir a um restaurante fino etc. – ficará parecendo um burro de carga. Descobri que o melhor é reservar entre 50 e 200 dólares por viagem para um "fundo de assentamento", que uso para comprar os itens necessários, quando são 100% necessários. Isso inclui coisas chatas como guarda-chuvas e protetores solares. Outra coisa: jamais compre se puder pegar emprestado. Por exemplo, se fizer uma viagem à Costa Rica para participar de uma excursão para observar pássaros, não precisa levar binóculos – alguém poderá emprestá-los.

Esta é a lista de Maui:

- Uma levíssima jaqueta de nylon Marmot Ion.

1. Este vídeo explica como e por que coloquei na mala os itens desta lista. Os links para todos os itens também estão incluídos.

- Uma camiseta de manga comprida com proteção solar Coolibar. Isso salvou minha vida no Panamá.
- Uma calça de poliéster, que é leve, não amassa e seca rapidamente.
- Uma trava de segurança Kensington, também usado para proteger mals e equipamentos.
- Uma única meia Under Armour, para guardar os óculos de sol.
- Duas camisetas regata de nylon.
- Uma toalha de microfibra MSR de secagem rápida, que absorve até sete vezes seu peso em água.
- Um saquinho ziplock com escova de dente, pasta de dente para viagem e aparelho de barbear descartável.
- Um cartão de viagem biométrico Fly Clear (www.flyclear.com.[2]), que reduz a perda de tempo em aeroportos em cerca de 95%.
- Duas cuecas ExOfficio. O slogan deles diz: "Dezessete países. Seis semanas. Uma cueca." Acho que prefiro duas, considerando que pesam tanto quanto um pacotinho de Kleenex. Outro aspecto importante, além de serem superleves: são muito mais confortáveis do que as cuecas de algodão.
- Duas bermudas/calções de banho
- Dois livros: *Lonely planet Hawaii* e *The entrepreneurial imperative*. (Este livro foi muito elogiado. Pode conferir.)
- Uma máscara de dormir e tampões de ouvido
- Um par de chinelos de borracha. O melhor são aqueles com uma tira atrás do calcanhar.
- Uma câmera digital Canon PowerShot SD300, com mais um cartão de memória de 2GB SD. Meu Deus! Adoro essa câmera. É o melhor equipamento eletrônico que já tive. Eu a uso não apenas para fotos e vídeos, mas também como scanner. Estou pensando em testar a nova SD1000, que é mais barata.
- Um chapéu de aba larga para não queimar o rosto.
- Uma mochila Kiva Key Chain.
- Um protetor labial, uma lanterna pequena e um rolo da bandagem para atletas. Esta última pode salvar sua vida.

2. Esta empresa entrou com pedido de falência em junho de 2009.

O estilo de vida com o mínimo de escolhas: seis fórmulas para ter mais produção e menos opressão

Eu estava estressado.... por causa de alguns *cartoons* de cachorros. Às 21h47 de uma noite de sábado, na Barnes & Noble, eu tinha treze minutos para fazer uma troca adequada no livro *The new yorker dog cartoons*, a ser impresso em papel de primeira, vendido por 22 dólares. Best-sellers? Clássicos? Novos? Indicados pela equipe? Eu estava lá há trinta minutos.

E estava começando a me sentir esgotado por causa de uma incumbência ridícula que eu imaginava poder resolver em cinco minutos. Então comecei a consultar mentalmente a seção de psicologia e me lembrei imediatamente de um livro – *O paradoxo da escolha: por que mais é menos*. Não era a primeira vez que eu me deparava com esse clássico de Barry Schwartz, mas aquela me pareceu uma ótima oportunidade para rever alguns princípios, entre os quais:

- Quanto mais opções você considerar, mais se arrependerá do que comprar;
- Quanto mais opções você tiver, menos gratificante será o resultado.

Isso gera uma questão de difícil solução: é melhor ter o melhor resultado mas ficar menos satisfeito ou ter um resultado aceitável e ficar satisfeito?

Por exemplo: você prefere passar alguns meses pensando e então decidir ficar com uma das vinte casas que representam o melhor investimento, mas ficar na dúvida até vender a casa cinco anos depois, ou ficar com uma casa que tem 80% do potencial de investimento (também gerando lucro na venda) mas não ter dúvida alguma?

Decisão difícil.

Schwartz também recomenda comprar coisas que não podem ser devolvidas. Eu decidi manter os desenhos. Por quê? Porque não se trata apenas de ficar satisfeito, mas de ser prático.

A renda é algo renovável, mas outros recursos – como a atenção – não são. Eu já falei da atenção como moeda e de como ela determina o valor do tempo.

Por exemplo: seu fim de semana será realmente livre se no sábado de manhã você descobrir um problema que só poderá resolver na segunda-feira?

Mesmo que você não gaste mais do que trinta segundos para dar uma checada na caixa de entrada de e-mails, a preocupação e as projeções que você ficará fazendo nas 48 horas seguintes conseguirão deletar essa experiência da sua vida. Você terá tido tempo, mas não a atenção de forma que o tempo não tem valor prático.

O estilo de vida com o mínimo de escolhas torna-se ainda mais atraente quando levamos em consideração duas verdades:

1. **Avaliar opções acarreta um custo de atenção que não poderá ser gasta em ações ou consciência do momento presente.**
2. **A atenção é necessária não apenas para a produtividade mas também para a fruição.**

Por isso:

Escolhas demais = produtividade de menos ou nenhuma produtividade
Escolhas demais = menos fruição ou nenhuma fruição
Escolhas demais = sensação de esgotamento

O que fazer? Existem seis regras básicas ou fórmulas que podem ser usadas:

1. Estabeleça regras para você mesmo de forma que possa automatizar o máximo de decisões possíveis. [veja as regras que uso para terceirizar meus e-mails para o Canadá, no fim desta seção, como exemplo disso.]

2. Não provoque a necessidade de deliberação antes de poder agir. Um exemplo simples: não verifique os e-mails na sexta-

-feira à noite ou durante o fim de semana se existe a possibilidade de encontrar problemas que não possa resolver até segunda.

3. Não adie as decisões apenas para evitar conversas incômodas. Se um conhecido perguntar se você quer ir jantar na casa dele na semana seguinte, e você sabe que a resposta é negativa, não diga: "Não sei. Falo com você durante a semana." Em vez disso, seja gentil mas convincente: "Semana que vem? Já tenho alguns compromissos marcados, mas obrigado pelo convite. Acho que é melhor não contar comigo, mas se houver alguma mudança nos planos entro em contato." Decisão tomada, siga em frente.

4. Aprenda a tomar decisões não fatais ou reversíveis o mais rapidamente possível. Estabeleça limites de tempo (não vou avaliar minhas opções por mais de vinte minutos); limite as opções (não vou avaliar mais do que três opções); ou estabeleça limites financeiros (por exemplo, se custar menos de 100 dólares [ou se o dano potencial for inferior a 100 dólares] deixarei que um assistente virtual tome a decisão.)

Escrevi boa parte deste post depois de desembarcar no monstruoso aeroporto de Atlanta. Eu poderia ter analisado meia dúzia de alternativas de transporte para sair dali em quinze minutos e ter economizado 30–40%, mas decidi pegar um táxi. Usando números para ilustrar a situação: eu não queria sacrificar dez unidades de atenção das restantes cinquenta do meu total de cem unidades potenciais, pois essas dez unidades não poderiam ser gastas com isso. Eu tinha cerca de oito horas até o horário de deitar – bastante tempo – devido ao fuso horário mas pouca atenção disponível após uma noite inteira de diversão e um voo longo para cruzar o país. **Decisões rápidas poupam a atenção que poderá ser usada para coisas realmente importantes.**

5. Não procure variar – e assim aumentar as opções a serem consideradas – quando não há necessidade. A rotina possibilita a inovação onde é mais valiosa. Ao trabalhar com atletas, por exemplo, fica evidente que mantém a menor porcentagem de gordura corporal comem sempre a mesma coisa, com pouquíssimas variações. Meu café da manhã e meu almoço com "carboidratos lentos" são os mesmos há quase dois anos,[3] e faço variações apenas nas refeições em que busco prazer: o jantar e em todas as refeições dos sábados. Essa mesma distinção entre rotina e variação pode ser aplicada às atividades de exercício x recreação. Para perder gordura e ganhar massa muscular (até mesmo 15 kg em quatro semanas) segui sempre a mesma quantidade de tempo, com um protocolo mínimo de exercícios e algumas variações ocasionais desde 1996. Mas quando se trata de recreação, em que o importante é a diversão e não a eficiência, procuro me dedicar a coisas novas a cada fim de semana, seja fazendo escalada na Mission Cliffs, em San Francisco, ou andando de bicicleta pelo Vale do Napa entre uma degustação e outra.

Não confunda o que visa resultados por meio da rotina (i.e. exercícios) com o que visa diversão por meio da variação (i.e. recreação).

6. Arrependimento é decisão tomada no passado. Pare de reclamar para minimizar o arrependimento. Fique atento aos sinais de descontentamento e faça uma experiência com um programa do tipo "21 dias sem reclamações", popularizado por Will Bowen, usando uma pulseira que você passa de um pulso para o outro todas as vezes que reclamar de alguma coisa. O objetivo é passar 21 dias sem reclamar e você volta à estaca zero sempre que reclamar de alguma coisa. Essa conscientização ajuda a evitar que decisões inúteis do passado e emoções negativas que não ajudam em nada comprometam sua atenção.

...

A questão é que não é preciso evitar tomar decisões – o problema não é esse. Se você prestar atenção a um CEO ou um alto executivo de uma empresa verá que eles precisam tomar muitas decisões.

É a deliberação – o tempo que gastamos para refletir sobre cada decisão – que consome nossa atenção. O total do tempo usado na

3. Para ter o mesmo café da manhã faça uma busca por "slow carb" em www.fourhourweek.com ou "slow carb" e "Ferriss" no Google

deliberação, e não o número de decisões, é que determina o equilíbrio (ou déficit) da sua conta de atenção.

Vamos supor que você gaste 10% da sua conta para seguir as regras acima mas corte em média 40% do tempo gasto no seu "ciclo de decisão" (passando de dez para seis minutos, por exemplo). Você não apenas terá muito mais tempo e atenção para atividades que gerem renda, como sentirá mais prazer com o que tem e com o que estiver fazendo. Considere os 10% como um investimento e como parte de uma "taxa para o estilo de vida ideal", mas não como perda.

Adote o estilo de vida com o mínimo de escolhas. É um instrumento filosófico sutil e subutilizado que gera um aumento fantástico tanto na produtividade quanto na satisfação, reduzindo a sensação de opressão.

Faça da determinação de testar estes princípios a primeira de muitas decisões rápidas e reversíveis.

– 6 de fevereiro de 2008

A lista do que não fazer: Nove hábitos que devem ser abandonados imediatamente

Listas do que "não fazer" geralmente são mais eficazes do que as listas do "que fazer" para melhorar o desempenho.

A razão é simples: o que você não faz determina o que você pode fazer.

Aqui estão nove hábitos comuns e estressantes que devem ser eliminados. As pauladas são acompanhadas de uma breve descrição. Concentre-se em um ou dois de cada vez, como se fosse uma lista de prioridades.

1. Não atenda chamadas de números de telefone que você não reconhece. Sinta-se à vontade para surpreender os outros, mas se deixe surpreender. Isso só acarretará interrupções indesejadas ou negociações ruins. Deixe cair na secretária eletrônica; considere a utilização de um serviço em que você possa ouvir as mensagens que caem na secretária eletrônica ou recebê-las como mensagem de texto, ou ainda como e-mails.

2. Não envie e-mails logo no início da manhã ou no final da noite. No primeiro caso irá comprometer seus planos e prioridades para o dia; no segundo caso, terá insônia. Os e-mails podem esperar até as dez horas da manhã, depois que você concluir pelo menos uma das suas prioridades do dia.

3. Não marque reuniões ou telefonemas sem uma agenda clara ou tempo definido. Se o resultado desejado for definido claramente, com um objetivo declarado e uma lista de tópicos/questões a serem tratadas, nenhuma reunião ou telefonema deveria durar mais do que trinta minutos. Peça que isso lhe seja enviado antecipadamente para que você possa "se preparar e não desperdiçar o tempo de ninguém".

4. Não permita que as pessoas fiquem divagando. Esqueça o "Como vai?" quando alguém telefonar. Seja direto: "E aí?". Ou: "Estou meio ocupado, mas o que houve?". Para fazer as coisas acontecerem é preciso ir direto ao ponto.

5. Não fique checando os e-mails constantemente – programe-se, e verifique a caixa de entrada em determinados horários. Não me canso de criticar esse hábito. É uma espécie de vício. Concentre-se nas suas prioridades em vez de responder a emergências fabricadas. Crie uma resposta automática e confira a caixa de entrada duas ou três vezes por dia.

6. Não exagere na comunicação com clientes de baixa rentabilidade e alta manutenção. Não existe um caminho garantido para o sucesso, mas o caminho mais certo para o fracasso é tentar agradar todo mundo. Faça uma análise da sua base de clientes levando em consideração dois aspectos: quais são os 20% que estão produzindo 80% ou mais do meu lucro e quais são os 20% que estão consumindo 80% ou mais do meu tempo. Então coloque o mais barulhento e menos produtivo no piloto automático citando uma mudança nas políticas da empresa. Envie um e-mail com as novas regras: número de telefonemas permitidos, tempo para resposta dos e-mails, pedidos mínimos etc. Ofereça-se para indicá-lo a outro fornecedor caso não possa se adequar às novas políticas.

7. Não trabalhe mais para resolver o problema de sobrecarga – priorize. Se você não priorizar, tudo parecerá urgente e importante. Se você definir qual é a tarefa mais importante a cada dia, pouquíssimas coisas parecerão urgentes ou importantes. Frequentemente, é só uma questão de deixar que as pequenas coisas ruins aconteçam (retornar o telefonema tarde e pedir desculpas, pagar uma pequena taxa de atraso, perder um cliente pouco razoável etc.) para fazer as coisas grandes e realmente importantes. A resposta para a sobrecarga não é fazer girar mais pratos – ou trabalhar mais – e sim definir as poucas coisas que podem realmente transformar sua vida pessoal e profissional.

8. Não ande com o celular 24 horas por dia, sete dias por semana. Livre-se das correias digitais pelo menos uma vez por semana. Desligue, ou melhor, deixe na garagem ou no carro. Faço isso pelo menos aos sábados e recomendo que você deixe o celular em casa se sair para jantar. O que é que pode acontecer se você retornar o telefonema uma hora depois ou na manhã seguinte? Como disse um leitor para um colega que trabalhava 24/7 e esperava que os outros fizessem o mesmo: "Não sou o presidente dos Estados Unidos. Ninguém deveria precisar de mim às oito horas da noite. OK, você não conseguiu entrar em contato comigo. Mas o que é que aconteceu de ruim?". A resposta? Nada.

9. Não espere que o trabalho preencha um vazio que deveria ser preenchido por relacionamentos e atividades não relacionadas ao trabalho. A vida não é só trabalho. Seus colegas de trabalho não deveriam ser seus únicos amigos. Programe sua vida e defenda-a da mesma maneira que agiria em relação a uma importante reunião de negócios. Nunca diga a si mesmo "Vou terminar no fim de semana". Reveja as Leis de Parkinson (pp. 90-93). Obrigue-se a rachar de trabalhar obedecendo a um cronograma apertado para que sua produtividade horária não escorra pelo ralo. Concentre-se, faça aquelas poucas coisas que são fundamentais e saia. Ficar enviando e-mails durante o fim de semana não é a melhor forma de passar o pouco tempo que você tem neste planeta.

Focar na conclusão das coisas é uma atitude moderna, mas isso só é possível se removermos a estática e as distrações constantes. Se tiver dificuldades para decidir o que fazer, concentre-se em não fazer. Meios diferentes, fins idênticos.

– 16 de agosto de 2007

Manifesto da Margem: Onze Princípios para alcançar (ou dobrar) a lucratividade em três meses

A lucratividade geralmente requer mais velocidade e regras melhores, e não mais tempo.

O objetivo financeiro de uma startup deve ser simples: lucro no prazo mais curto possível com o mínimo de esforço. Não mais clientes, não mais receita, não mais escritórios ou mais funcionários. Mais lucro.

Com base nas entrevistas que realizei com CEOs de alta performance (usando como medida o lucro por empregado) em mais de uma dúzia de países, aqui estão onze Princípios básicos para o Manifesto da Margem... um chamado para a volta ao básico que dá permissão para fazer o incomum a fim de obter o incomum: lucratividade consistente, ou dobrada, em três meses ou menos.

Revejo esses princípios sempre que enfrento uma sobrecarga operacional ou queda/estagnação dos lucros. Espero que sejam úteis pra você.

1. O nicho é o novo grande – regra da diversão suntuosa nanica

Alguns anos atrás, um banqueiro de investimentos foi preso por violações comerciais. Ele foi pego em parte devido às festas suntuosas em iates, geralmente com anões contratados. O dono da empresa de aluguel de anões, Danny Black, teria dito ao *Wall Street Journal*: "Algumas pessoas simplesmente gostam de diversão suntuosa nanica". O nicho é o novo grande. Mas eis o segredo: é possível atuar em um nicho do mercado e vender em massa. Os comerciais do iPod não mostram pessoas na casa dos 50 anos, mas homens e mulheres modernos e saudáveis na faixa dos 20–30 anos; acontece que todo mundo quer se sentir jovem e moderno, por isso eles colocam o rótulo de Nano e passam a se chamar de convertidos à Apple. Quem você mostra na sua campanha de marketing não é necessariamente o único público interessado no seu produto – geralmente á a faixa demográfica à qual as pessoas pertencem ou com a qual se identificam. O alvo não é o mercado. Ninguém quer ser rotulado de mediano, por isso não adianta querer atrair todo mundo – fazendo isso você não vai conseguir atrair ninguém.

2. **Revisite Drucker – o que é medido pode ser administrado**
   Meça compulsivamente pois, como disse Peter Drucker, "O que é medido pode ser administrado". Entre as medidas que devem ser realizadas, além das estatísticas operacionais, estão o CPP (Custo-por-Pedido, que inclui publicidade, satisfação e retorno esperado, estornos e cobranças duvidosas), anúncio admissível (o máximo que você pode gastar com publicidade e atingir um nível de equilíbrio), IEM (índice de eficiência da mídia), valor de vida projetado (VV) dadas as taxas de retorno e porcentagem de novos pedidos. Considere a aplicação de medidas de resposta imediata ao seu negócio.

3. **Preço antes do produto – plano de distribuição primeiro**
   Seu preço é escalonável? Muitas empresas realizam vendas diretas ao consumidor nos estágios iniciais por necessidade, e então percebem que suas margens não podem acomodar revendedores e distribuidores quando eles vêm bater na porta. Se você tiver uma margem de lucro de 40% e o distribuidor precisar de um

desconto de 70% para vender a clientes no atacado, você ficará eternamente limitado à venda direta ao consumidor... a menos que aumente seus preços e suas margens. É melhor fazer isso de antemão, se possível – caso contrário você terá que lançar produtos novos ou "premium"; por isso é melhor planejar a distribuição antes de fixar os preços. Teste premissas e descubra custos ocultos: você terá despesas com publicidade cooperativa? Terá que oferecer descontos para compras em grandes quantidades? Pagar pelo espaço na gôndola ou por um lugar de destaque? Conheço o ex-CEO de uma marca nacional que teve de vender a empresa para um dos maiores fabricantes de refrigerantes do mundo antes mesmo de conseguir chegar às prateleiras da frente da loja dos maiores varejistas. Teste suas premissas e faça a lição de casa antes de fixar o preço.

4. **Menos é mais – limitando a distribuição para aumentar o lucro**
O aumento na distribuição é automaticamente melhor? Não. A distribuição sem controle pode levar a todos os tipos de dor de cabeça e sangria no lucro, em geral devido à desonestidade de lojas de descontos. O revendedor A reduz os preços para competir com uma loja de descontos da internet e a redução de preços continua até que nenhum dos dois tenha lucro suficiente com o produto, o que faz com que deixem de fazer novos pedidos. Com isso, você é obrigado a lançar um novo produto pois a erosão do preço é quase sempre irreversível. Evite esse cenário e considere a pareceria com um ou dois distribuidores importantes e use essa exclusividade para negociar melhores condições de negócio: menos descontos, pagamento antecipado, destaque na exposição do produto e parcerias de marketing etc. Qualquer que seja a marca – do Rolex ao iPod a Estée Lauder – para manter a lucratividade elevada as famosas geralmente começam pela distribuição controlada. Lembre-se de que o objetivo não é ter mais clientes e sim mais lucro.

5. **Líquido-zero: criação de demanda x condições de entrega**
Concentre-se na criação da demanda do usuário final para ditar

as condições. Geralmente, um anúncio em uma publicação do ramo, comprado com desconto, será suficiente para conseguir essa alavancagem. Excetuando a ciência e a lei, a maioria das "regras" é apenas prática comum. Só porque todo mundo na sua indústria oferece determinadas condições, isso não significa que você é obrigado a fazer o mesmo, e as condições de entrega representam o ingrediente mais frequente no fracasso de uma startup. Cite as condições financeiras de uma startup e a sempre útil "política da empresa" como razões para o pagamento antecipado e desculpe-se, mas não faça exceções. O Líquido-30 se transforma em Líquido-60, que se transforma em Líquido-120. Tempo é o ativo mais caro de uma startup e se você tiver que andar atrás dos inadimplentes não poderá gerar mais vendas. Se os clientes estiverem procurando seu produto, os revendedores e distribuidores terão que comprá-lo. Simples assim. Coloque seus recursos e seu tempo em campanhas de marketing estratégico e RP para fazer a balança pender a seu favor.

6. **A repetição geralmente é redundante – a boa publicidade funciona logo na primeira vez.**
Use ferramentas de marketing direto (contato com um número de telefone ou website) rastreáveis – publicidade totalmente contabilizável – em vez de publicidade visual, a não ser que exista uma compra antecipada para compensar os custos (i.e. "Se comprar 288 unidades antecipadamente nós colocaremos sua loja/URL/telefone em um anúncio de página inteira no..."). Não ouça o pessoal de venda de espaço publicitário que vai tentar convencê-lo de que são necessárias 3, 7 ou 27 exposições para que alguém comece a responder ao anúncio. A publicidade bem planejada e bem definida funciona logo na primeira vez. Se alguma coisa funciona parcialmente (i.e. alto índice de respostas com baixa conversão em vendas, baixo índice de respostas com alta conversão etc.), indicando que é possível ter um bom retorno financeiro com pequenas mudanças, ajuste uma das variáveis controladas e faça um pequeno teste. Cancele tudo que não possa ser justificado com um retorno financeiro rastreável.

7. **Limite os aspectos negativos para garantir os aspectos positivos – sacrifique a margem em nome da segurança**
Não produza em grandes quantidades para aumentar a margem a menos que seu produto e o marketing tenham sido testados e possam ser lançados sem alterações. Se um número limitado de protótipos for produzido por um custo de 10 dólares a unidade, para ser vendida por 11 dólares, tudo bem no período inicial de testes, e essencial para limitar os aspectos negativos. Sacrifique a margem temporariamente no período de testes, se necessário, e evite excesso de compromissos iniciais potencialmente fatais.

8. **Negocie tarde – deixe os outros brigarem entre si**
Nunca faça a primeira oferta quando estiver comprando. Recue após a primeira oferta. ("3000!", seguido por um silêncio profundo, que o pessoal de vendas preencherá abaixando o preço), deixe as pessoas discutirem ("Essa é mesmo sua melhor oferta?" provoca pelo menos outra queda no preço), então "reunir". Se acabarem em 2000 dólares e você quiser dar 1500 dólares, ofereça 1250 dólares. Eles podem fazer uma contraproposta de 1750 dólares e então você responde: "Vamos fazer o seguinte – dividir a diferença. Vou mandar um cheque por FedEx e estamos resolvidos". Final da história? Exatamente o que você queria: 1500 dólares.

9. **Hiperatividade *x* produtividade – Lei de Pareto e 80/20**
Estar ocupado não é o mesmo que ser produtivo. Esqueça a ética do excesso de trabalho das startups que as pessoas alardeiam como uma medalha de honra – seja crítico. O princípio 80/20, também conhecido como Lei de Pareto, dita que 80% dos resultados desejados são gerados por 20% das suas atividades ou do seu trabalho. Pare de apagar incêndios pelo menos uma vez por semana e dedique uma tarde para analisar os números e ter certeza de que está colocando seu esforço em áreas de alto rendimento: quais são os 20% de clientes/produtos/áreas que respondem por 80% do seu lucro? Quais são os fatores que podem ser

considerados responsáveis por isso? Procure duplicar as poucas áreas fortes em vez de tentar consertar todos os pontos fracos.

10. O cliente nem sempre está certo – "demita" os clientes que requerem muita manutenção

Nem todos os clientes são iguais. Aplique o princípio 80/20 ao consumo de tempo: quais são os 20% de pessoas que estão consumindo 80% do seu tempo? Coloque os clientes que exigem alta manutenção e rendem pouco lucro no piloto automático – processe os pedidos mas não ande atrás deles – e "demita" os clientes que requerem alta manutenção e dão lucros altos enviando a eles um memorando para mostrar que uma mudança no modelo de negócios exige novas políticas: como e quando se comunicar, padronização de preços e processamento de pedidos etc. Mostre que, aqueles clientes cujas necessidades são incompatíveis com essas novas políticas você terá o maior prazer em apresenta-los a outros fornecedores. "Mas e se meu maior cliente consumir todo o meu tempo?" Admita que (1) sem tempo você não conseguirá dimensionar sua empresa (e, muitas vezes, sua vida) além desse cliente, e (2) as pessoas, até mesmo as boas pessoas, podem sem querer abusar do seu tempo se você permitir que façam isso. Estabeleça regras para todos os envolvidos a fim de minimizar o leva e traz e a comunicação sem sentido.

11. Priorize prazos em vez de detalhes – teste a confiabilidade antes da capacidade

As habilidades são superestimadas. Produtos perfeitos entregues após o prazo matam a empresa mais rápido do que produtos decentes entregues no tempo. Teste a capacidade de entrega em um prazo específico e apertado antes de assinar um contrato com base em um portfólio fantástico. Os produtos podem ser melhorados desde que você tenha fluxo de caixa; os erros podem ser perdoados, mas o não cumprimento dos prazos costuma ser fatal. Calvin Coolidge uma vez declarou que não há nada mais comum do que homens talentosos mal sucedidos; eu acrescentaria que uma das coisas mais comuns que existem são pessoas espertas que acham que seu QI ou seu CV justificam os atrasos.

– 24 de junho de 2008

O Santo Graal: como terceirizar a caixa de entrada e nunca mais checar e-mails

E se você nunca mais tivesse de checar seus e-mails de novo? Se você pudesse contratar alguém para passar horas verificando a caixa de entrada no seu lugar?

Isso não é mera fantasia. Nos últimos doze meses fiz uma experiência e me afastei completamente da caixa de entrada de e-mails e treinei outra pessoa para agir como eu. Não para me imitar, mas para pensar como eu.

Eis o resultado: recebo mais de mil e-mails por dia de inúmeras contas.[4] Em vez de passar 6–8 horas por dia checando e-mails – algo que eu costumava fazer – posso ficar sem ler e-mails por vários dias e até semanas... e gastar 4–10 minutos por noite.

Vou explicar o básico, seguido de dicas e modelos para você terceirizar sua caixa de entrada.

1. Crie vários endereços de e-mails para assuntos específicos (leitores do blog, mídia, amigos/família etc.) tim@... é o padrão que uso com os novos conhecidos, que vão para meu assistente.
2. Noventa e nove por cento dos e-mails caem em categorias pré-determinadas de averiguação com perguntas ou respostas (as "minhas" regras estão no final deste post – fique à vontade para copiar, adaptar e usar). Meu assistente checa e limpa a caixa de entrada às onze horas da manhã e às três horas da tarde.
3. Em relação ao restante dos e-mails que podem exigir uma atitude da minha parte, reservo um telefonema diário de 4–10 minutos às quatro horas da tarde para meu assistente.

4. Felizmente esse número caiu para dois–três mil por semana.

4. Se estiver ocupado ou em viagem ao exterior, meu assistente envia uma mensagem de voz com as questões que exigem resposta em ordem numérica de forma que eu possa responder com uma lista de tarefas por e-mail. Eu realmente prefiro a mensagem de voz pois isso obriga meu assistente a se preparar melhor e ser mais conciso.

Todas as noites (ou na manhã seguinte) ouço a mensagem do meu assistente e vou dizendo o que deve ser feito (1. Bob: diga a ele que... 2. Jose, no Peru: Peça a ele que... 3. Palestra em NC: Confirme... etc.) por e-mail ou em uma conversa rápida pelo Skype. Quanto tempo esse esquema me toma? De quatro a dez minutos, em vez de 6–8 horas filtrando e enviando respostas repetitivas.

Se você tiver apenas uma conta de e-mail, recomendo que use um programa de computador como o Outlook ou Mail em vez de um programa da internet como o Gmail por uma razão muito simples: enquanto estiver vendo que novas mensagens estão entrando você vai dar uma espiada. Como dizem no AA: "Se não quiser escorregar, não vá a um lugar escorregadio". É por isso que tenho uma conta pessoal que uso apenas para me comunicar com meu assistente e com meus amigos. Está quase sempre vazia.

O e-mail é a última coisa da qual as pessoas se desapegam. CEOs da *Fortune 500*, autores famosos, celebridades – conheço dezenas de artistas importantes que delegam tudo menos o e-mail, ao qual se agarram como se fossem os únicos em condições de escrever. "Ninguém pode checar meus e-mails por mim" é a premissa inquestionável; "Respondo todos os e-mails que recebo" é o inquestionável direito de se gabar que os mantém por 8–12 horas diante do computador. Não é algo divertido e impede que se dediquem a atividades mais gratificantes e de maior impacto.

Supere a si mesmo. Eu tive que fazer isso. Checar e-mails não é uma habilidade incrível que só você domina.

Na verdade, a checagem dos e-mails é como tudo mais: um processo. A maneira como você avalia e administra (deletar x arquivar x encaminhar x responder) seus e-mails obedece a uma série de perguntas que você faz a si mesmo, consciente ou inconscientemente. Criei um documento chamado "Regras de Processamento de Tim Ferris", ao qual meus assistentes acrescentam novas regras quando envio um e-mail com ACRESCENTAR ÀS REGRAS no campo "assunto". Depois de uma ou duas semanas com um assistente virtual (AV), você acabará criando uma série de regras que refletem o modo como seu cérebro processa os e-mails. E geralmente mostra como esse processamento é caótico. Incluí aqui minhas "regras" para lhe poupar algum tempo.

Algumas dicas:

1. Marcar compromissos e reuniões requer tempo. Deixe que seu assistente defina as coisas para você no Google Calendar. Eu acrescento minhas coisas através do meu Palm Z22 ou iCal e depois uso o Spanning Sync e o Missing Sync para Palm OS para sincronizar tudo. No meu ultraleve Sony VAIO, que ainda uso nas viagens, uso o CompanionLink para o Google Calendar. Sugiro juntar as reuniões e telefonemas em um ou dois dias, com quinze minutos de intervalo entre os compromissos. Se espalhar seus compromissos aleatoriamente durante a semana, terá de interromper todo o restante. (Atualização 2009: O Palm Z22 foi descartado e agora uso um MacBook de 13 polegadas e BusySync para sincronizar o iCal com o Google Calendar).
2. Se entrar na caixa de entrada do seu assistente e responder alguma coisa envie uma Cco para que ele fique a par.
3. Conte com pequenos problemas. A vida nos obriga a transigir, e é preciso deixar que pequenas coisas ruins aconteçam se quisermos fazer coisas grandes. Não há escapatória. Evite todos os problemas e não faça nada ou aceite um nível admissível de pequenos problemas e concentre-se nas coisas grandes.

Pronto para testar o Santo Graal? Aqui estão os passos:

1. Determine exatamente que contas irá usar e como quer que elas respondam (ou classifiquem ou eliminem) os e-mails para você.

2. Encontre um assistente virtual.
3. Priorize a confiabilidade ao conjunto de habilidades. Submeta os três principais candidatos a um teste com prazo apertado (24 horas) antes de contratá-los e permitir o acesso aos seus e-mails.
4. Submeta-os a um período de experiência de 2–4 semanas para testá-los e resolver os problemas. Repito: haverá problemas. São necessárias 3–8 semanas para navegar em águas tranquilas.
5. Planeje seu estilo de vida ideal e encontre outras coisas para fazer em vez de deixar que seu cérebro apodreça na caixa de entrada. Preencha o vazio.

...

Regras de processamento de Tim Ferris[5]

[Repare no formato perguntas & respostas – algumas das perguntas são meus elementos-padrão para várias respostas, outras foram acrescentadas por minha assistente, que elaborou este documento.]

Senhas

Agenda http://calendar.google.com Usuário: XXXX Senha: XXXX	www.SpamArrest.com Usuário: XXXX Senha: XXXX

5. Este post está disponível no blog para aqueles que queiram copiar e colar as regras.

Conta no gmail do Google http://mail.google.com Usuário: XXXX Senha: XXXX	**www.Amazon.com** Usuário: XXXX Senha: XXXX
www.NoCostConference.com Usuário: XXXX Senha: XXXX	**www.PayPal.com** Usuário: XXXX Senha: XXXX
Recursos do Reader-Only http://fourhourweek.com/wins/membes/members.php>> Senha do Readers Only: XXXX	

Requisitos da Equipe

[Os assistentes de nível executivo geralmente gerenciam outros 4–5 "sub-AV", que cuidam de algumas tarefas repetitivas, geralmente recebendo metade do valor pago aos AV por hora de trabalho. O AV executivo assume a função de gerente ou, em alguns casos, tarefas do nível de um COO.]

- Download: www.alexa.com – Barra de Ferramentas.
- Conhecimentos de Estatística, Classificar perspectivas comerciais e oportunidades para Joint-/Ventures.
- Os prazos são extremamente importantes. Fique atento a eles e Seja Pontual!
- Se Tim disser "Ligue pra mim", LIGUE PARA ELE, não mande e-mail. Este é um ponto muito importante, pois Tim nem sempre tem acesso aos e-mails porque viaja muito.
- Ele fica acordado até tarde, mas se for tarde e ele não quiser atender o telefone, não atenderá. Mas POR FAVOR ligue de volta quando ele pedir. Ele prefere telefonemas a e-mails.
- Compre e leia *The Elements of Style* para checar questões de gramática e pontuação. Estamos lidando com clientes em posições de relevo em nome de Tim e a correção do texto diz muito a respeito de sua equipe.

► Familiarize-se o máximo que puder com seu livro e seu site para responder as perguntas apropriadamente.

Informações para contato

Tim Ferriss
[endereço]

Celular de Tim (para seu uso exclusivo): [celular privado]
Número para dar a outras pessoas: [número GrandCentral]
Skype: XXXX
Endereço para cobrança (privado):
[endereço para cobrança]

Compras

Peça a [AV Chefe] o número do AMEX dele. Ela dirá se as compras podem ser aprovadas.

Pergunta e Resposta (Preferências)

1. O que você acha das *joint ventures*?
Estou aberto a elas, mas minha marca e respeitabilidade vêm em primeiro lugar. Não farei nada com ninguém que pareça amador ou enganoso. "Ganhe milhões enquanto dorme no nosso superinsano programa de encerramento!" no site desqualifica qualquer um. Não posso estar associado a alguém que seja visto como mentiroso ou charlatão. Pergunte a si mesmo: se o CEO de uma grande empresa visse isso, perderia o interesse em falar comigo? Se sim, não vai dar certo.
Aqueles que atendem os critérios, o que já fizeram? Não estou atrás de iniciantes, de modo geral, a não ser que tenham boa reputação e um histórico excelente.

2. Você foca apenas nas atividades que geram lucro?
Não. Também busco prestígio (Harvard, o governo etc.), exposição ampla, além da construção de uma rede de contatos com pessoas que tenham habilidades de primeira linha em alguma área.

3. Como você administra os spams?
SpamArrest e Gmail. Não tenho problemas com spams atualmente.

4. Qual é seu melhor tempo de resposta (i.e. resposta a todos os e-mails até 48–72 horas após o recebimento?)
No mesmo dia. Estou te chamando para responder rapidamente.

5. Você responde seus e-mails?
Sim, mas quero que você os filtre primeiro, responda todos os que puder, e marque aqueles que devo ver com um TIM no Gmail. [Observe o que eu disse no início deste artigo, e como agora estou pedindo aos AV, para deixar o que fazer por mensagem de voz.]

6. Você coloca todos os eventos na sua agenda?
Sim, mas espero que você passe a fazer isso cada vez mais.

7. Como administramos seus itens ou você delega? Não nos importamos em fazer as duas coisas, mas prefiro administrar.
Tentarei lhe dar a lista para que você cuide do assunto. PRECISO das confirmações de que você recebeu a tarefa ("ciente – será concluída até as XX horas da tarde" é suficiente) e gosto de atualizações sobre o status de projetos maiores.:-)

8. Quem faz parte da sua equipe?
Eu, a equipe editorial, e o pessoal de RP. Talvez precise que você se envolva com meus outros negócios depois, mas por enquanto é isso.

9. Com quem teremos que colaborar regularmente?
Veja acima. 99% comigo, depois talvez meu(s) assessor(es) de imprensa, suporte técnico e equipe de internet, e agente. Outras coisas virão, tenho certeza, mas por enquanto é isso.

10. Quem toma as decisões?
Você pode decidir qualquer coisa abaixo de 100 dólares. Avalie e comunique o que decidiu.

11. Você tem "dias livres" (sem compromissos de trabalho)?
Não vamos marcar nada às sextas, mas vamos nos falando. [Atualização: agora só marco compromissos às segundas e sextas.]

12. Quem cuidou dos seus compromissos até agora?
Eu. Não tive nenhuma reunião presencial por quase quatro anos. As coisas mudaram com o livro.

13. Explique para nós como é sua semana de trabalho "ideal" (i.e. qual o intervalo entre os telefonemas, quantas reuniões por semana, preferências de viagem etc.)

- Vou para a cama tarde, por isso procure evitar telefonemas antes das dez da manhã sempre que for possível.
- Tente "agrupar" telefonemas e reuniões para que eu possa resolver tudo de uma vez só em vez de ter que cuidar de uma coisa às dez da manhã, outra à 13h30 e outra às quatro da tarde. Programe tudo em sequência com intervalos de 15–20 minutos sempre que possível. Gostaria de fazer os telefonemas antes da uma da tarde sempre que possível (ou seja entre dez da manhã e uma da tarde). Os telefonemas devem se limitar a 15–30 minutos, sempre com tempo definido para acabar. Se alguém pedir para falar comigo pelo telefone, diga algo do tipo: "Para fazer o melhor uso do tempo de todos, Tim gosta de ter uma agenda bem definida com objetivos para um telefonema antes de falar. Você poderia enviar uma lista com os pontos que deseja tratar no telefonema?" Alguma coisa assim.

14. Você quer que agendemos assuntos pessoais em sua agenda profissional? (i.e., enviar flores para sua mãe no Dia das Mães?)
Com certeza.

15. Quais são "todos" os endereções de e-mails que respondemos por você?
Veja o texto anterior.

16. Você quer que respondamos como "você" ou como "suporte ao cliente de Timothy Ferriss"?
O último, provavelmente como "Assistente Executivo de Tim Ferriss" sob seu nome – estou aberto a sugestões.

17. Quantas vezes por dia você quer que os e-mails sejam checados?
Para começar, acho que duas vezes está bom. Às onze da manhã e às três da tarde no seu horário local.

18. Qual é seu horário de trabalho?
Das dez da manhã às seis da tarde; muitas vezes das onze da noite às duas da manhã. [Antes que você grite "O que aconteceu com a semana de trabalho de 4 horas?" perceba que "horas de trabalho" podem ser substituídas por "horas ativas e disponíveis por telefone". Tenho muito projetos e não prego a indolência. Sou MUITO ativo. Veja o sexto comentário deste post em www.fourhourblog.com para aprofundar a questão ou releia o capítulo "Preenchendo o vazio" deste livro.]

19. Você gosta de usar MI?
Não muito, a menos que seja uma conversa programada. Fique sempre on-line e eu farei contato se precisar de alguma coisa. [Costumo falar pelo Skype, pois é encriptado e posso evitar um programa de MI à parte.]

20. Você prefere um e-mail ou telefonema para responder uma pergunta rápida?
TELEFONEMA, sempre. NÃO me envie e-mails sobre o que for urgente. Sigo meus próprios conselhos e não checo e-mails constantemente.

21. Qual é sua cor favorita?
Verde como o das folhas de cedro em julho.

22. Telefone no final de cada dia (se) houver alguma coisa que Tim precise responder por e-mail.

23. E-books: diga que podem fazer o download do e-book no site www.powells.com.

24. Marque todos os e-mails do "Expert Click" para Tim. Não precisa responder ou encaminhar.

25. Todos os e-mails do *LinkedIn* podem ser arquivados ou deletados pois Tim recebe as notificações dos convites assim que entra na sua conta do *LinkedIn*.

26. Para consultas sobre startups na área de saúde e bem-estar (ou perguntas a respeito da BrainQUICKEN) por favor dê uma olhada nos modelos do gmail intitulados: Parabéns e Perguntas Gerais – Modelos BrainQUICKEN.

27. Para consultas sobre o idioma, favor ver os modelos no Gmail intitulados: Questões do Leitor sobre Recursos do Idioma – Modelos do Idioma.

28. Quando Tim escreve "ditar" na resposta por e-mail, significa que podemos dizer ao destinatário: como Tim está viajando no momento e não tem condições de responder pessoalmente ao seu e-mail, falei da sua mensagem rapidamente pelo telefone e

ele achou melhor ditar. Isso facilita o processo pois não precisamos mudar o contexto da pessoa que está respondendo. [Isto é para evitar que meu assistente tenha que mudar da primeira pessoa "Por favor, diga a ele que...." para a terceira pessoa "Tim disse que..." – fazendo um resumo para "copiar/colar" você economiza horas de trabalho do assistente.]

29. Se alguém dispara e-mails para uma porção de pessoas e sou uma delas, geralmente é seguro ignorar ou deletar. Leia atentamente, é claro, mas se disser coisas do tipo "algumas pessoas influentes que conheço", se a pessoa não teve tempo de personalizar a mensagem para mim, esqueça. Se Tim for copiado, é claro que é outra história.

30. O endereço de Tim é: XXXX. Este e-mail não deve ser distribuído nem enviado a quem quer que seja. Se quiser copiar Tim em um e-mail, por favor use o campo CCo para que permaneça privado.

31. Marque qualquer pessoa de Princeton para que eu dê uma olhada. (TIM) [Nota: tive que modificar este item devido ao volume.]

32. Se eu recusar alguém e essa pessoa insistir, envie mais uma resposta – "Tim aprecia a persistência mas ele realmente não..." etc. – e depois arquive as solicitações posteriores. Use seu bom senso, é claro, mas essa é a regra geral. As pessoas não notam quando a insistência se torna simplesmente irritante.

33. Por favor, crie também uma regra para responder com "programado" a todos os itens que envio para serem inseridos na agenda (quando forem inseridos na agenda). O esquecimento desse agendamento pode causar grandes problemas, por isso esse é um controle de checagem e segurança.

34. Não é preciso continuar acompanhando o caso depois que é feito um telefonema a menos que Tim dê instruções no sentido contrário, ou se a pessoa solicitar alguma coisa.

35. Envie todas as solicitações de palestras para XXXX e certifique-se de que ele confirmou o recebimento. (Entretanto, veja também os itens 38 e 39).
36. Solicitações em outra língua (i.e. compra de direitos, se o livro está disponível em outra língua etc.) devem ser enviadas a [pessoa apropriada na minha editora].

37. A pessoa que substituiu XXXX na Random House é XXXX.

38. Consultar Tim antes de marcar qualquer palestra em uma determinada data pois ele pode estar viajando.

39. Ao inserir compromissos na agenda, não se esqueça de perguntar que tópicos as pessoas gostariam de discutir e inserir na agenda para que Tim possa se preparar. Peça também um outro número de telefone para o caso de não conseguirem falar com Tim. [Quase sempre peço que as pessoas me telefonem a menos que esteja no exterior pois essa é outra salvaguarda contra o não comparecimento aos compromissos.]

40. Coloque suas iniciais com o evento marcado na agenda para sabermos quem (qual assistente virtual) fez o agendamento.

41. Prepare consultas para Tim antes de enviar a ele para que faça um exame, i.e. o ranking no Alexa, possíveis datas do evento, um link para eventos passados organizados por eles, seu orçamento, outros oradores confirmados etc. Depois envie essas informações a Tim para que ele examine.

42. Responda as consultas sobre o Método PX com a seguinte resposta:

Olá [nome].

Agradecemos sua consulta a respeito do Método PX, mas a página do Método PX foi concebida como um modelo que os outros podem usar como referência para testar suas próprias ideias de produtos.

Não sabemos se ou quando Tim colocará o Método PX à venda, mas por enquanto não existem planos nesse sentido. De qualquer forma, agradecemos seu interesse. Obrigado!

[Recebo alguns e-mails de leitores que não vêm o aviso legal na página de simulação do Método PX e tentam comprar um produto que não pode ser enviado.]

43. Faça o download do eFAX viewer para ver os fax de Tim. O número do fax dele é: XXXX.

44. Consultas para palestras e eventos podem ser respondidas assim:

Agradecemos seu e-mail e o convite feito ao Tim. Pelo que vimos na internet, o evento está marcado para X e X de abril, 20XX em Portland, Oregon [por exemplo]. Antes de falar com Tim, gostaria de fazer algumas perguntas para podermos tomar uma decisão.

- Vocês querem que Tim participe de todo o evento?
- Quanto tempo deverá durar a palestra principal? Ou será um painel com perguntas e respostas?
- Vocês cobrem as despesas de viagem e acomodação além do pagamento pela palestra?
- Qual é o orçamento para as palestras principais?
- Algum outro palestrante confirmou presença?

Assim que tiver as respostas poderei conversar com Tim sobre as possibilidades de isso acontecer. Mais uma vez, obrigado.

Sinceramente,

[nome]

Este e-mail:

[ ] pode ser colocado no blog [X] pergunte primeiro [ ] é privado

[nome]
Assistente executivo de Timothy Ferriss
Autor de *Trabalhe 4 horas por semana*
(http://www.fouhourworkweek.com)

(Random House/Crown Publishing)
Bio e diversão: http://www.fourhourworkweek.com/blog

– 21 de janeiro de 2008

Proposta de trabalho remoto com base em um contrato

Esta é a proposta de trabalho remoto que a leitora Autumn Brookmire usou para conseguir se mudar para a Argentina mantendo seu emprego e reduzindo seu tempo de trabalho para 5–10 horas semanais.

AUTUMN BROOKMIRE, JULHO 2008

Contexto

Depois de trabalhar para [nome da empresa] por mais de dois anos, desenvolvi grande lealdade pelas pessoas e pela missão dessa organização. Acredito ter agregado muito valor à organização com meu cargo de coordenadora de marketing. Com minhas resoluções criativas de problemas e soluções de baixo custo mudei a forma como produzimos e distribuímos nossos cartões de Boas Festas e desenvolvi um concurso para atrair mais fotos utilizáveis em nosso marketing e em nossas publicações. Gostaria de propor a continuidade do desempenho dessas funções para [nome da empresa], de forma remota, mas com base em um contrato. Pretendo viver na Argentina por 6–12 meses a partir de setembro de 2008. Meus objetivos são desenvolver minha fluência em espanhol e mergulhar em outra cultura, em um ambiente no exterior, para poder desenvolver habilidades na adaptação a novas formas de pensar.

Ficarei muito feliz em poder discutir todas as formas de poder fazer com que isso aconteça e tenho algumas sugestões se [nome da empresa] estiver disposta a considerá-las. Podemos testar esse arranjo por alguns meses para ver se funciona para ambos os lados, o que seria o mais sensato.

Função nº 1: Coordenadora de design gráfico e publicidade impressa

Responsabilidade:

Criação de prazos para os materiais impressos e coordenação com as respectivas equipes.

Expectativas:

- Materiais impressos serão executados no prazo.

Responsabilidade:

Coordenar projetos de design com diretores de programas e designers/artistas externos.

Expectativas:

- Design dos materiais impressos adequado ao público, exato e atraente.
- Materiais impressos de qualidade e produzidos nos prazos estabelecidos.

Responsabilidade:
Manter contato com fornecedores de material de impressão para minimizar os custos com tempo e qualidade na produção dos materiais.
Expectativas:

- Materiais impressos dentro do orçamento estabelecido, a menos que excedentes orçamentários sejam especificamente aprovados pelo Diretor de marketing.

Solução contratual:
Usando e-mail e programas da internet como o *ConceptShare, posso continuar a coordenar esses projetos de design a distância. Mantenho boas relações com fornecedores de material de impressão e designers à distância de forma que a presença física não é necessária para que isso continue. Para reuniões com diretores de programas e equipe de marketing, usaria serviços gratuitos de telefone e videoconferência como o *Skype. Geralmente nos reunimos uma ou duas vezes para discutir mudanças no material de marketing e o resto do processo continua por e-mail e ConceptShare.

Função n° 2: Gerente de Projetos de Marketing Especiais
Responsabilidade:
Manter um conjunto de imagens de marketing apropriadas e atualizadas.
Expectativas:

- As imagens necessárias para material de marketing e sites são previstas e adquiridas.

Solução contratual:
Tenho condições de realizar essa tarefa remotamente fazendo busca por imagens em bases de dados da internet como *Stockphoto.com. Se a experiência com o *Seminar Photo Contest tiver bom resultado, também posso administrar esse processo através da internet usando Aptify, e-mail e Skype.

Responsabilidade:
Identificar e implementar novas oportunidades para alavancar materiais de marketing.
Expectativas:

- Ideias são pesquisadas para verificar sua viabilidade e eficácia.
- Projetos escolhidos são elaborados e enviados dentro do prazo e do orçamento.

Solução contratual:
Eu utilizaria o e-mail e o Skype para comunicar novas ideias e oportunidades para alavancar materiais de marketing. Recentemente propus a criação de um calendário de uma página com os prazos de nossos programas para distribuição entre os alunos do nosso último seminário em um mailing no outono. Dessa forma os estudantes poderão lembrar facilmente dos prazos dos nossos programas o que poderá elevar o número de inscrições.

Função nº 3: Coordenadora de Marketing via Web

Responsabilidade:
Contribuir para as atividades de publicidade on-line e acompanhar os resultados.
Expectativas:

- Os esforços on-line estão cada vez mais rentáveis.
- O Diretor de Marketing é informado dos resultados de marketing via web assim que for solicitado.

Solução contratual:
Estou familiarizada com nossas atividades de publicidade on-line e posso continuar a colaborar com esse processo a distância. Poderei acessar anúncios no Facebook, no Google, no Blog e ajudar Keri a reunir e inserir dados. Tenho experiência com anúncios do Facebook e Google e já criei imagens para os anúncios do Blog. O lançamento de novos anúncios pode ser facilmente administrado do exterior.

Responsabilidade:
Reunir um conjunto de fotos da web apropriadas e atualizadas.
Expectativas:

- Fotos atraentes, atualizadas, serão disponibilizadas para uso em programas e marketing.

Solução contratual:
Como disse acima na criação de um estoque de imagens, posso realizar esta tarefa remotamente realizando pesquisas de imagens em bancos de dados da web como Stockphoto.com. O Seminar Photo Contest também será usado para ajudar a formar esse estoque de imagens enquanto eu estiver no exterior.

A fim de controlar de forma mais eficaz o custo de produção dos nossos materiais impressos, acho que [nome da empresa] reconhecerá os benefícios da transição para um contrato pela prestação deste serviço. Realmente gostei de trabalhar para [nome da empresa] e gostaria de continuar a trabalhar para essa organização de forma remota. Obrigada pela atenção a esta proposta.

Explicação a respeito dos software e programas mencionados

***ConceptShare** – www.conceptshare.com, permite que você configures espaços de trabalho on-line seguros para compartilhar designs, documentos e vídeos e convidar outras pessoas para examinarem, comentarem e darem seu feedback a qualquer hora e em qualquer sem necessidade de uma reunião. [nome da empresa] usou este site por alguns meses para testar sua viabilidade e também foi testado em vários computadores na Argentina (graças à minha irmã que fez os testes na Argentina).
***Skype** – www.skype.com é um software gratuito que permite conversas pela internet. Você também pode usar o Skype para fazer telefonemas internacionais por uma pequena taxa de aproximadamente 0,04 centavos de dólar por minuto. O Skype pode ser usado para conversas e videoconferências. Basta fazer o download (gratuito) e comprar um fone de ouvido com microfone e uma webcam para cada computador. Testei o software com minha irmã e funcionou muito bem.
***Stockphoto** – www.stockphoto.com é um site de fotos e imagens gratuitas da internet. Este é um dos muitos sites que uso para encontrar fotos para [nome da empresa]. Já usamos algumas fotos deste site em nosso material de marketing.
***Seminar Photo Contest** – Criei e desenvolvi este concurso com a Keri como experiência para reunir mais fotos relevantes e úteis para nossos esforços de marketing e publicação. Como decidimos que seria um pouco invasivo tirarmos nós mesmas as fotos, queríamos tentar uma nova abordagem para conseguir as fotos de que precisávamos. Todos os participantes dos nossos Seminários do Verão de 2008 podem inscrever as fotos que tiraram durante o seminário concorrendo a um Certificado de Presente da Amazon no valor de 5 dólares por cada foto que escolhermos.

Vivendo a semana de trabalho de 4 horas

Estudos de caso, dicas e atalhos

- Zen e a arte de viver como um *rock star*
- Procura-se amantes das artes
- Acabamento fotográfico
- Advocacia virtual
- Levantando voo com a ornitologia
- Formação fora do trabalho
- Ordens médicas
- Família 4 horas e a educação global
- Reflexões financeiras
- Quem disse que as crianças nos impedem de fazer as coisas?
- Trabalho remoto
- Matando seu BlackBerry
- *Star Wars*

Zen e a arte de viver como um *rock star*

Oi, Tim.

A história é a seguinte: sou músico e moro em Munique, na Alemanha. Tenho meu próprio selo e não tem sido nada fácil fazer o negócio decolar. Enquanto tentava resolver isso minha criatividade foi diminuindo até chegar ao fundo do poço (algumas vezes).

Apesar de continuar sendo difícil sobreviver na indústria musical, não acho nada difícil agora fazer o que desejo fazer. E é tudo o que faço. Faço o que quero fazer. E isso inclui ser pai, fazer música, compor, cuidar do negócio, viajar, aprender línguas (principalmente italiano), andar de bicicleta etc. Está tudo nos parágrafos a seguir.

1. Li o livro passo a passo por cerca de dois meses em setembro/outubro de 2008 (além de navegar pelo blog) e fiz da minha vida uma *tábula rasa* (muito vômito cerebral no papel).

2. Comecei a terceirizar as coisas que mais me aborreciam (e assim ficavam mais tempo na minha lista de coisas para fazer). Terceirizei:
   - pesquisa, a maior parte relacionada à indústria musical (a terceirização da pesquisa me pouca cerca de 2–3 horas/dia)
   - manutenção de sites (sites sociais como o Facebook, Myspace etc.). Estou planejando fazer a maior parte do meu marketing através desses sites em 2009 e estou em mais de 25 sites como artista.

Meu AV (getfriday.com, como você recomenda em seu livro) faz todas as atualizações e checa os sites uma vez por semana para reunir comentários, mensagens por e-mail etc., filtrar e enviar um relatório semanal incluindo todos os detalhes para que eu possa responder. (Isso me poupa 1–2 horas/dia).

- Os retoques das minhas fotos para a imprensa são feitos pela elance (economia de cinco horas de trabalho e cerca de 500 dólares).
- Administração do mailing com as datas de shows, atualização de álbuns etc. (Economia de cerca de uma hora gasta com cada *mailing*).
- Comecei a testar musas (aprendizado de línguas com música para venda on-line). Ainda estou testando!
- Decidi abrir um negócio de publicação on-line para empresas de cinema licenciarem músicas para filmes com um clique do mouse, sem ter que passar meses negociando. Isso acontecerá em 2009 (logo começarei os testes).

As pessoas em geral ficam surpresas e impressionadas com o fato de uma pessoa que não tem ar de executivo (pareço mais um roqueiro punk aposentado) terceirizar parte de sua vida e viver como um milionário (acho que parecem apesar de estarmos longe disso!).

Percebi que poderia ser assim depois de ter recebido o primeiro feedback positivo do meu AV terceirizado. Os resultados do meu projeto foram postados no Elance e um dia depois obtive os resultados. Eu disse, é isso aí, isso é MEU!

A maior mudança é que agora tenho minha vida sob controle. Cuido da minha filhinha (20 meses) durante metade do dia (na outra metade minha esposa toma conta dela), cuido dos negócios e tenho tempo para fazer as coisas que sempre quis fazer. Em termos de renda continuo basicamente na mesma situação de antes, mas agora tenho muito mais tempo livre e a cabeça mais descansada (por isso acho que fiquei muito mais rico!).

Trabalho sempre que quero (sem chefe) por cerca de 24–30 horas semanais (incluindo as horas que passo no escritório e nos estúdios de música) e o que faço agora é o que eu realmente gosto de fazer. Ainda estou otimizando a eficiência para reduzir as horas de escritório (atualmente cerca de dez horas/semana). Meu sonho é acabar com o escritório de uma vez, eliminar toda a papelada, e ficar apenas com o laptop.

Eliminei todo o trabalho que me jogava pra baixo ou que me deixava esgotado (eliminei uma carga de trabalho de aproximadamente dez horas/semana). Não aceito trabalhos (para escrever/produzir música) a menos que adore o projeto. Eliminei todas as pessoas que viviam reclamando ou que odiavam tudo (o que poupou meu estômago).

Acabei de criar meu blog juergenreiter.com, "zen e a arte de viver como um rockstar", e pretendo compartilhar essas mudanças que fiz na minha vida (principalmente para que os músicos vejam que há luz no fim do túnel).

E gravei um álbum com minha músicas e pela primeira vez na vida escrevi todas as letras sozinho! Será lançado na primavera pelo meu selo ORkAaN Music+Art Productions.

Este ano vou passar seis meses em Nova York em uma miniaposentadoria. Em maio vou passar duas semanas na Sicília para aprender italiano. Voltarei à Sicília em setembro por mais duas ou três semanas para percorrer a ilha de bicicleta. E estou pensando em ir para o México, América Central ou Austrália no inverno.

Aprendi a me barbear com uma navalha em trinta minutos, algo que eu desejava havia anos. Agora, o ritual do barbear é muito excitante e divertido! Em abril vou fazer um curso para especialistas em café (sou viciado em café) e me tornarei um "maestro del café". Ajudei minha esposa a largar o emprego de professora e realizar o desejo de ter um Café em Munique. O nome do lugar é Frau Viola e abriu as portas em outubro de 2008. Está indo muito bem. (www.frauviola.wordpress.com)

Tem como avaliar tudo isso? Acho que as coisas falam por si mesmas.

O espírito geral do livro *Trabalhe 4 horas por semana* me deu tranquilidade para poder ter tempo para brincar com minha filha e desfrutar meu "tempo livre" sem ter medo de perder alguma coisa ou de estar desperdiçando minha vida. Eu diria que de modo geral (com todas as mudanças que mencionei acima) minha produtividade aumentou em pelo menos 70% e as dúvidas caíram em 80%.

Para aqueles que estão apenas começando:

1. Comece pequeno, pense grande.
2. Identifique aquilo que te estimula e o que te aborrece.
3. Elimine e concentre-se no que te estimula.
4. Permaneça fiel ao que te estimula independentemente do que as pessoas digam. A vida é sua, viva como você acha que é certo pra você.
5. Leia *Trabalhe 4 horas por semana*, é claro.

– J. Reiter

Procura-se amantes das artes

Vi meu pai se matar de trabalhar durante vinte anos como lixeiro após ter imigrado do México. Ao avaliar minha vida em 2007 em um quarto de hotel solitário após mais uma semana interminável de viagem a trabalho, longe da minha família e das pessoas que eu amava, percebi que estava no mesmo caminho – tinha 33 anos e trabalharia até morrer, abrindo mão do meu amor pela música e pelo teatro.

Nada acontece por acaso na vida e, naquela noite, eu me deparei com o e-mail de um velho amigo sugerindo que eu lesse *Trabalhe 4 horas por semana*. Devorei o livro em poucas horas e comecei a praticar seus princípios imediatamente. Quando falava a respeito do livro e contava o que pretendia fazer as pessoas diziam que eu estava louco. Concentrei todos os meus esforços nos sonhos, na Eliminação e na Liberação. No trabalho, a primeira coisa que eu queria era a liberação com um trabalho remoto. Apesar de todas as tentativas malsucedidas, perseverei (aprendendo muito com a negociação) e consegui. Isso mudou tudo. Eu trabalhava mais de nove horas por dia com viagens semanais e passei a trabalhar quatro horas por semana, com uma semana de viagem a trabalho por mês e consegui um aumento de 10 mil dólares com o dobro de produtividade em relação ao ano anterior.

O resultado é que agora posso viver com minha namorada em Seattle (minha cidade natal). Posso me dedicar à minha paixão pela música (canto em um coro e componho minhas canções folk-rock) e pelo teatro (estou fazendo minha primeira apresentação de sessenta minutos inteiramente improvisada neste fim de semana), além de cuidar do meu preparo físico. Estou treinando para participar da minha segunda maratona.

A maioria dos meus amigos mal consegue acreditar que eu possa dedicar a maior parte do meu tempo ao meu amor pelas artes e ainda ter uma boa renda trabalhando apenas quatro horas por semana. A melhor parte de tudo isso é que descobri mentalmente o significado da liberdade. A realidade é negociável e agora a minha realidade é que agora posso passar horas desfrutando a companhia do meu pai, que esperou vinte anos até se aposentar para aproveitar a liberdade que encontrei menos de dois anos após a leitura de *Trabalhe 4 horas por semana*.

Como imigrante quero espalhar a mensagem de que para ser bem-sucedido nos Estados Unidos no século XXI NÃO devemos nos matar de trabalhar, em vez disso devemos seguir os princípios do livro *Trabalhe 4 horas por semana* e trabalhar de maneira mais inteligente para podermos alcançar realmente o Novo Sonho Americano: liberdade para desfrutar o recurso mais precioso que temos na vida... nosso tempo nesta terra.

– I. Barron

Acabamento fotográfico

Oi, Tim.

Eu queria dizer que seu livro *Trabalhe 4 horas por semana* foi uma verdadeira inspiração e mudou minha vida este ano!

Comprei seu livro em novembro. Antes disso, eu não sabia o que era "automação do fluxo de trabalho". Eu tinha uma funcionária de meio-período, mas seu trabalho acabava gerando mais trabalho pra mim. Às vezes, eu ficava trabalhando até as três da manhã e levantava às sete. Queria viajar, mas a verdade é que isso me parecia impossível. Eu não tinha tempo nem dinheiro.

Um dia estava ouvindo seu audiolivro. Estava ouvindo cada um dos capítulos, várias vezes. Estava correndo e parei. Acho que estava ouvindo um estudo de caso sobre alguém que vendia arquivos de música na internet.

Sou fotógrafo. Principalmente de casamentos. Fiquei imaginando como poderia vender imagens digitais pela internet. Então me ocorreu uma ideia fantástica de uma empresa de fotos de família. Na hora decidi reservar um site pelo celular.

Dois meses depois eu tinha um site, acesso a milhares de fotógrafos de todo o país, e fiz nossa primeira venda. Melhor ainda, agora estou no negócio de fotos de famílias e não preciso mais tirar fotos. E melhor, somos o primeiro negócio desse tipo que não vende fotos impressas, apenas arquivos digitais. Deu certo! Adotei esse procedimento para as fotos do meu casamento. Outros fotógrafos ficaram ofendidos, mas estou ganhando MUITO mais dinheiro, eliminei praticamente todos os custos e tenho muito mais tempo livre!

Sei que este relato é vago, mas não é essa a questão. A questão é que agora trabalho melhor, mais rápido, tenho mais dois funcionários, desativei as notificações de e-mails no computador e meu celular, apesar de tudo o que pode fazer, sequer toca. O e-mail foi desativado. Dou apenas uma olhada de vez em quando para ver os telefonemas que perdi.

Minha noiva me adora porque chego em casa a tempo de jantar e deixo o laptop no trabalho. É uma vida que jamais imaginei que poderia ter. Enquanto isso, os sistemas estão trabalhando no meu lugar e este ano parece que será muito melhor, financeiramente, do que o ano passado.

Então decidi que estava na hora de tentar minha primeira miniaposentadoria. O objetivo: esquiar nos Alpes Suíços e passar cinco dias na Suíça gastando menos de mil dólares. Consegui uma passagem de ida e volta por cerca de 500 dólares. O passe para esquiar por um dia em Engelberg ficou em 80 dólares. A acomodação não custou nada devido à sua sugestão (www.couchsurfing.com) e comi castanhas assadas, linguiças, peixe e batata frita e tomei muita cerveja boa durante toda a semana. Eu consegui!

Serei eternamente grato e estou muito entusiasmado com as próximas miniaposentadorias. Estou vivendo os melhores dias da minha vida.

P.S. No dia 11 de maio parto para um mês de férias a trabalho na Itália. (Fui contratado para fotografar dois casamentos em Siena). Estou pensando em me divertir MUITO mais do que trabalhar.

– Mark Cafiero, fotógrafo.

Advocacia Virtual

Eu trabalhava para um grande escritório de advocacia do Vale do Silício mas um dia acordei e decidi que queria viajar por um ano e aprender uma língua diferente. Seis semanas depois estava vivendo em Cali, na Colômbia. Nunca tinha ido a Cali e não falava uma palavra de espanhol, mas era justamente aquilo que me entusiasmava. Bem, quase dois anos depois, ainda passo mais de 95% do meu tempo vivendo e trabalhando em Cali (recentemente comprei um apartamento fantástico que jamais teria condições de comprar na Califórinia). Além disso tenho uma empregada/cozinheira (cinco horas por dia/cinco dias por semana) que me custa menos de 40 dólares semanais.

Abri meu escritório de advocacia virtual e então meu juntei ao meu antigo chefe. Meu número dos Estados Unidos toca onde quer que eu esteja (sou da Nova Zelândia, por isso viajo para lá com bastante frequência) e toda a minha correspondência é enviada para a Market Street, San Francisco e escaneada para que eu possa ver on-line. Se precisar enviar cartas, tenho outro serviço que imprime a carta e envia nos Estados Unidos para que não haja atrasos de envio internacional.

Definitivamente, use www.fourhourblog/earthclass para escanear-receber correspondência. Eles têm vários pacotes mas você vai gastar por volta de 30–40 dólares mensais. Você também pode escolher uma ou mais Caixas Postais ou endereços físicos. Meu endereço na Market Street é na verdade um endereço *earthclassmail.*

Para imprimir pequenas cartas e enviá-las dentro dos Estados Unidos use o www.postalmethods.com. Pode ser meio desajeitado no começo, mas é ótimo depois que você se habitua. É muito barato pois você só paga quando envia (uma carta de quatro páginas fica em pouco mais de 1 dólar incluindo a postagem).

Venha me visitar algum dia. A Colômbia não é nada do que dizem – eu me sinto muito mais seguro caminhando tarde da noite por aqui do que em muitos lugares de San Francisco. Mas não conte a ninguém, aqueles que vivem por aqui querem manter esse segredo!

– Gerry M.

Levantando voo com a ornitologia

Tim,

No último mês de julho meu mentor me deu seu livro e ele causou um grande impacto na minha vida, não podia ter chegado em melhor momento. Na época em que li seu livro, faltavam algumas semanas para minha primeira participação em um triatlo olímpico. Eu havia treinado durante cinco meses, parecia e me sentia forte; o mais importante, no entanto, é que a disciplina e o empenho para conquistar um objetivo físico resultaram em uma criatividade que eu não sentia fazia anos. Postei meu tempo no evento e me senti tão otimista em relação à minha capacidade que fiz a inscrição em uma prova de Meio Ironman.

Voando alto desse jeito e seguindo os princípios do seu livro, tive muitas ideias de produtos/negócios e estou prestes a lançar a primeira dessas ideias. É uma linha de produtos chamada OrniTHreads para observadores de pássaros da Geração X e Y.

São dois os motivos que me levam a focar esse segmento:

1. Durante o dia trabalho na [nome da empresa]. Descobri muita coisa a respeito desse público, como o fato de que existem 70 milhões de americanos que praticam a observação de pássaros (estatística impressionante da US Fish & Wildlife). São pessoas muito apaixonadas por essa atividade e seu interesse só tende a crescer com o tempo! Em geral pertencem às classes média e alta e têm bom nível de instrução formal.
2. Neste verão fiz um curso de ornitologia na Columbia University (onde estou matriculada em um programa de Biologia da Conservação) e fiquei apaixonada pelas ilustrações dos livros, senti vontade de ficar cercada por aquelas imagens.

Vou lançar o www.ornithreads.com na próxima semana e o primeiro dos meus desenhos está sendo impresso neste momento.

Tenho grandes planos para a empresa mas estou tentando apenas criar a primeira coleção e aprender o máximo possível. Seu livro tem sido extremamente útil para delinear os passos que preciso dar para ser bem-sucedida e espero que minha ideia tenha fôlego (ou asas), o que se transformará automaticamente em renda.

Se vier para NY – para promover seu livro ou por outro motivo – adoraria encontrar com você. Sinceramente,

– Brenda Timm

Formação fora do trabalho

Usei conceitos do *Trabalhe 4 horas por semana* para continuar a trabalhar de agosto de 2008 a janeiro de 2009 enquanto viajava por Portugal, Espanha, Europa, Suécia e Noruega, surfando e praticando snowboarding. A melhor parte de tudo isso? Voltei para casa tendo no banco o triplo do dinheiro que teria se continuasse a trabalhar normalmente das 9h às 17h. Trabalho para [nome da empresa] como programador de software e consegui colocar os conceitos em prática e mudar minha vida.

Baixei o Fring (um programa de chamadas que te possibilita ter um número no exterior) no meu iPhone. Passei quatro meses antes de partir tentando não ficar no meu cubo, mas sempre por perto. Decidi ficar SEMPRE disponível no Messenger de forma que se as pessoas fossem até meu cubo para me ver pessoalmente perceberiam que eu estava em outro lugar e então entrariam na internet para perguntar: "Onde é que você está?" Minha resposta era sempre parecida: na cafeteria no fundo do corredor..., aqui embaixo no café... na mesa do fulano...Depois de dois meses aconteceu uma coisa mágica. As pessoas começaram a me procurar no Messenger e pararam de ir até minha mesa. Isso me permitiu estar a quase 10 mil quilômetros de distância sem que ninguém percebesse.

Algo mais a considerar... como a diferença do fuso horário afeta o trabalho remoto. Percebi, enquanto estava na Noruega (nove horas de diferença), que era a quantidade de tempo ideal. De certa forma, era como viver no futuro. Meu dia estava quase acabando quando meu chefe estava levantando... Eu podia explorar os fiordes, as montanhas, descobrir lugares diferentes para surfar na mais completa paz, sem me preocupar com a possibilidade de receber um telefonema... Era perfeito. Se eu quisesse, podia passar o dia todo explorando, voltar pra casa e jantar, e depois conversar com meu chefe por 20–30 minutos. As poucas vezes em que ele precisou de alguma coisa com urgência, me passou o trabalho antes de deitar e o recebeu na manhã seguinte, ao acordar.

– B. Williamson

Ordens médicas

Oi, Tim.

Essa é minha história...

Meu sonho começou cerca de quatro anos atrás. Eu ia fazer o exame para tirar minha licença de psicólogo e, depois de conversar com um amigo, decidi que me daria de presente uma viagem à América do Sul. Estávamos ambos exaustos com nossos empregos de 9h às 17h (às vezes até, seis, sete ou oito da noite) em clínicas e hospitais.

Eu já tinha viajado bastante pelos Estados Unidos e algumas partes da Europa, mas jamais havia tido contato com a cultura sul-americana.

Minha viagem foi absolutamente fantástica e realmente abriu meus olhos para outras formas de vida e de cultura. Durante a viagem passei muito tempo conversando com expatriados sobre como eles usavam seus fundos de pensões e aposentadorias para viver como reis. Uma coisa ficou evidente: a maioria dos expatriados que haviam tentado "montar um negócio" para ajudar a financiar seu estilo de vida fracassara miseravelmente. Imaginei que simplesmente não havia moeda (pesos) suficiente no mercado para sustentar um negócio voltado para os "gringos".

Depois dessa viagem, disse ao meu amigo que precisava dedicar todas as minhas energias para desenvolver um método para ganhar dinheiro com cidadãos americanos mesmo que vivendo em outro lugar. A telefonia via internet tinha acabado de chegar ao mercado e os serviços de internet estavam melhorando na América do Sul e em outras partes do Terceiro Mundo.

O negócio precisava se basear na mobilidade total. Matutei sobre o negócio até reduzi-lo a duas funções básicas: telefone confiável via internet e internet de alta velocidade. Na época eu tinha um pequeno escritório de consulta em pesquisa em que ajudava estudantes de doutorado por telefone e via e-mail a concluir suas dissertações, teses e análises estatísticas. Tinha um pequeno site que estava ficando congestionado, mas dependia de outros para serviços de marketing e internet. Posteriormente aprendi mais sobre otimização de ferramentas de pesquisa e marketing na web e acabei assumindo o controle de todo o marketing e promoção do meu site, http://www.ResearchConsultation.com, o que me permitiu expandir os negócios substancialmente.

Nos três anos seguintes realizei inúmeros "testes de mobilidade"... viajando para a Costa Rica, República Dominicana, Venezuela e Colômbia para fazer todos os ajustes do meu sistema para administrar meus negócios do exterior.

Finalmente deixei meu emprego no último mês de novembro, na véspera do Dia de Ação de Graças, jurando que nunca mais voltaria à rotina de trabalho das 9h às 17h. Eles tinham acabado de instalar um sistema de identificação digital que obrigava todos os funcionários a inserir a digital na entrada e na saída do turno no hospital para garantir que todos trabalhassem oito horas. Esse foi mais um sinal de que eu precisava sair dali.

Agora vivo em NY e na Colômbia, e viajo para outras partes do mundo ao longo do ano: falando com clientes, administrando meus contratantes (americanos e colombianos) para adquirir dólares americanos, vivendo por uma fração do custo no exterior. Também estou desenvolvendo outros sites e negócios (fóruns comunitários) que deverão ser mais automatizados, exigindo menos interação e acompanhamento diários.

Bem... essa é minha história até aqui. Atualmente é a América do Sul, amanhã pode ser qualquer lugar onde eu consiga internet rápida (banda ancha)! Meus níveis de estresse caíram significativamente desde que deixei meu antigo emprego e minha qualidade de vinha melhorou imensamente.

Minha família e amigos em NY ainda acham que sou maluco e concordo inteiramente com eles...

– Jeff B.

Família 4 horas e a educação global

Tim,

Passamos a ter uma vida familiar totalmente nômade e digital viajando pelo mundo em 2006, por isso descobrimos seu livro e suas ideias depois de termos começado... e adoramos! Nossa vida mudou totalmente, é mais gratificante e muito mais simples. Estamos mais verdes, mais magros, mais saudáveis, mais felizes e mais conectados.

Muitas pessoas pensaram que estávamos loucos quando decidimos fazer isto em 2004/5, mas agora muitas delas acham que fomos inteligentes e enxergamos longe.

Os problemas para encontrar uma boa escola (apesar de termos algumas excelentes à nossa disposição) foi talvez o momento mais específico (John Taylor Gatto expõe a questão do por que as escolas não educam) que nos ajudou a mudar e a querer passar mais tempo juntos, já prevendo a economia que faríamos.

Acho que mais famílias terão miniaposentadorias e levarão uma vida menos agitada, viajando e vivendo uma experiência nômade digital. Se a família fica longe durante meses, precisa estar informada a respeito de todas as oportunidades educacionais maravilhosas que são muito mais do que continuar em casa (o que poucos percebem)!

Existem MILHÕES de recursos fantásticos como o Classroom 2.0 e muitos educadores inovadores on-line. Minha filha acabou de fazer 8 anos e está adorando seu curso da Universidade John Hopkins/CTY, que também é ótimo para fazer amigos. Hoje em dia podemos mergulhar profundamente em uma cultura e ainda conservar nossa cultura natal. Essa é uma informação importante para as famílias que ainda temem os aspectos negativos e ultrapassados dos Third Culture Kids (TCK) dos anos 1960.

Maya Frost[1] apresenta informações excelentes sobre crianças mais velhas e até mesmo um novo paradigma a respeito da ida para a universidade. Acho que a educação é uma das coisas que passarão por uma grande transformação graças à internet e os pais precisam dessas informações para tomar decisões importantes.

Tivemos uma experiência fantástica com uma escola local na Espanha, que permitiu que minha filha mergulhasse profundamente em uma segunda cultura, em sua língua e literatura. Precisamos de mais informações (no livro) sobre escolas locais e como vivenciar a experiência como família durante alguns meses.

Nossa filha teve aulas com uma maravilhosa professora de flamenco local e também teve aulas de piano com nossa professora de Chicago via Skype.

As bibliotecas virtuais também são importantes (especialmente para uma criança que lê muito). Http://learningfreedom.org/languagebooks.htm é uma fonte excelente para o aprendizado de línguas com ótimos livros para a educação de uma criança bilíngue, mesmo que você seja monolíngue!

– SOULTRAVELERS3,
uma família que está vivendo no exterior e adorando

Reflexões financeiras

Eu me formei na Universidade Stanford e comecei a trabalhar em um banco de investimentos em julho de 2006 e, de uma forma doentia, no início quase gostava do que fazia. Sim, era um estilo de vida terrível, mas estava aprendendo muito e ascendendo rapidamente. Tenho (tinha) uma personalidade tipo-A e por isso aquilo me atraía muito.

No entanto, à medida que o ano avançava percebi que aquela situação não era sustentável e que eu queria cair fora... mas como acontece com tanta gente demorei a agir.

Em maio de 2007, estava voltando para casa às três horas da manhã e bati com o carro em uma árvore. Se você nunca bateu contra um objeto inanimado ao pegar no sono ao volante, imagine acordar a 1,5 metro do chão fazendo bungee jumping com o cabo prestes a arrebentar e terá uma ideia do que aconteceu.

"No PS"

1. Maya Frost, The New Global Student (Crown, 2009)

Esse era o título do e-mail que enviei no dia seguinte para todo o escritório. Felizmente todos entenderam e me disseram que poderiam tirar um raro fim de semana de três dias. Felizmente sobrevivi, sem ferimentos graves, mas decidi que estava na hora de mudar.

Uma ou duas semanas depois encontrei com alguns amigos para jantar e contei minha história. Uma amiga (que havia deixado o emprego para ir atrás do sonho de ser atriz, enquanto vendia produtos de informação pela internet) me falou de um livro que havia lido recentemente chamado *Trabalhe 4 horas por semana.*

Pensei que fosse um golpe, é claro, mas eu estava odiando minha vida e decidi que deveria pelo menos dar uma espiada. Li de uma sentada. E então li de novo, só para ter certeza de que não estava alucinando. Antes de entrar para o mundo das finanças eu havia trabalhado com gráficos e web design, tinha experiência técnica, de forma que nada do que o livro dizia me pareceu extravagante – eu só não havia percebido como tudo era fácil e acessível. Além disso eu tinha passado seis meses no Japão enquanto fazia faculdade e tinha adorado – e uma longa viagem pelo mundo sempre estivera nos meus planos.

Passei um tempo ruminando as ideias do livro, tirei umas férias rápidas para voltar ao Japão em 2007 e ao voltar para casa decidi que tinha de começar. Minha musa: vender um guia de entrevistas de investimentos bancários. É um nicho, assunto com alta demanda e eu sabia que poderia criar um guia melhor do que todos os que existiam. Mas tinha um problema: precisava manter o anonimato pois ainda estava trabalhando e a publicidade com pagamento por clique seria muito cara dados os altos custos por clique para palavras-chave relacionadas.

Em novembro de 2007 decidi criar um blog, Mergers & Inquisitions (http://mergersandinquisitions.com) sobre a área de investimentos financeiros e como entrar nesse setor, visando um público formado por universitários, mestrandos e profissionais. Enquanto criava meu público nunca encontrava tempo para terminar minha musa – o guia de entrevistas. Mas estava recebendo centenas de pedidos de consultoria dos meus leitores, então comecei com edição de currículos e expandi para entrevistas simuladas – sim, não é muito "estilo musa", mas eu cobrava caro e podia ganhar o mesmo que meu antigo salário em uma fração do tempo. Fiz tudo isso mantendo total anonimato, pois não queria ser demitido enquanto não tivesse uma fonte de renda alternativa. O incrível é que minha prestação de serviços decolou mesmo sem poder dizer quem eu era.

Ao mesmo tempo, decidi que pediria demissão em junho de 2008 e que não queria ter outro emprego na área financeira. Assim, eu tinha pouco tempo para fazer as coisas funcionarem. Meus amigos e familiares duvidaram, todos achavam que não daria certo. Decidi que estavam errados e que faria o que pretendia – se acontecesse o pior eu poderia cortar minhas despesas, mudar para a Tailândia e me tornar professor de inglês.

Para aumentar minha renda, renovei completamente meu site; passei de alguns trocados para uma receita integral por uma consultoria de meio período em julho/agosto de 2008. Graças a isso pude viajar para o Havaí e para Aruba para praticar mergulho com snorkel, surfar, mergulhar em gaiolas no meio dos tubarões e visitar amigos em outras partes dos Estados Unidos, tudo isso ganhando com meu trabalho de meio período o mesmo que ganhava como analista financeiro de um banco de investimentos.

Com a recessão e a economia piorando, meu negócio decolou por ser anticíclico – qualquer coisa que ajude as pessoas a encontrar um emprego quando a procura está em alta e a economia vai mal. Desde então ajudei dezenas de analistas e consultores financeiros a encontrar emprego em outras áreas. Mas também estou começando a trabalhar muito mais porque estava trocando tempo por dinheiro... e no outono comecei a trabalhar na minha ideia original – o guia de entrevistas – que lancei com grande sucesso no final de 2008.

Consegui ter muito mais tempo, dobrar minha receita e colocar a maior parte da minha renda no piloto automático. Se não trabalhasse mais a partir de agora, ainda assim ganharia 2–3 vezes mais do que ganhava por mês simplesmente escrevendo duas ou três vezes por semana para meu site (4–5 horas e prestando algumas consultorias (dez horas). Posso dizer que minha receita triplicou enquanto meu tempo de trabalho caiu 6–9 vezes, e minha mobilidade é total.

Admito que muitas vezes "trabalho" mais do que isso, mas sempre ligado a projetos educacionais aos quais quero me dedicar, e não um trabalho que sou obrigado a fazer. E se não estiver com vontade de trabalhar em uma determinada semana, posso reduzir minha carga horária e me dedicar ao aprendizado de línguas, esportes ou viajar para algum lugar exótico.

Esse esquema permitiu que eu fizesse uma viagem incrível para a China, Cingapura, Tailândia e Coreia em dezembro/janeiro, onde vivi algumas aventuras. Estou me mudando para a Ásia daqui alguns meses e depois disso pretendo viajar pelo mundo indefinidamente, administrando meu negócio dos Cafés por onde passar.

A propósito, encontrei com muitos clientes na Ásia que acharam demais esse estilo de vida.

Seu livro mudou minha vida e melhorou infinitamente meu estilo de vida, e só queria lhe agradecer por tudo.

– D. Dechesare

Quem disse que as crianças nos impedem de fazer as coisas?

A primeira coisa que fiz foi pensar "Qual é a pior coisa que pode acontecer em uma escala de um a dez?" se eu deixar meu emprego bem remunerado no governo? O poder desse processo mental é incrível.

Larguei meu emprego, vendi minha casa e passei três meses acampando com meus dois filhos pequenos e minha esposa grávida (miniaposentadoria). Rodamos (bem devagar) pela costa sudeste da Austrália, de Sidney até Adelaide.

Com aquela clareza mental que só é possível quando você está no campo com sua família e sem qualquer preocupação, decidi colocar em ação um plano que vinha matutando fazia cerca de doze meses. Comprei um dongle wireless e criei um produto com informações para engenheiros elétricos e o software para operar o produto.

Administrei isso (a) fazendo uma dieta de informação, (b) trabalhando das nove da noite até meia-noite em um acampamento, sem qualquer distração, (c) terceirizando tudo o que considerava difícil ou demorado (como o negócio complicado do programa e as ilustrações para meu livro).

Depois de quatro semanas tinha um site informativo que havia substituído metade da minha renda de período integral – exigindo menos de quatro horas semanais para a manutenção.

O plano original era chegar em Adelaide e conseguir um emprego. Mas com minha receita passiva, decidi fazer meu negócio crescer e estou quase conseguindo ter 100% da renda que tinha antes. Parece simplesmente brilhante.

Agora estamos pensando em viajar pelo mundo até as crianças atingirem a idade de ir para a escola primária...

Quem disse que as crianças nos impedem de fazer as coisas?

– Finn

Trabalho remoto

Um ano e um mês atrás, li *Trabalhe 4 horas por semana* por recomendação do namorado da minha irmã, depois de passar muitos meses conversando sobre a vontade de mudar minha vida, ir para a Argentina e aprender *castellano*. Depois de ler o livro parei de falar sobre os meus sonhos e comecei imediatamente a estabelecer objetivos de curto e longo prazo. Comprei um notebook para acompanhar minhas tarefas e objetivos mensais. Pesquisei inúmeras possibilidades de trabalho remoto e comecei a conversar com familiares e amigos mais próximos sobre meus novos planos. Todo mundo achava que era apenas uma ideia e que eu não faria nada daquilo. Pensavam que era algo do tipo "um dia gostaria de fazer isso" e que eu não iria estabelecer objetivos diários para chegar lá. Sabiam que eu adorava meu trabalho, por isso, por que o trocaria por uma vida de incertezas? Eu não pensava assim. Não tinha medo, na verdade estava entusiasmado com a possibilidade de ter um novo estilo de vida, começar de novo, e apesar de gostar do meu trabalho eu também tinha outras coisas que desejava realizar na vida. No início pensei em dar aulas de inglês para ganhar a vida mas no fundo o que eu realmente queria era continuar trabalhando para a mesma empresa, só que remotamente. O livro me deu confiança para acreditar que isso era possível, quando todos ao meu redor achavam que era impossível.

Decidi redigir uma proposta[2] e apresentá-la à minha chefe mesmo com todo mundo me aconselhando a não fazer isso. Se minha chefe rejeitasse a proposta, eu tinha dinheiro suficiente para viver na Argentina por pelo menos seis meses até encontrar uma forma de ganhar dinheiro por lá. Eu não desistiria do meu sonho de viver uma vida mais livre e mais feliz com menos trabalho e mais tempo para mim mesmo. Todas as probabilidades estavam contra mim mas assumi um risco calculado e tinha fé em mim. Depois de entregar a proposta, me preparei para o pior. Todo mundo que eu conhecia segurou a respiração e me desejou sorte. Mas ao sair da sala da minha chefe mal conseguia acreditar no que estava acontecendo. Ela não apenas aceitou minha proposta como ficou ansiosa para discutir os detalhes. Ninguém acreditou quando contei. Depois de passado o choque percebi que realmente poderia fazer aquilo e tive a sensação de ter tirado um grande peso dos ombros. A pior parte havia

2. Uma proposta simples, real, pode ser vista nas páginas 372–373

ficado para trás e agora eu poderia começar a pensar em todas as possiblidades que tinha pela frente.

Decidi que me mudaria para a Argentina em setembro de 2008. Cheguei no dia 3 de setembro e estou aqui há seis meses. Moro na capital de Jujuy, uma pequena província no noroeste da Argentina. Trabalho 5–10 horas por semana e acho que agora estou muito mais focado, longe do escritório e trabalhando sozinho. Tenho aulas de duas horas, cinco dias por semana, com um professor particular de espanhol. Tenho vários amigos com os quais pratico meu espanhol. Vou à academia três vezes por semana e pratico yoga duas vezes por semana – algo que não fazia nos Estados Unidos porque não tinha tempo. Minha alimentação é mais saudável porque tenho mais tempo para pensar no que vou comer. Tenho mais tempo para sonhar com as grandes coisas que desejo fazer no meu tempo livre. Gostaria de ter um Bar ou um Café, por isso daqui alguns anos esse talvez seja meu novo empreendimento.

Meu conselho aos leitores de *Trabalhe 4 horas por semana* é que se baseiem na minha experiência. Confio muito nos conselhos de amigos e parentes, mas às vezes é preciso ignorar os conselhos das pessoas queridas para fazer com que as coisas aconteçam. Se você acreditar que o impossível pode se tornar possível, isso acontecerá.

– A.K. Brookmire

Matando seu BlackBerry

Tenho 37 anos e sou proprietário de uma franquia Subway com treze lojas. Estou nisso há sete anos. Antes de ler *Trabalhe 4 horas por semana* eu era o rei do "trabalho pelo trabalho". Nunca havia me dado 'permissão" para ter um comportamento diferente daquele que costumava ter quando era empregado. O livro foi absolutamente libertador. Eu me "flagrei" e iniciei o tratamento do meu vício imediatamente. Eu ficava o tempo todo conectado e nunca estava presente em lugar algum – ocupado demais fazendo a "oração do BlackBerry" à mesa do jantar em vez de dar atenção às pessoas que estavam ao meu lado. As férias eram apenas um escritório remoto onde eu enfrentava um tsunami de e-mails. *Trabalhe 4 horas por semana* me deu um novo paradigma e comecei a olhar meu negócio como um "produto", cujo objetivo (original) era me proporcionar uma renda desproporcional x tempo investido pessoalmente – para quê? Para APROVEITAR A VIDA e ter autonomia sobre meus horários e minhas atividades. Então larguei do meu pé, disse a mim mesmo que não havia problema algum em perseguir o objetivo original e fiz o seguinte:

Comprimi minha semana de trabalho "sempre aberta" em quatro dias e vinte horas. Comecei imediatamente a folgar na segunda-feira, o que me proporcionava um fim de semana de três dias. (As sextas estão na minha mira!) Trabalho de terça a sexta, das onze da manhã às quatro da tarde (vinte horas por semana). Sem o "luxo" do tempo nessa semana comprimida, fui obrigado a avaliar tudo pelo filtro 80/20 e descobri que 50% a 80% era bobagem e que outros 50–80% podiam ser feitos por outra pessoa da minha folha de pagamentos. Ótimo!

Tudo o que faço agora tem a ver ou com aumento das vendas ou com redução de custos, caso contrário é "tarefa de outra pessoa". Você não pode ficar "meio grávida", por isso quando estou "on" estou realmente presente, e quando estou "off" estou fora – boa sorte caso queira entrar em contato comigo. Ainda mantenho o acesso aos meus e-mails mas eliminei a sincronização automática (a ruína da humanidade moderna em termos de interrupção) e fora do meu período de trabalho (das onze às quatro da tarde) eles podem esperar.

A resposta automática eliminou 50% dos e-mails em duas semanas pois as pessoas que me mandavam bobagens se cansaram de ver a resposta automática e me tiraram de suas listas – eu adorei! Mantenho uma lista do que fazer curta e compacta e marco o que considero importante na agenda. Dedico minha atenção a essas coisas antes de qualquer outra coisa na caixa de entrada pois se marquei na agenda é porque decidi anteriormente que era importante – o resto pode esperar.

Eu poderia continuar, mas de modo geral acho que esta é a mensagem que qualquer autônomo precisa ouvir. Sem "chefe" e sem "limites claros" para separar a vida profissional da vida pessoal é fácil se deixar envolver de tal forma que, sem querer, o negócio passa por cima de nós como um trator. O antídoto para isso é *Trabalhe 4 horas por semana*.

– Andrew, autônomo do Reino Unido

Star Wars

Eu soube que minha busca pela semana de quatro horas de trabalho estava funcionando quando a professora do jardim de infância perguntou à minha filha: "Que tipo de trabalho seu pai faz?". Quando a professora me contou essa história, o que realmente me surpreendeu foi a resposta que ela ouviu. "Sua filha olhou para mim com a expressão mais séria do mundo e disse: meu pai passa o dia assistindo *Star Wars*."

É engraçado como uma pergunta tão simples, para não falar da resposta da minha filha, foi o momento de verdadeira conscientização para mim. O que minha filha disse para a professora tem um significado mais profundo. Acho que o que ela quis dizer, mesmo sem poder articular desta forma, foi: "Meu pai faz o que ele quiser".

Li *Trabalhe 4 horas por semana* quase dois anos atrás, quando estava de férias na praia com minha família. Eu lembro muito bem porque estava sempre relendo partes do livro para minha esposa. Sou desenvolvedor e administrador de empresas para uma grande instituição financeira em Atlanta, Georgia. Parte do meu trabalho é apoiar os complexos sistemas de captura de documentos que ajudo a criar. Devido à importância desses sistemas, preciso estar à disposição 24/7/365. Isso é bom para a segurança do trabalho, mas péssimo para minha vida em família. Tenho quatro filhas lindas e faço de tudo para ser um pai presente. Por isso, armado com seu livro e uma nova (banhada pelo ar fresco do oceano) perspectiva, decidi colocar em prática muitos dos princípios de *Trabalhe 4 horas por semana*.

Comecei mudando minha relação com os e-mails. Examinei atentamente a caixa de entrada e usei algumas das ferramentas propostas para eliminar toda a sujeira e o barulho. Criei novos hábitos e comprimi as sessões de checagem; não demorou muito para que eu conseguisse zerar a caixa de entrada com o método da pasta do "trio de confiança". Também apliquei a filosofia do menos é mais ao criar meus e-mails para que fossem mais claros e concisos. Comunicando exatamente o que era necessário para o público certo e não para o mundo. Eliminando todas as gorduras da minha dieta de e-mails ficou muito mais claro que "ações" eram realmente importantes.

Reuniões e *conference calls* foram o alvo seguinte. Esquadrinhei cada convite para uma reunião e comecei a recusar aqui e ali. Na maioria das vezes alegava que estava ocupado demais. Comecei a pedir que me enviassem a minuta da reunião ou que usassem o Messenger se tivessem uma pergunta específica que eu precisasse responder. Quando participo de uma reunião, quase sempre é via *conference call*. De qualquer forma, devido às limitações de salas e desafios geográficos a maioria das reuniões da empresa já era feita virtualmente.

Menos tempo desperdiçado representava mais tempo para me concentrar no trabalho e nas tarefas realmente importantes. Parecia que eu estava trabalhando menos mas fazendo mais coisas e com resultados melhores. As pessoas certas começaram a notar e a percepção da minha capacidade para executar o trabalho nunca foi tão boa. A minha gestão parecia excelente e eles pararam de fazer perguntas ou de supervisionar as atividades diárias. Continuei provando que poderia trabalhar sem interferência. Aquele era o momento de fazer o que eu realmente queria – tornar-me virtual!

Na verdade era muito fácil me tornar virtual. Eu tinha uma relação sólida com meu gerente e com os outros integrantes da cadeia de comando. Quase todo o meu trabalho diário já estava pronto remotamente. Tenho um ótimo escritório montado no porão da nossa casa. Fica longe do resto da casa, distante das distrações. Tenho meu próprio banheiro com chuveiro e até um micro-ondas e uma mini-geladeira. Ouso dizer que meu *home office* rivaliza com as salas bem equipadas dos principais executivos da empresa. Acima de tudo, tenho uma esposa e uma família que compreendem muito bem e respeitam as regras que estabeleci para continuar a ter sucesso.

No início eu trabalhava dois ou três dias em casa, mas não demorou para que eu começasse a trabalhar quatro dos cinco dias da semana em casa. Quando o sudeste foi atingido pela escassez de petróleo e o preço da gasolina disparou, a empresa aceitou completamente e oficializou o trabalho em casa. De um dia para o outro eu me transformei em modelo a ser seguido. Enquanto as pessoas à minha volta entravam em pânico por não terem gasolina para ir trabalhar, eu continuei a trabalhar tranquilamente em minha casa.

A essa altura as coisas estavam caminhando melhor do que eu havia planejado. Agora eu tinha mais tempo para ser o pai presente que sempre desejei ser. Ia sempre à escola das crianças. Almoçava na lanchonete com minhas meninas, principalmente no dia do frango frito! Participo de um programa de leitura e algumas vezes por mês vou até a escola e leio um pouco para cada classe. Levo minhas filhas para a escola e as vejo quando voltam para casa. Estou diariamente presente na vida da minha família e isso não tem preço. Eu sentia que havia alcançado meu objetivo. Por isso pensei...

Mas outras coisas começaram a acontecer. Sem perceber, as pessoas da escola ou da igreja começaram a me olhar com um respeito estranho. Digo estranho porque me confundiam com um médico ou algum tipo de milionário. Não estou brincando. Tem um sujeito que ainda me chama de "doutor". Acho que as pessoas ainda estão presas a estereótipos do que acham que seja ser "rico". Estou sempre presente nas atividades da escola ou em datas especiais, geralmente vestido de forma descontraída, sem preocupação com o tempo ou grudado no celular. Agora as pessoas me indicam para coisas como a APM e recentemente fui eleito para a diretoria do nosso clube. O mais bacana é que realmente tenho tempo para essas coisas, e continuo sendo eficiente no trabalho e em casa. Nem preciso dizer que novas portas se abriram para mim. Mais do que nunca.

Apesar de tudo o que aconteceu, não consigo esquecer o que minha filha disse para a professora. Na verdade, cheguei a um ponto em que se quisesse passar o dia "assistindo a *Star Wars*" eu poderia fazer isso. Mas agora preencho o tempo extra fazendo coisas que realmente significam alguma coisa. Estar presente no dia a dia da minha família, ajudar a comunidade ou trabalhar como voluntário na igreja. Agora estou pensando em escrever um livro. O projeto em que estou trabalhando se chama Manual do empregado virtual (*The virtual employee handbook*). Trata-se de uma compilação de dicas e o que fazer com todas as ferramentas que são essenciais para o empregado virtual moderno, como eu. Vamos ver no que vai dar. Uma coisa que sei é que eu sequer sonharia com o que estou fazendo hoje se não fosse pelo livro *Trabalhe 4 horas por semana*!

– W. Higgins

Leitura restrita

O pouco que importa

"Um hipócrita é uma pessoa que... mas quem não é?"
DON MARQUIS, escritor, poeta e humorista norte-americano

Eu sei, eu sei. Eu disse para não ler muito. Por isso, as recomendações aqui estão restritas ao melhor do melhor que eu e os entrevistados deste livro usamos e nomeamos quando perguntados: "Qual é o livro que mais mudou sua vida?".

Não se espera de nenhum deles que fale dos assuntos que abordamos neste livro. Dito isso, pense neles se ficar preso em algum ponto em particular. O número de páginas está descrito, e se praticar os exercícios de "Como ler 200% mais rápido em dez minutos", no capítulo seis, você será capaz de ler pelo menos 2,5 páginas por minuto (cem páginas em quarenta minutos).

Para categorias adicionais, incluindo filosofia prática, licenciamento e aprendizado de idiomas, visite o abrangente site deste livro.

Os quatro fundamentais: deixem-me explicar

Os Quatro Fundamentais têm esse nome porque são os quatro livros que eu recomendava a aspirantes ao Projeto de Vida antes de escrever *Trabalhe 4 horas por semana*. Ainda valem a pena ler, nessa sequência que recomendo:

A magia de pensar grande (288 páginas)
de David Schwartz

Esse livro me foi recomendado pela primeira vez por Stephen Key, um inventor muito bem-sucedido que ganhou milhões licenciando seus produtos para empresas, incluindo a Disney, Nestlé e Coca-Cola. É o livro favorito de várias pessoas de muito sucesso mundo afora, de treinadores lendários de futebol americano a CEOs famosos, e possui mais de cem avaliações de cinco estrelas na Amazon. A mensagem principal é não superestimar os outros e não se subestimar. Eu ainda leio os dois primeiros capítulos quando as dúvidas aparecem.

How to make millions with your ideas: an entrepreneur's guide [Como ganhar milhões com suas ideias: um guia para empreendedores] (272 páginas)

de Dan S. Kennedy

Esse é um cardápio de opções para converter ideias em milhões. Li esse livro quando estava no colégio e já reli cinco vezes. É como esteróides para seu córtex empreendedor. Os estudos de caso, da Domino's Pizza a cassinos e produtos com venda postal, são excelentes.

The e-myth revisited: why most small businesses don't work and what to do about it [O e-mito revisitado: por que a maioria das pequenas empresas não funciona e o que fazer sobre isso] (288 páginas)

de Michael E. Gerber

Gerber é um excelente contador de histórias e seu clássico sobre a automação discute como usar uma mentalidade de franquia para criar negócios dimensionáveis baseados em regras e não em funcionários excepcionais. É um excelente mapa – contado como uma parábola – para se tornar um proprietário em vez de um microgerente constante. Se você está preso em seu próprio negócio, esse livro fará com que você se liberte instantaneamente.

Vagabonding: an uncommon guide to the art of long-term world travel [Vagabundear: um guia incomum para a arte das viagens longas pelo mundo] (224 páginas)

de Rolf Potts

Rolf é o cara. Este é o livro que me fez parar de arrumar desculpas e partir para um longo hiato. Ele fala um pouco de todas as coisas, mas é particularmente útil para determinar seu destino, ajustar-se à vida na estrada e reassimilar-se de volta à vida comum. Inclui excelentes pequenos trechos de nômades famosos, filósofos e exploradores, bem como anedotas de viajantes comuns. É o primeiro dos dois livros (o outro foi *Walden*, abaixo) que eu levei comigo em minha primeira miniaposentadoria de quinze meses.

Reduzir a bagagem material e emocional

Walden (384 páginas)
de Henry David Thoreau
Esse é considerado por muitos *a* obra-prima da vida simples. Thoreau viveu à beira de um pequeno lago na zona rural de Massachusetts durante dois anos, construindo seu próprio abrigo e morando sozinho, como uma experiência de autoconfiança e minimalismo. Foi ao mesmo tempo bem-sucedido e fracassado, o que faz desse livro uma leitura obrigatória.

Less is more: the art of voluntary poverty: an anthology of ancient and modern voices in praise of simplicity [Menos é mais: a arte da pobreza voluntária – uma antologia de vozes antigas e modernas em louvor da simplicidade] (336 páginas)
editado por Goldian Vandenbroeck
Essa é uma coletânea de pequenas filosofias sobre a vida simples. Eu a li para aprender como fazer o máximo com o mínimo e como eliminar necessidades artificiais, não para viver como um monge – há uma grande diferença. O livro incorpora uma série de princípios aplicáveis e histórias curtas que vão de Sócrates a Benjamin Franklin e de Bhagavad Gita a economistas modernos.

The monk and the riddle: the education of a Silicon Valley entrepreneur [O monge e o enigma: a educação de um empreendedor do vale do Silício] (192 páginas)
de Randy Komisar
Esse grande livro me foi dado pelo professor Zschau como presente de formatura e me apresentou a frase "plano de vida adiada". Randy, um CEO virtual e sócio da lendária Kleiner Perkins, já foi

descrito como "mentor profissional, ministro sem púlpito, investidor escancarado, exterminador de problemas e abridor de portas". Deixe um verdadeiro mago do vale do Silício mostrar-lhe como criou seu estilo ideal de vida usando um pensamento afiado e filosofias budistas. Eu o conheci – ele é o verdadeiro lance.

O princípio 80/20: o segredo de se realizar mais com menos (270 páginas)

de Richard Koch

Esse livro explora o mundo "não linear", discute o suporte matemático e histórico para o Princípio 80/20 e oferece aplicações práticas dele.

Criação de musas e talentos afins

Estudos de casos da Harvard Business School

www.hbsp.harvard.edu (clique em "school cases")

Um dos segredos por trás do sucesso do método de ensino da Harvard Business School é o método de casos – usando estudos de casos reais para discussão. Esses casos apresentam a você o lado de dentro dos planos operacionais e de marketing da 24-Hour Fitness, Southwest Airlines, Timberland e de centenas de outras empresas. Poucas pessoas entendem que você pode comprar esses estudos de casos por menos de 10 dólares cada, em vez de gastar mais de 100 mil dólares para ir estudar lá (não que não valha). Há um estudo de caso para cada situação, problema e modelo de negócios.

"This business has legs": how i used informercial marketing to create the $ 100,000,000 thighmaster craze: an entrepreneurial story ["Este negócio tem pernas": como usei os informerciais para criar a Thighmaster Craze de 100 milhões de dólares: uma aventura empresarial] (206 páginas)

de Peter Bieler

Essa é a história de como o ingênuo (no melhor sentido da palavra) Peter Bieler começou do nada – sem produto, sem experiência, sem dinheiro – e criou um império de propaganda de

100 milhões de dólares em dois anos. É um estudo de caso que expande os horizontes, frequentemente histérico, que usa números reais para discutir os pontos principais de tudo, das negociações com celebridades ao marketing, produção, aspectos legais e varejo. Peter agora pode financiar a compra de mídia para o seu produto: www.mediafunding.com.

Secrets of power negotiating: inside secrets from a master negotiator [Segredos da negociação: por dentro dos segredos de um mestre na negociação] (256 páginas)

de Roger Dawson

Esse é o livro de negociação que realmente abriu meus olhos e me deu ferramentas práticas que pude usar imediatamente. Usei a versão em áudio. Se você quer mais, *Getting past no* [Ultrapassando o não], de William Ury, e *Bargaining for advantage: negotiation strategies for reasonable people* [Barganhando por vantagens: estratégias de negociação para pessoas razoáveis], de G. Richard Shell, são excepcionais. São os únicos livros de negociação de que você precisará.

Response Magazine (www.responsemagazine.com)

Essa revista é dedicada à multibilionária indústria de *direct response* (DR), com foco em televisão, rádio e marketing na internet. Artigos instrutivos (como aumentar as vendas por ligação, reduzir custos de mídia, aumentar a satisfação do consumidor etc.) são intercalados com estudos de casos de campanhas de sucesso (George Foreman Grill, *Girls Gone Wild* etc.). As melhores empresas de terceirização também anunciam nessa revista. É um excelente recurso a um preço excelente: grátis.

Jordan Whitney Greensheet (www.jwgreensheet.com)

Este é um segredo interno do mundo do DR. Os relatórios semanais e mensais de Jordan Whitney dissecam as campanhas de produtos mais bem-sucedidos, incluindo ofertas, preços, garantias e frequência de anúncios (indicativo de gastos e, portanto, de lucratividade). A publicação também mantém um acervo atualizado de informerciais e comerciais, que podem ser comprados para pesquisa de concorrência. Altamente recomendado.

Small giants: companies that choose to be great instead of big [Pequenos gigantes: empresas que escolheram ser excelentes em vez de serem grandes] (256 páginas)

de Bo Burlingham

Editor-chefe há muitos anos da revista *Inc.*, Bo Burlingham monta um belo painel com análises de empresas que se concentram em ser as melhores em vez de crescer como um câncer para se tornar corporações colossais. Empresas como a Clif Bar Inc., a microcervejaria Anchor Stream, a Righteous Babe Records, da estrela do *rock* Ani DiFranco, e mais uma dúzia, de diferentes áreas. Maior não é igual a melhor e esse livro prova isso.

Negociar a viagem pelo mundo e preparar para escapar

Six months off: how to plan, negotiate, and take the break you need without burning bridges or going broke [Seis meses fora: como planejar, negociar e fazer a pausa de que você precisa sem queimar as pontes ou ir à falência] (252 páginas)

de Hope Dlugozima, James Scott e David Sharp

Esse foi o primeiro livro que me fez parar e exclamar: "Puta merda! Eu posso fazer isso!". Ele discorre sobre a maior parte dos fatores de medo relacionados com viagens longas e um guia passo-a-passo para conseguir tempo para viajar ou perseguir outros objetivos em sua carreira. Cheio de estudos de casos e listas úteis.

Verge Magazine

(www.forhourblog.com/verge)

Esta revista, antes conhecida como *Tansitions Abroad* é o ponto central [...]

Do site: "Cada edição o levará pelo mundo com pessoas que estão fazendo algo diferente e fazendo a diferença. Esta é a revista para quem deseja trabalhar como voluntário, estudar, trabalhar ou se aventurar pelo mundo”.

Capítulo bônus

Este livro não é apenas o que você tem nas mãos. Há muito mais que eu gostaria de ter incluído, mas que não foi possível devido a limitações de espaço. Use as senhas escondidas neste livro para acessar um pouco do melhor que tenho a oferecer. Eis aqui alguns exemplos que levei anos para armar:

Como conseguir 700 mil dólares em propaganda por 10 mil dólares
(inclui roteiros reais)
Como aprender qualquer língua em três meses
Matemática da musa: como prever a receita de qualquer produto
(inclui estudos de casos)
Licenciamento: de Tae Bo a Teddy Ruxpin
Um acordo real de licenciamento com dólares reais
(isso sozinho vale 5 mil dólares)
Entrevistas e estudos de caso de Novos Ricos
Planejador on-line de viagens ao redor do mundo

Para estes e muito mais conteúdo exclusivo do leitor, visite nosso site e nossos fóruns de mensagens gratuitos em www.fourhourworkweek.com. Como você gostaria de fazer uma viagem gratuita ao redor do mundo? Junte-se a nós e veja o quão simples é.

Agradecimentos

Em primeiro lugar, preciso agradecer aos estudantes, cujos retorno e perguntas motivaram este livro, e a Ed Zschau, supermentor e super-herói do empreendedorismo, por me dar a chance de falar com eles. Ed, em um mundo em que sonhos adiados são a norma, você tem sido uma luz radiante para aqueles que ousam trilhar seus próprios caminhos. Curvo-me diante de seu talento (e Karn Cindrich, a melhor mulher braço direito do mundo de todos os tempos) e anseio limpar seus apagadores quando você me chamar – ainda vou transformar você em um fisiculturista de 100 kg!

Jack Canfield, você é uma inspiração e me mostrou que é possível ser gigante e ainda assim continuar um ser humano maravilhoso e gentil. Este livro era apenas uma ideia até que você soprasse vida nele. Jamais poderei agradecer o bastante por sua sabedoria, apoio e incrível amizade.

Para Stephen Hanselman, um príncipe entre homens e o melhor agente do mundo, agradeço por "sacar" o livro na primeira olhada e me fazer de escritor um autor. Não consigo imaginar um parceiro melhor, e anseio muitas outras aventuras junto a você. De negociações a *jazz* ininterrupto, você me impressiona. LevelFiveMedia, com você e com Cathy Hemming à frente, é a nova casta do agenciamento, onde autores de primeira viagem são transformados em autores de best-sellers com a precisão de um relógio suíço.

Heather Jackson, sua edição inspirada e incrível torcida fizeram do trabalho de escrever este livro um prazer. Obrigado por acreditar em mim! Sinto-me muito honrado em ser seu escritor. Ao resto da equipe da Crown, especialmente a quem eu importunei (porque eu os amo) muito mais do que quatro horas por semana – Donna Passannante e Tara Gilbride, em particular –, vocês são as melhores no mundo editorial. Não dói o cérebro ser tão grande?

Este livro não poderia ter sido escrito sem os Novos Ricos que concordaram em contar suas histórias. Agradecimentos especiais a Douglas "Demon Doc" Price, Steve Sims, John "DJ Vanya" Dial, Stephen Key, Hans Keeling, Mitchell Levy, Ed Murray, Jean-Marc Hachey, Tina Forsyth, Josh Steinitz, Julie Szekely, Mike Kerlin, Jen Errico, Robin Malinosky-Rummell, Ritika Sundaresan, T. T. Venkatesh, Ron Ruiz, Doreen Orion, Tracy Hintz, e outras dúzias que preferiram permanecer anônimos atrás das paredes das corporações. Obrigado também à equipe de elite e grandes amigos da MEC Labs, incluindo – mas não limitado a – o dr. Flint McGlaughlin, Aaron Rosenthal, Eric Stockton, Jeremiah Brookins, Jalali Hartman, e Bob Kemper.

Refinar o conteúdo deste livro, dos manuscritos à impressão, foi torturante, especialmente para meus leitores de prova! Profundas reverências e sinceros agradecimentos a Jason Burroughs, Chris Ashenden, Mike Norman, Albert Pope, Jillian Manus, Jess Portner, Mike Maples, Juan Manuel "Micho" Cambeforte, e meu irmão "brainíaco" Tom Ferriss, além das outras incontáveis pessoas que afiaram o produto final. Devo gratidão particular a Carol Kline – cujas mente aguçada e autoconsciência transformaram este livro – e a Sherwood Forlee, um grande amigo e incansável advogado do diabo.

Obrigado aos meus brilhantes estagiários, Ilena George, Lindsay Mecca, Kate Perkins Youngman e Laura Hurlbut, por cumprirem prazos e evitarem meu colapso iminente. Recomendo a todos os editores que contratem vocês antes que a concorrência o faça!

Aos autores que me guiaram e me inspiraram durante esse processo serei eternamente fã e estarei sempre em dívida: John McPhee, Michael Gerber, Rolf Potts, Phil Town, Po Bronson, AJ Jacobs, Randy Komisar e Joy Bauer.

Por ajudarem a construir escolas em todo o mundo e por financiarem projetos para mais de 15 mil alunos de escolas públicas nos Estados Unidos, quero agradecer – entre muitos outros – aos seguintes leitores e amigos: Matt Mullenweg, Gina Trapani, Joe Polish, David Bellis, John Morgan, Thomas Johnson, Dean Jackson, Peter Weck e SimplyHired.com, Yanik Silver, Metroblogging, Michael Port, Jay Peters, Aaron Daniel Bennett, Andrew Rosca, Birth & Beyond, Inc., Doula Services, Noreen Roman, Joseph Hunkins, Joe Duck, Mario Milanovic, Chris Daigle, Jose Castro, Tina M. Pruitt Campbell, Dane Low e a todos vocês que acreditam que o capitalismo cármico é possível. É.

A todos os leitores e aos que compartilharam seus projetos de vida ajudando a criar esta edição ampliada – Obrigado! Sem vocês isto não teria sido possível e eu me sinto muito honrado com sua generosidade. Espero que vocês nunca deixem de pensar grande e de fazer o incomum.

Para Sifu Steve Goericke e para o treinador John Buxton, que me ensinaram a agir a despeito do medo e a lutar veementemente pelo que acredito, este livro – e minha vida – é um produto de sua influência. Sejam abençoados. Os problemas do mundo seriam muito menores se os jovens tivessem mais professores como vocês.

Por fim, mas não menos importante, este livro é dedicado a meus pais, Donald e Frances Ferriss, que me guiaram, me estimularam, me amaram e me consolaram sempre. Amo vocês mais do que palavras podem expressar.

Acreditamos
nos livros

Este livro foi composto em Janson Text e
impresso pela Gráfica Santa Marta para a
Editora Planeta do Brasil em novembro de 2024.